人が集まり
選ばれる会社をつくる！

実践

中小企業のための SDGs コンプライアンス

東京弁護士会
中小企業法律支援センター
SDGsプロジェクト・チーム
編著

第一法規

推薦の辞

この本には、サスティナビリティ（持続可能性）が社会問題とされ、SDGs（持続可能な開発目標）が提唱される世の中にあって、人が集まり・人に選ばれる中小企業になるためのヒントがたくさん詰められています。

人が集まり・人に選ばれる中小企業になるためには2つのコンセプトがあると、この本では紹介されています。この本を執筆したプロジェクトチームは、その2つのコンセプトを「SDGsコンプライアンス」と「SDGsイノベーション」と名付け、中小企業経営においてこれらを実践するよう説いています。

初めてこの本を手に取られた方は、冒頭から、「SDGs」「コンプライアンス」「イノベーション」という外来語が組み合わされた造語を目にされて、困惑されているかもしれませんが、本書を少しでも読んでいただければ、その困惑はすぐに解消されます。

私の理解したところを簡潔に述べれば、次のようになります。SDGsの究極の理念が個人の尊厳に基づく人権尊重であることから、個人を大切にし、人権を尊重する経営をすれば、継続的に利益を生み出す中小企業になれます。そして、SDGsの目標とターゲットをよく理解し、これらを活かす経営をすれば、自社の商品・サービスは飛躍的に改善され、よりよい商品・サービスを多くの方に届けられるようになります。その結果、人が集まり・人に選ばれる企業になるのです。

ここで簡単ではありますが、この本の内容をご紹介します。第1章から第5章にかけては、「SDGs」「ビジネスと人権に関する指導原則・行動計画」「人権デュー・ディリジェンス」といった「SDGsコンプライアンス」と「SDGsイノベーション」に関係する基礎的な概念の説明がなされています。

そして、こうした概念を実際の経営に落とし込むことができるよう、各論として7つのテーマが設定されています。具体的には、第6章から第9章では各ステークホルダーとの関係（①従業員、②顧客・消費者、③取引先、④サプライヤー）、第10章から第12章では各社会課題への対処（⑤公正な事業、⑥環境・地域社会、⑦ガバナンス）について「法令遵守事項」と「自主的取組事項」に分けて、やるべきことが具体的に解説されています。

なお、各論で基礎的な概念に触れる際には簡潔な説明をしていますので、冒頭から読む必要はありません。ご興味のあるところから、ぜひ読み始めてください。

さらに、こうした解説にとどまらず、この本を手に取ってくださった方が一読して「SDGsコンプライアンス」を実現するために何をすべきかわかるような工夫もなされています。例えば、各論の章末には「チェックリスト」が掲載されています。この「チェックリスト」を使えば、簡単に「SDGsコンプライアンス」の観点からみた経営課題を明らかにすることができます。また、本書が、自社のパーパス（存在理由・存在意義）や人権方針を策定する際のお役に立つよう、それらの見本も掲載されています。

この本で提唱されている「SDGsコンプライアンス」と「SDGsイノベーション」は、中小企業にもサスティナビリティが求められる時代の経営の道標となるはずです。この本は、中小企業の企業価値の向上にお役に立つと確信しています。

末筆になりますが、私が会長を務める東京弁護士会について紹介させてください。東京弁護士会は弁護士9077人（2023年4月10日現在）が所属する我が国最大の弁護士会です。本書を執筆したプロジェクトチームに所属する弁護士も全員、当会に所属しています。

当会は、あらゆる分野の人権問題に取り組むべく、市民のみなさまが利用しやすい法律相談サービスを提供するため日々努めております。こうした取組みの一環として、当会は、平成26年2月に、中小企業の法的支援を専門に扱う部署として、中小企業法律支援センター（以下「本センター」）を設立し、中小企業向け弁護士紹介制度、諸団体との連携・アウトリーチ活動、セミナーへの講師派遣などを実施してきました。

2021年1月、SDGsやビジネスと人権に関する指導原則への対応は中小企業においても重要な経営課題であると位置付け、本センター内にプロジェクトチームが設けられました。このプロジェクトチームには、2023年10月現在、40名の弁護士が参加しており、これまで「SDGs17の目標

取組事例集」「ビジネスと人権パンフレット」を公表するなどし、人権の尊重が企業価値の向上につながることを繰り返し提唱しています。

本書とともに、本センターのホームページもぜひご覧ください。中小企業を支える意欲のある弁護士が皆様をお待ちしています。

2023年12月
東京弁護士会会長
弁護士　松田　純一

はしがき

本書は、東京弁護士会中小企業法律支援センター（以下「本センター」）のSDGsプロジェクト・チーム（以下「SDGsPT」）に所属する弁護士が中心となって執筆したものです。

本センターは、東京弁護士会において中小企業に対する法的支援サービスの普及活動に取り組む組織です。具体的には、法律相談を希望する中小企業に対し、コンシェルジュ役の弁護士が相談概要を聴き取り、当該問題に適切に対応できる相談担当弁護士を迅速に紹介する弁護士紹介制度の運営や、金融機関、公的機関、他士業団体等と連携して、セミナー、ワークショップや法律相談会等を開催するアウトリーチ活動に取り組んでいます。そのほか、事業承継、働き方改革など、その時代に応じた重点課題に取り組む「プロジェクトチーム」を立ち上げテーマごとに集中的に活動しておりますが、本書の執筆メンバーが所属するSDGsPTもその１つであり、SDGsやビジネスと人権に関する指導原則（以下「ビジネスと人権」）をテーマとして、調査研究や中小企業への啓蒙活動、導入支援に取り組んでいます。

SDGsへの取組みは大企業には浸透しつつありますが、中小企業においては、SDGsという概念は知っているけれどもどこから手をつけてよいのかわからないとか、SDGsに取り組むことがそもそも企業の発展に役立つのか疑問があるという経営者もいらっしゃるかと思います。また、ビジネスと人権については、そもそも聞いたことがないとか、自社には関係ないと考えている経営者も多いのではないでしょうか。

そのようにお考えの中小企業の皆様にぜひお読みいただきたいのが本書です。

SDGsとビジネスと人権という考え方は、いずれも究極的な理念は人権尊重にあり、これらに適切に対応することは、もはや、従業員、顧客、取引先、サプライヤー、地域社会、株主等の多くのステークホルダーに選ばれ、企業が持続的に発展するために必要不可欠な時代になっているといっても過言ではありません。このことは、大企業だけに当てはまるものではなく、中小企業にとってもまったく同じことです。

それがなぜなのか、本書をお読みいただくとその答えが書いてあります。

本書は、基本的な概念についての説明だけではなく、それぞれのステークホルダーごとに具体的に取り組むべき内容についてわかりやすく解説しています。また、多くの取組事例を紹介し、チェックリストを設けるなど、実践的な手引き書としてお使いいただくための工夫が随所にちりばめられております。

弁護士は中小企業の身近な相談者として、中小企業の発展に寄与すべく、伴走支援に取り組んでおります。本書もその一環として、経営者のお側に一冊置いていただき、中小企業の経営を支えるツールとしてお役立ていただければと思います。その結果、多くの中小企業が「人が集まり選ばれる」企業として持続的に発展していかれることを願ってやみません。

なお、SDGsやビジネスと人権に関し、具体的に弁護士への相談を希望される場合には、本センターのWebサイトをご覧いただき、本センターの弁護士紹介制度をご利用いただければ幸いです。

2023年12月
東京弁護士会中小企業法律支援センター
2023年度本部長代行　関　義之

Contents

第2編　各論

【SDGsコンプライアンス】

【SDGsイノベーション】

第1編

総論

第1章　中小企業が「人が集まり選ばれる」会社になるには

第2章　中小企業が取り組むべきSDGs

第3章　中小企業が取り組むべきビジネスと人権

第4章　人権方針とパーパスを策定する

第5章　SDGsコンプライアンスに取り組む

中小企業が「人が集まり選ばれる」会社になるには

Chapter 1

1 地球と人類のサステナビリティに貢献する

中小企業庁の「2023年版中小企業白書・小規模事業白書の概要」（以下「中小企業白書」）は、足下の新型コロナや物価高騰、深刻な人手不足など、中小企業・小規模事業者は、引き続き厳しい状況にあると指摘した上、競合他社が提供できない価値の創出により、価格決定力を持ち、持続的に利益を生み出す企業へ成長を遂げることが重要であると指摘しています。

中小企業の経営環境はますます厳しさを増していますから、中小企業経営者からすれば、「中小企業白書は、価格決定力を持って持続的に利益を生み出せって簡単にいうけど、一体、どうやったらいいんだ！」と言いたくなるかもしれません。

この点について、世界最大の資産運用会社であるブラックロックのラリー・フィンク氏がＣＥＯとして2018年に発表した年次レターが１つの答えを示しています。彼はその中で、「上場、非上場を問わず、企業には社会的な責務を果たすことが求められています。企業が継続的に発展していくためには、すべての企業は、優れた業績のみならず、社会にいかに貢献していくかを示さなければなりません。企業が株主、従業員、顧客、地域社会を含め、すべてのステークホルダーに恩恵をもたらす存在であることが、社会からの要請として高まっているのです」と述べています。これは言葉を換えていえば、単なる利益追求を超えて、企業を取り巻くステークホルダーの課題を解決し、地球や人類のサステナビリティ（持続可能性）に貢献する企業が発展し、成功を収めるということを意味しています。今の時代では、中小企業を含むすべての企業が「人が集まり選ばれる」会社として発展していくためには、地球と人類のサステナビリティに貢献していくことが不可欠なのです。

2 なぜ中小企業もサステナビリティへの取組みが必要なのか

私たちは、20世紀初頭から大量生産、大量消費、大量廃棄のサイクルを展開してきました。このサイクルは、人類に富をもたらし、生活の質を大幅に向上させました。20世紀型の資本主義は私たちの社会を飛躍的に発展させた輝かしい側面を有していたことは事実です。しかし、他方では地球の資源を過剰に消費し、環境問題を発生させ、また、弱者に対する人権侵害も引き起こしてきたという負の側面も有していました。

大量の化石燃料の消費は、温室効果ガスの排出を増加させ、地球温暖化を引き起こしました。それが著しい気候変動をもたらし、洪水や干ばつ、海面上昇などを発生させています。オーストラリアでは2019年9月以降に長期間にわたる大規模な森林火災が発生しましたが、これは気候変動による異常な乾燥と高温が原因とされています。

企業のグローバル化に伴って、開発途上国に安価な労働力を求めてサプライチェーン網が築かれました。そこでは児童労働や強制労働が行われていた事例が多数発生しています。2013年4月にバングラデシュのダッカ近郊でラナ・プラザという建物が崩壊し、1,132人が死亡、さらに2,500人以上が負傷するという惨事が発生しました。この建物には複数の縫製工場が入っており、主に欧米の大手ファッションブランドの衣料品を製造していました。労働者は、事故前日に建物にひび割れが発見されていたにもかかわらず、作業を強制されていたのです。この悲劇は、世界中に衝撃を与え、ファストファッション産業とサプライチェーンにおける労働環境、安全基準の問題を浮き彫りにしました。

このように20世紀型の資本主義は、地球環境とステークホルダーの人権に著しい負の影響を与えてきました。それは人類の生存を脅かすほど深刻な段階へ到達しています。

だからこそ、今、企業に対し、利益追求を行うのみではなく、地球環境を守り、人権を尊重し、サステナビリティ課題の解決に貢献することが第一に求められるようになったのです。それは中小企業も例外ではありません。サステナビリティ課題の解決に貢献すれば評価されますが、それに反していようものなら淘汰されることにもなりかねない状況に立ち至っているのです。

3　中小企業は社会のニーズの変化を正確に把握しなければならない

1　中小企業はいかにサステナビリティに対応すべきか

それではこのようにサステナビリティへの取組みが求められる現代社会にあって、中小企業が中小企業白書のいうように「競合他社が提供できない価値の創出により、価格決定力を持ち、持続的に利益を生み出す」にはどうしたらよいでしょうか。

この点について経営の神様といわれるＰ・Ｆ・ドラッカー[※1]は、「企業の目的は、それぞれの企業の外にある。企業は社会の機関であり、その目的は社会にある。企業の目的の定義は一つしかない。それは、顧客を創造することである。」といっています。ドラッカーのこの言葉は、企業がその役割を果たして顧客を創造し、成長していくには、その目を社会に向けて、企業を取り巻くステークホルダーの動きや変化を正しく捉え、機敏に対応していくことが重要であると教えています。

サステナビリティを求める社会の中で、企業を取り巻くステークルダーはどのように変化しているでしょうか。具体的にみていきましょう。

2 Z世代のサステナビリティに対する意識の高まり

Z世代[※2]の若者たちは、人権と地球の未来について深刻な関心を持っています。環境活動家であるグレタ・トゥーンベリさんの活動がこれを象徴しています。彼女は気候変動の深刻さを訴え、「未来がないのに学校に行っても意味がない」と言い、大人たちに「あなた方は、自分の子どもたちを愛していると言いながら、その目の前で子どもたちの未来を奪っています。」と主張して学校の授業をボイコットするストライキを展開しました。スウェーデン議会の前で1人、プラカードを掲げて始まったこの運動は、世界160カ国、400万人以上の若者たちの参加にまで発展していきました。

経営者は、なぜ彼らがそこまで行動するのか、その背景を理解することが重要です。彼らは、急速に進行しつつある環境問題や社会問題のマイナスの側面の影響を最も大きく受ける世代です。彼らは、この状況の進展を防ぎ、改善することを望んでいるのです。

デロイトトーマツの「2022年 グローバルミレニアル調査」によれば、若者たちが社会や環境への影響、および多様性に富んだインクルーシブな組織風土が人材定着のための重要なポイントであること、勤務先にも気候変動に対するアクションを強く求めていることなどを指摘しています。

これらの事実から、いかに現代の若者たちが企業に対して、人権尊重、環境配慮や社会貢献といった価値を重視しているかが明らかになります。

企業が彼らのニーズを汲み取って展開するとき、その企業こそが彼らから高い評価を受けることになるでしょう。彼らの意識を理解して対応することがこれからのビジネスのあり方を決定的にするのです。

3 消費者のサステナビリティへの関心の高まり

消費者の意識も変化しています。エシカル消費（倫理的消費[※3]）という言葉が示すように、消費者は消費行動を通じて、社会課題に対する影響を考えるようになりました。

消費者庁の「倫理的消費（エシカル消費）」に関する消費者意識調査報告書は、2020 年２月に行った調査において、「エシカル消費につながる商品・サービスについて、『これまで購入したことがあり、今後も購入したい』『これまで購入したことはないが、今後は購入したい』の合計が81.2％となり、2016年度調査の61.8％と比較して上昇した」と公表しています。

また、米国市場調査会社ニールセンは、「2022年ブランド・サステナビリティ・レポート」を発表し、その中で、ブランドに対する消費者心理や期待は変化していること、人々は自分たちの製品がどこから来て、どのように作られたかをもっと知りたいと思うようになっており、このレベルの透明性を提供できるブランドを選ぶようになっていると報告しています。

これらは、企業のサステナビリティに対する取組みが、消費者の購買行動に直接的な影響を及ぼし、ビジネスの成長やブランドの価値に寄与することを意味しています。

ですから中小企業においてもステークホルダーの人権を尊重し、製品やサービス展開における環境配慮等を中心として、さまざまな領域にわたってサステナビリティを追求することが重要なのです。

これらの取組みを通じて、企業は消費者の変化するニーズに対応し、ビジネスの持続的な成長を実現することが可能になるのです。

4 雇用の確保のためにもサステナビリティへの取組みは必須

近時、企業は人手不足に直面しています。帝国データバンクは、「人手不足に対する企業の動向調査」（2023年４月）において、正社員が不足している企業は51.4％と５割超に達していることを報告しています。また、人手不足倒産は2022年度は146件で、前年度118件から23.7％増となったという報道もなされています。

また、図表１－１株式会社ディスコ　キャリタスリサーチ「就活生の企業選びとSDGsに関する調査」（2020年８月調査）によれば、企業の社会貢献度と就職志望度の関連について、就職先企業に限らず、社会貢献度の高さが志望度に「とても影響した（志望度が上がった）」（22.4％）、「やや影響した（志望度がやや上がった）」（42.8％）を合わせると、６割超が「影響した」と回答（計 65.2％）したと報告しています。

このような社会情勢の中では、人手不足に苦しむ中小企業こそ、人権尊重やコンプライアンスを遵守することが、人材を獲得し、維持するための重要な要素となってきていることがわかります。従業員や求職者は、給与や福利厚生だけでなく、企業のサステナビリティや社会的責任への取組みも重視しているからです。

例えば、資本金3,000万円、従業員数81名の金属加工業を営む中小企業は、以前は従業員の離職率が40％でしたが、従業員が互いに業務をカバーし合う仕組みを作ることで７日間連続休暇を取得できる体制を構築、男性従業員も７日間連続で育休取得を義務付ける制度を導入するなどして、

図表1-1　企業の社会貢献度の高さによる就職志望度への影響

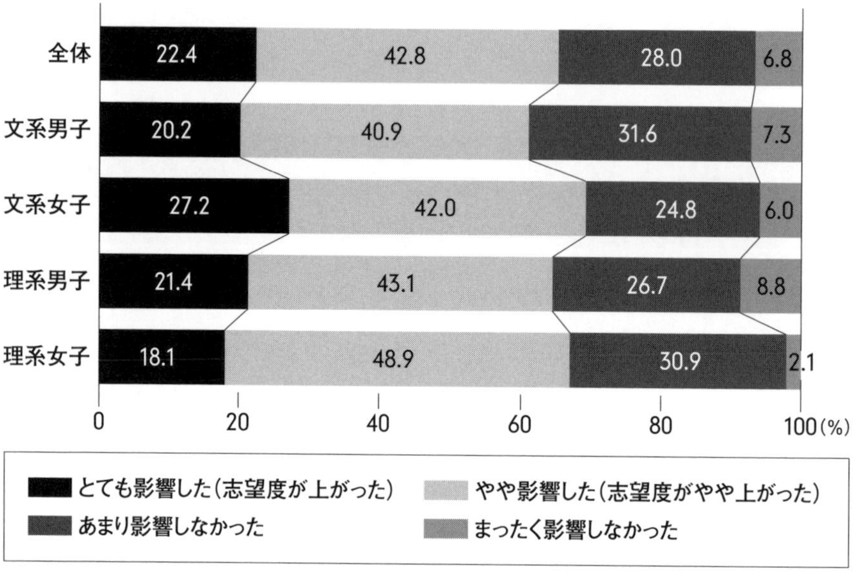

出典:「就活生の企業選びとSDGsに関する調査」(2020年8月調査　株式会社ディスコ キャリタスリサーチ)から作成
https://www.disc.co.jp/wp/wp-content/uploads/2020/09/sdgsshu_202008.pdf

現在の離職率は数%と大きく改善、人材も定着し、「働きやすい企業」というイメージを獲得して、優れた人材の確保にも寄与しているという取組事例があります。

従業員の働きやすさを真剣に考え、その取組みを継続的に行っていくことは、企業の魅力を確実に高めていきます。その結果として、従業員や求職者から高い評価を得て、人材を獲得し、保持していくことにつながっていくことになるのです。

5 大企業の中小企業をみる目の変化

以前は、大企業が取引先の中小企業に求めていたことは、いかに安く、早く、品質の高い製品やサービスを提供することができるかということでした。

しかし、近時、サステナビリティが急速に求められるようになり、ESG投資が加速してきていることに伴い、大企業が中小企業をみる目も確実に変化してきています。

ESG投資とは、財務的要素を重視して短期的利益を狙うのではなく、企業の環境（Environment）、社会（Social）およびガバナンス（Governance）への取組みといった非財務的なサステナビリティ要素を評価し、中長期的利益の確保を重視する投資の手法です。

ESG投資においては、中小企業を含むサプライチェーン全体のサステナビリティの適否が問われます。多くの大企業が、取引先である中小企業にESGリスクが存在しないか綿密な調査を行い、そのようなリスクがより少ない中小企業との取引を求めるようになってきているのです。もし、当該中小企業にESG課題に問題があると評価された場合には、その中小企業は取引を打ち切られてしまう可能性すら出てきているのです。

したがって、中小企業がサステナビリティ課題に取り組むことは、取引関係維持の観点からも非常に重要であり、これからの持続可能な成長とビジネスの安定のために不可欠となっていることに注意が必要です。

図表1-2　ESG評価の態様

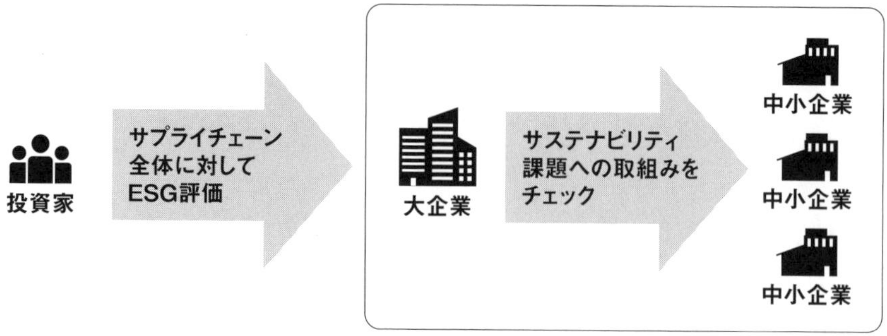

4　SDGsコンプライアンスとSDGsイノベーションに取り組む

それでは実際に中小企業はどのようにサステナビリティ課題の解決に取り組めばよいのでしょうか。本書の中心的テーマであるSDGs（持続可能な開発目標）とビジネスと人権に関する指導原則にその解決のポイントがあります。

詳細は次章以下に譲りますが、SDGsは、国連が採択した全世界の課題解決に向けた17の目標であり、環境、社会、経済の課題を解決して持続可能な未来を目指しています。ビジネスと人権に関する指導原則は、同じく国連が、企業等のステークホルダーの人権に対する負の影響を除去・軽減するために策定したものです。両者とも、個人の尊厳原理に基づいて人権の尊重を求めており、それを担保するためにコンプライアンスの遵守を要請しています。本書では企業がこの要請に対応していくことを「SDGsコンプライアンス」と名付けています。

中小企業を含む企業がこのSDGsコンプライアンスを実施することが、

ステークホルダーからの信頼を勝ち得て、中小企業白書のいう「持続的に利益を生み出す」こと、すなわち持続可能な成長へと結び付いていくことになるのです。

さらにSDGsは、企業に対して世界中で山積する課題を解決するためにイノベーションを巻き起こすことを要請しています。SDGsの目標とターゲットの中には、企業に利益をもたらすイノベーションのヒントが記載されており、企業を飛躍的に成長させる可能性があります。本書ではSDGsの目標とターゲットからイノベーションを生み出していくことを「SDGsイノベーション」と名付けています。中小企業白書のいう「競合他社が提供できない価値の創出により、価格決定力を持つ」ことを牽引するものこそ、このSDGsイノベーションなのです。

このように中小企業が「人が集まり選ばれる」会社へと成長するには、真正面からSDGsとビジネスと人権に関する指導原則に取り組み、サステナビリティ課題の解決に立ち向かい、SDGsコンプライアンスとSDGsイノベーションを実践していくことが不可欠です。

それでは、次章以降でSDGsやビジネスと人権に関する指導原則を解説し、SDGsコンプライアンスとSDGsイノベーションの実践方法について述べていきましょう。

【第1章の本文中索引】

※1　『マネジメント−基本と原則』（ピーター・F・ドラッカー著、上田惇生訳、ダイヤモンド社、2001年）
※2　明確な定義はないが1990年代後半から2012年ころに生まれた世代を指すといわれている。
※3　消費者それぞれが各自にとっての社会的課題の解決を考慮したり、そうした課題に取り組む事業者を応援しながら消費活動を行うこと。

Chapter 2

中小企業が取り組むべきSDGs

1 なぜ中小企業がSDGsに取り組む必要があるのか

1 サステナビリティ課題の解決を求めるSDGs

地球上、全世界を取り巻く現状をみると、図表２－１にあるように環境問題、社会問題、経済問題など、数えきれないほどの喫緊の課題が私たちの社会に覆いかぶさってきています。今やこのままでは地球と人類が存続できない持続不可能な状況に立ち至っています。

図表 2-1 地球上で起こっているさまざまな問題

環境問題	地球温暖化の進展　水問題の深刻化　自然災害の増加 エネルギー問題の深刻化　生物多様性の喪失 気候変動の激化　など
社会問題	貧困　感染症の流行　教育機会の不平等　差別とハラスメント 少子高齢化・人口爆発　紛争の長期化・複雑化　など
経済問題	経済危機の頻発　経済格差の拡大　社会福祉財源の不足 雇用なき都市化の進行　若手失業率の上昇　など

SDGsはまさにこうした緊急のサステナビリティ課題を解決すべく、2015年9月に行われた国連サミットにおいて、加盟国の全会一致で採択された国際目標であり、「我々の世界を変革する:持続可能な開発のための2030アジェンダ」（以下「2030アジェンダ[※1]」）に記されているものです。SDGsという呼称は、Sustainable Development Goalsの頭文字をとった略称であり、「持続可能な開発目標」と訳されています。

「持続可能な開発」とは、あらゆる分野において将来の世代のニーズを満たすことに配慮しながら、現在の世代のニーズも満足させるような開発を行うことです。辞書をひもとくと、sustainableには、「持ちこたえられる」、developmentには、「発展」という意味があり、むしろ、こちらの訳の方がニュアンスとしてはしっくりくるように思います。つまり、SDGsは、今のままでは持ちこたえられない地球・人類・社会を、2030年までに何とかして持ちこたえられる状況まで発展させられるように、環境・社会・経済について、幅広い世界的・社会的課題の解決の達成を目指して、サステナブル（持続可能）でよりよい世界を目指す国際目標として、17の目標と169のターゲットから構成されており、地球上の「誰一人取り残さない（No one will be left behind)」ことを誓っています。

2 SDGsの17の目標の内容

SDGsはまずこの17の目標と169のターゲットをしっかりと理解することが重要です。17の目標は、図表2－2にあるように「5つのP」に分類するとわかりやすいので紹介します[※2]。

図表 2-2　5つのP

5つのP	目標	内容
People（人間） **貧しさを解決し、健康に**	1 貧困をなくそう	あらゆる場所で、あらゆる形態の貧困を終わらせる
	2 飢餓をゼロに	飢餓を終わらせ、食料の安定確保と栄養状態の改善を実現し、持続可能な農業を促進する
	3 すべての人に健康と福祉を	あらゆる年齢のすべての人々の健康的な生活を確実にし、福祉を推進する
	4 質の高い教育をみんなに	すべての人々に、だれもが受けられる公平で質の高い教育を提供し、生涯学習の機会を促進する
	5 ジェンダー平等を実現しよう	ジェンダー平等を達成し、すべての女性・少女のエンパワーメントを行う
	6 安全な水とトイレを世界中に	すべての人々が水と衛生施設を利用できるようにし、持続可能な水・衛生管理を確実にする
Prosperity（豊かさ） **経済的に豊かで、安心して暮らせる世界に**	7 エネルギーをみんなに そしてクリーンに	すべての人々が、手頃な価格で信頼性の高い持続可能で現代的なエネルギーを利用できるようにする
	8 働きがいも経済成長も	すべての人々にとって、持続的でだれも排除しない持続可能な経済成長、完全かつ生産的な雇用、働きがいのある人間らしい仕事（ディーセント・ワーク）を促進する
	9 産業と技術革新の基盤をつくろう	レジリエントなインフラを構築し、だれもが参画できる持続可能な産業化を促進し、イノベーションを推進する
	10 人や国の不平等をなくそう	国内および各国間の不平等を減らす
	11 住み続けられるまちづくりを	都市や人間の居住地をだれも排除せず安全かつレジリエントで持続可能にする

Planet **（地球）** **自然と共存して、地球の環境を守る**	12 つくる責任 つかう責任	持続可能な消費・生産形態を確実にする
	13 気候変動に具体的な対策を	気候変動とその影響に立ち向かうため、緊急対策を実施する
	14 海の豊かさを守ろう	持続可能な開発のために、海洋や海洋資源を保全し持続可能な形で利用する
	15 陸の豊かさも守ろう	陸の生態系を保護・回復するとともに持続可能な利用を推進し、持続可能な森林管理を行い、砂漠化を食い止め、土地劣化を阻止・回復し、生物多様性の損失を止める
Peace **（平和）** **争いのない平和を知ることから実現**	16 平和と公正をすべての人に	持続可能な開発のための平和でだれをも受け入れる社会を促進し、すべての人々が司法を利用できるようにし、あらゆるレベルにおいて効果的で説明責任がありだれも排除しないしくみを構築する
Partnership **（パートナーシップ）** **みんなが協力し合う**	17 パートナーシップで目標を達成しよう	実施手段を強化し、「持続可能な開発のためのグローバル・パートナーシップ」を活性化する

3 SDGsは中小企業にも取組みを求めている

実は、SDGsの前にも2001年に国連でまとめられたMDGs（ミレニアム開発目標）という国際目標がありました。MDGsは、2015年までの国際目標とされ、図表２－３にあるように８つの目標が掲げられていました。

MDGsは2015年までに一定の成果を上げましたが、５歳未満児や妊産婦の死亡率の改善、女性の地位向上、二酸化炭素排出量について課題が残されたほか、貧困層と富裕層間、都市部と農村部間などの深刻な格差の問題は改善されておらず、貧困層や脆弱な人々が置き去りにされたたままである、先進国にも取り組むべき課題があるとの問題点も指摘されていました。

このような結果になったことについて、MDGsには２つの大きな反省点があります。１つ目は、その取組み主体が国連等の国際機関や政府が中心だったことです。しかし、上述したような世界に広がるサステナビリティ課題はもはや国際機関や政府等だけではとても解決ができません。そこで

図表 2-3　MDGsの目標

①	極度の貧困と飢餓の撲滅
②	普遍的な初等教育の達成
③	ジェンダーの平等の推進と女性の地位向上
④	乳幼児死亡率の削減
⑤	妊産婦の健康の改善
⑥	HIV／エイズ、マラリアおよびその他の疾病の蔓延防止
⑦	環境の持続可能の確保
⑧	開発のためのグローバル・パートナーシップの推進

SDGsは民間企業や個人も取組み主体に組み込むことになりました。2つ目の反省点は、MDGsが主に開発途上国の課題解決を目的としていたことです。先進国にもさまざまな解決されなければならないサステナビリティ課題があり、取り残される人がいてはなりません。そこでSDGsは開発途上国だけでなく先進国を含む世界上すべての国や地域の課題も解決することを目的としました（図表2－4）。

したがって、SDGsではMDGsと異なり、先進国である日本の企業の約99％を占める中小企業も当然に取組み主体となって、サステナビリティ課題の解決の中心的な存在として活躍することが求められているのです。

それではSDGsへの取組みは、中小企業にメリットはあるのでしょうか。メリットがなければ取り組む気も起きないと思います。結論からいいますと大いにあります。これを「SDGsイノベーション」と「SDGsコンプライアンス」の2つの見地から説明してみたいと思います。

図表2-4 SDGsとMDGsの取組み主体の違い

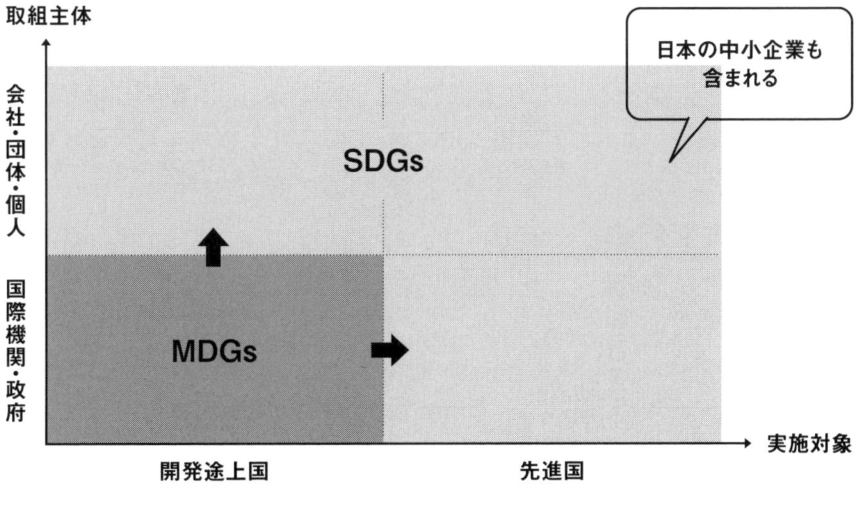

2　中小企業に利益をもたらすSDGsイノベーション

いうまでもないことですが、企業が事業を成功させるには、社会に存在するニーズをうまく捉えて、それを満足させる商品やサービスを適切な価格と方法で提供することが必要です。

サステナビリティ課題は、世界が直面している巨大なニーズです。図表２－５は、デロイトトーマツグループがSDGsの各目標の市場規模を試算した表です。この数字の単位は「兆円」ですから、サステナビリティ課題解決に向かう市場規模がいかに巨大かを物語っています。この試算結果を前提とすると、何兆ドルという利益が眠っている貧困、格差、不平等、環境課題等をはじめとするサステナビリティ課題を放置しておくことは、大きなビジネスの機会の喪失を意味することになります。しかし、これらのサステナビリティ課題に取り組み、イノベーションを引き起こし、投資を行っていくことにより、これまでと異なる新規市場を作っていくこともあり得ます。サステナビリティ課題への取組みはそう簡単なことではありませんが、非常に魅力ある市場であることは間違いありません。

本書ではその参考にしていただくために、第４章においてSDGsイノベーションを巻き起こしていく上で不可欠な前提となるパーパス（存在意義・存在理由）の設定の仕方を述べ、第13章において具体的に中小企業においてSDGsを利用してどのようなイノベーションを起こしているのか具体例を紹介しています。ぜひ活用いただけたらと思います。

図表 2-5　SDGsの各目標の市場規模試算結果（2017年）

（単位：兆円）

目標 1	貧困をなくそう	183	（マイクロファイナンス、職業訓練、災害保険、防災関連製品 等）
目標 2	飢餓をゼロに	175	（給食サービス、農業資材、食品包装・容器、コールドチェーン 等）
目標 3	全ての人に健康と福祉を	123	（ワクチン開発、避妊用具、医療機器、健康診断、フィットネスサービス 等）
目標 4	質の高い教育をみんなに	71	（学校教育、生涯教育、文房具、Eラーニング、バリアフリー関連製品 等）
目標 5	ジェンダー平等を実現しよう	237	（保育、介護、家電製品、女性向けファッション・美容用品 等）
目標 6	安全な水とトイレを世界中に	76	（上下水プラント、水質管理システム、水道管、公衆トイレ 等）
目標 7	エネルギーをみんなにそしてクリーンに	803	（発電・ガス事業、エネルギー開発 等）
目標 8	働きがいも経済成長も	119	（雇用マッチング、産業用ロボット、ベンチャーキャピタル、EAP 等）
目標 9	産業と技術革新の基盤をつくろう	426	（港湾インフラ開発、防災インフラ、老朽化監視システム 等）
目標 10	人や国の不平等をなくそう	210	（宅配・輸送サービス、通信教育、送金サービス、ハラルフード 等）
目標 11	住み続けられるまちづくりを	338	（エコリフォーム、災害予測、バリアフリー改修、食品宅配 等）
目標 12	つくる責任つかう責任	218	（エコカー、エコ家電、リサイクル、食品ロス削減サービス 等）
目標 13	気候変動に具体的な対策を	334	（再生可能エネルギー発電、林業関連製品、災害リスクマネジメント 等）
目標 14	海の豊かさを守ろう	119	（海洋汚染監視システム、海上輸送効率化システム、油濁清掃、養殖業 等）
目標 15	陸の豊かさも守ろう	130	（生物多様性監視サービス、エコツーリズム、農業資材、灌漑設備 等）
目標 16	平和と公正をすべての人に	87	（内部統制監査、セキュリティーサービス、SNS 等）
目標 17	パートナーシップで目標を達成しよう	NA	（各目標の実施手段を定めたものであるため、対象外）

出典：「SDGsの各目標の市場規模試算結果（2017年）」（デロイトトーマツコンサルティング合同会社）
https://www2.deloitte.com/content/dam/Deloitte/jp/Images/misc/infographics/about-deloitte/dtc/jp-dtc-sdgs-market-size-04.png

3　中小企業が信頼を勝ち取るSDGsコンプライアンス

1　人権とSDGsコンプライアンスを軽視した末路

以上紹介したSDGsイノベーションは、これまでもさまざまなところで語られてきたことかもしれません。しかし、私たちが本書で強調したいことは、SDGsにはもう１つ別に、忘れられがちな極めて重要な側面があるということです。それは、SDGsが人権の尊重を実現することを目的としており、そのために中小企業はSDGsが希求する人権を守るためのコンプライアンスを遵守することが重要であるということです。私たちはこれをSDGsコンプライアンスと呼んでいます。

SDGsイノベーションによって企業がサステナビリティ課題の解決に貢献していくことは極めて重要です。しかし、企業活動の遂行によりステークホルダー（利害関係者）に負の影響を与えてしまう可能性は避けることができません。イノベーションばかりを追い求めて人権やコンプライアンスを軽視していると、いつか足元をすくわれて、企業は大きなダメージを受けることになります。中小企業でも長時間労働の末に過労自殺に追い込まれたケース、パワハラによりうつ病に罹患させられたケース、消費者の個人情報を漏えいしてしまったケース等々、枚挙にいとまがありません。こうした事態に至ると、ＳＮＳが発達した今日では、マスコミが報じるまでもなく、あっという間に企業にとって大きな痛手となるマイナス情報が全国津々浦々まで伝播されて、大きなダメージを被ることになるのです。

イノベーションを追い求めていくことは、世の中のニーズを満たすことに貢献していくことになり、とても素晴らしいことなのですが、それだけではその企業のステークホルダー全員の喜びやウエルビーイング（幸せ）

は満たされません。それはイノベーションが、その目的である商品やサービスの購入者だけが対象となっているからです。企業は、お客様のほかにも、従業員、取引先、地域社会、株主をはじめとするさまざまなステークホルダーのお蔭で成り立っています。そして、その一人ひとりに大切な人権があるのです。企業活動において、これらステークホルダーを見落とした活動をしていくことは、それこそSDGsの「誰一人取り残さない」の目標を破ってしまう結果になってしまいます。逆に、SDGsコンプライアンスを遵守し、人権尊重経営を展開するなら、ステークホルダーからの信頼を得て、「人が集まり選ばれる会社」へと成長していくことになるのです。

2 SDGsを支える人権とは

このようにみてくると企業経営を遂行していく上で、SDGsを支えている人権思想を理解しておくことがとても大切だということがわかります。

SDGsの本質は、世界人権宣言や各国の憲法に反映されている、人間が生まれながらにして尊く、絶対的な存在であるとの個人の尊厳原理に立脚した地球上のすべての人の人権尊重、人権保障にあります。

2030アジェンダは、SDGsが「すべての人々の人権を実現」（前文）するためものであることを述べた上で、「我々は、世界人権宣言及びその他の人権に関する国際文書並びに国際法の重要性を確認する。我々は、すべての国が国連憲章に則り、人種、肌の色、性別、言語、宗教、政治若しくは信条、国籍若しくは社会的出自、貧富、出生、障害等の違いに関係なく、すべての人の人権と基本的な自由の尊重、保護及び促進責任を有することを強調する」（宣言19）として個人の尊厳原理に基づく人権尊重の理念に基礎を置くことを明示しています。

また2030アジェンダは、「あらゆる形態及び側面において貧困と飢餓に終止符を打ち、すべての人間が尊厳と平等の下に、そして健康な環境の下に、その持てる潜在能力を発揮することができることを確保すること」（前文「人間」）、「地球が現在及び将来の世代の需要を支えることができるように、持続可能な消費及び生産、天然資源の持続可能な管理並びに気候変動に関する緊急の行動をとることを含めて、地球を破壊から守ること」（前文「地球」）、「すべての人間が豊かで満たされた生活を享受することができること、また、経済的、社会的及び技術的な進歩が自然との調和のうちに生じることを確保すること」（前文「繁栄」）、「恐怖及び暴力から自由であり、平和的、公正かつ包摂的な社会を育んでいくこと」（前文「平和」）を求めています。

以上は2030アジェンダの一部を紹介したにすぎませんが、これだけでもSDGsの目標の目的・本質が、地球上のすべての国、社会、人々における個人の尊厳原理に立脚した人権尊重、人権保障の実現にあることが理解いただけると思います。

3 SDGs策定の背景

企業が人権を尊重すべきという考え方は最近になって突然現れたものではありません。後述のとおり、基本的人権が確認され、それが世界に浸透し、企業に人権尊重責任が認められていくまでには人類の長い闘いの歴史があり、この流れは徐々に太く深くなり、すでに後戻りできない巨大な大河のようになって企業経営に押し寄せてきています。

過去には、世界中を戦争の惨禍に巻き込み、数えきれないほど多くの人命・人権等が犠牲となった二度にわたる世界大戦がありました。こうした悲惨な経験を経て、すべての国において、すべての人が生まれながらにして絶対的に尊い存在であり、基本的人権を保障され、自由を享受し平等に扱われるべきであるという国際人権の考え方が世界的規模で進み、とりわけ1945年国際連合（国連）の創設以後、その動きが活発化していきました。具体的には、平和の維持、経済的社会的問題の解決、人権の促進保護等を目的とする1945年の国連憲章[※3]、「人類社会のすべての構成員の固有の尊厳と平等で譲ることのできない権利を承認することは、世界における自由、正義及び平和の基礎である」とする1948年の世界人権宣言[※4]、同宣言に基づく国際人権規約である1966年の社会権規約[※5]および自由権規約[※6]が制定されています。

本書の中心的テーマであるSDGsやビジネスと人権に関する指導原則の策定までの経緯は図表2－6のとおりです。基本的人権が確認され、それが世界に浸透し、企業に人権尊重責任が認められていくまでに長い歴史があったことがおわかりいただけると思います。

SDGsの各目標は、1つひとつの目標をつぶさにみていくと、人権という直接的表現はほとんど用いられていないものの、その内容は、「生きる権利」（目標1）、「食べる権利」（目標2）、「健康的な生活を確保し福祉を受ける権利」（目標3）、「教育を受ける権利」（目標4）、「ジェンダー平等」（目標5）、「クリーンな水やエネルギーを得る権利」（目標6、7）、「労働者の権利」（目標8）、「インフラや通信手段を得る権利」（目標9）、「平等」（目標10）、「居住の権利」（目標11）、「消費者の権利」（目標12）、「良好な環境を享受する権利」（目標13、14、15）、「平和に生存する権利・司法アクセスの権利」（目標16）、「格差是正のため資金・技術、能力構築等」（目標17）などであり、そのすべてが世界人権宣言や国際人権規約をはじめとするこうした歴史の中で獲得された人権の内容いずれかと関連を持ち、これらの人権を尊重し保障するための具体的目標・取組みであるといえるのです。

図表 2-6 持続可能な社会を目指す世界的な流れ

1945年	国際連合憲章
1946年	世界保健機関憲章
1948年	世界人権宣言
1966年	国際人権規約
1972年	国連人間環境会議
1976年	国連人間居住会議、OECD多国籍企業行動指針
1979年	女子差別撤廃条約
1987年	「我ら共有の未来」(環境と開発に関する世界委員会)
1992年	国連環境開発会議
1994年	国際人口・開発会議
1995年	世界社会開発サミット・世界女性会議
1998年	労働における基本的原則及び権利に関するILO宣言
2000年	世界教育フォーラム・国連ミレニアム開発サミット 国連グローバル・コンパクト発足
2001年	ミレニアム開発目標(MDGs) 策定
2002年	持続可能な開発に関する世界首脳会議
2006年	障害者権利条約
2010年	ISO26000社会的責任における手引き策定 生物多様性条約第10 回締約国会議
2011年	ビジネスと人権に関する指導原則
2012年	国連持続可能な開発会議
2014年	持続可能な開発のための教育に関するユネスコ世界会議
2015年	持続可能な開発のための2030 アジェンダ採択 国連気候変動枠組条約第21 回締約国会議(パリ協定採択) 第3回国連防災世界会議
2020年	ビジネスと人権に関する行動計画(日本)公表
2022年	責任あるサプライチェーンにおける人権尊重のためのガイドライン(日本)
2023年	SDGsアクションプラン2023 (日本) 責任あるサプライチェーン等における人権尊重のための実務参照資料(日本)

出典:「基本解説 そうだったのか。SDGs2020」(一般社団法人SDGs市民社会ネットワーク編、開発教育協会、2020年) 5頁を参考に作成

4 中小企業はまずSDGsコンプライアンスを実践する

それでは中小企業はどのようにしてSDGsが企業に求めているステークホルダーの人権を尊重していけばよいでしょうか。これは次章以降で詳述するビジネスと人権に関する指導原則の実践とも符合する重要な課題です。もちろん中小企業も世界人権宣言をはじめとする国際人権規定や日本国憲法が保障する人権規定を尊重すべきです。企業経営者はこれらをしっかり学んで、全社一丸となって取り組まなければなりません。しかし、ひと口に人権といわれてもどこからどう手をつけたらよいかわからないということもあると思います。

そこで中小企業において重要になるのがSDGsコンプライアンスです。日本にも多数の法令が規定され、さまざまな規制がなされています。それはなぜかというと、法による支配がなされていない世界では、力の強い者が力の弱い者を虐げ、自由と平等が侵害される結果を招くことから、それを防止するために、法というルールを策定して、すべての人の個人の尊厳が守られるように図ろうとしたからです。

ということは、企業が法律をはじめとするさまざまな法を遵守することは、取りも直さずステークホルダーの人権を尊重することに直結することになります。もちろんそれだけで完全に人権尊重責任がカバーできるわけではありませんが、中小企業が人権尊重責任を追及していくために第一に取り組むべき最優先課題であることは間違いありません。SDGsの目標16「平和と公正をすべての人に」のターゲット16.3は、「国家及び国際的なレベルでの法の支配を促進」するとありますが、企業が法律を遵守することは、この目的達成にも貢献することになります。

そのために第6章以下において、企業を取り巻くステークホルダーとして、従業員、顧客・消費者、取引先、サプライヤー、公正な事業、環境・地域社会、ガバナンスに区別し、それぞれについてSDGsの目標との関連を示して、中小企業経営に関連する人権課題を提示して、当該人権を尊重するために必要な法令遵守事項を示しています。そして、法令で規制はされていなくても、取り組むことが望ましい事項についても提案しています。さらに、通常の経営で、これらSDGsコンプライアンスが実践できているかをセルフチェックできるように詳細なチェックリストも用意しました。

ぜひ、活用いただいてSDGsコンプライアンスの実施に役立てていただければと思います。

5 中小企業がSDGsコンプライアンスを実践するメリット

中小企業がSDGsコンプライアンスを実践することにより、①従業員、顧客、取引先、地域社会等その関係するすべてのステークホルダーの人権を尊重することにつながり、人権リスクを低減することができるという大きなメリットがあります。

このことは当該中小企業の将来のビジネスリスクを回避することにつながるだけでなく、②企業のブランド力・評判（レピュテーション）を向上させることができ、③取引先・消費者からの信用・信頼を得てビジネスチャンスが広がり、④従業員の満足度向上による雇用の安定や、採用力強化にもつながります。また、⑤サステナブルリンクローン等の融資が受けやすくなったり、⑥新たなイノベーションを創出することにもつながっていくでしょう。

このように、企業によるSDGsコンプライアンスの実践は、企業のサステナビリティ（持続可能性）を促進させ、ビジネス成果にも直結することになるのです。読者のみなさまには、ぜひSDGsコンプライアンスの実践により、社会的価値を創造しつつビジネスの成功を獲得していただければと思います。

6 SDGsコンプライアンスの実践は弁護士と協働する

SDGsは、すべての目標を統合する重要な目標として目標17「パートナーシップで目標を達成しよう」を規定しています。1から16までに掲げられた目標を達成するためには、中小企業のみの力で解決できるものではありません。さまざまな団体や機関との連携があってはじめて可能となります。とりわけ、SDGsコンプライアンスの実践のためには法的知識が必須となります。ぜひ、中小企業の身近な相談先のパートナーとして、弁護士との協働を活用ください。

【第2章の本文中索引】

※1 「我々の世界を変革する：持続可能な開発のための2030アジェンダ」（外務省）
https://www.mofa.go.jp/mofaj/gaiko/oda/sdgs/pdf/000101401.pdf
https://www.mofa.go.jp/mofaj/gaiko/oda/sdgs/pdf/000101402_2.pdf
※2 国際連合広報センター「SDGsを広めたい・教えたい方のための『虎の巻』」
https://www.unic.or.jp/activities/economic_social_development/sustainable_development/2030agenda/
※3 国連憲章テキスト（国連広報センター）
https://www.unic.or.jp/info/un/charter/text_japanese/
※4 世界人権宣言（仮訳文）（外務省）
https://www.mofa.go.jp/mofaj/gaiko/udhr/1b_001.html
※5 経済的、社会的及び文化的権利に関する国際規約（A規約）（外務省）
https://www.mofa.go.jp/mofaj/gaiko/kiyaku/2b_001.html
※6 市民的及び政治的権利に関する国際規約（B規約）（外務省）
https://www.mofa.go.jp/mofaj/gaiko/kiyaku/2c_001.html

Chapter 3

中小企業が取り組むべきビジネスと人権

1 中小企業も「ビジネスと人権」への取組みが不可欠

最近、企業がビジネスと人権に関する指導原則に取り組むことが大切であると報道されることが多くなりました。中小企業経営者の中には、それは大企業に求められているもので、中小企業には関係ないと思われている方もおられるようです。しかし、今や中小企業においても同原則に取り組むことは喫緊の課題となっています。

日本各地の中小企業の経営者を会員として組織される経済団体である中小企業家同友会全国協議会（以下「中同協」）が発刊している「中小企業家しんぶん」 2019年12月15日号[※1]は、「ビジネスと人権の時代～『指導原則』を企業と同友会運動の力に～」というタイトルで、中小企業が同原則に取り組む意義について述べています。

「中同協として『指導原則』に注目した理由は以下の３点があげられます。第１に、途上国などでの人権侵害は、低賃金でつくられた安価な製品が先進国に流入することで過度な低価格競争をもたらし、中小企業の経営にも大きな影響を与えること。第２に、日本国内での不公正取引は、中小企業の労働環境悪化などの要因になっており、まさにこれは中小企業で働く経営者や社員の人権問題にもつながるものであること。第３に、『労使見解』を掲げ、『人間尊重の経営』を長年実践してきた同友会にとって、『人権尊重』の流れは、共通性があり歓迎すべきものであること。……中小企業は、サプライチェーンの中で取引先からも人権尊重の取り組みが求められるようになり、それに対応できない企業は、取引から排除される可能性も考えられます。一方で人権尊重に取り組む企業では、社員の働く意欲や社会的評価が高まり、企業価値や競争力の向上が期待できます」（下線部筆者）

中小企業も、従業員、消費者、サプライチェーンを含む取引先、地域社会および株主などさまざまなステークホルダーと関わりながら経営が成り立っています。ステークホルダーの一人ひとりにはかけがえのない人権があり、こうした人権を軽視した経営をすれば、中同協が指摘するように取引から排除されるという深刻な結果に陥る可能性がある一方、人権尊重経営に舵を切るなら、サステナビリティに貢献するものとして人が集り、社会から愛される素晴らしい会社へと成長できる時代に入っているのです。

2 ビジネスと人権に関する指導原則

1 策定の経緯

1990年代以降、開発途上国における企業活動において、多国籍企業による、児童労働、強制労働などの人権侵害や環境破壊などがみられるようになり、各国で不買運動など、企業に対する批判が高まるようになりました。そこで2005年に開催された国連の人権委員会はハーバード大学のジョン・ラギー氏を「人権と多国籍企業」に関する国連事務総長特別代表として任命し、ラギー氏は企業活動による人権侵害について総括的な調査を始めました。

ラギー氏は2008年の人権理事会において、調査結果についての報告書として「保護、尊重及び救済の枠組み」を提出しました。そこでは多国籍企業と人権の関係を、①人権を保護する国家の義務、②人権を尊重する企業の責任、③救済へのアクセス、の3つの柱に分類しました。そして、企業活動が人権に与える影響に関する国家の義務と企業の責任を明確にし、人権侵害を受けた被害者が効果的な救済を得るメカニズム作りを提唱しました。その後「保護、尊重及び救済の枠組み」を運用するために「ビジネスと人権に関する指導原則：国際連合「保護、尊重及び救済」枠組実施のために」を策定し、これは2011年の人権理事会において承認されました。以前は、人権侵害主体は国家であるという伝統的考え方でしたが、指導原則では企業の人権尊重責任が明文化された点で非常に意味があるといえるでしょう。

2 指導原則の概要

指導原則では、まず「一般原則」として本原則の位置付けを説明しています。そこでは、本原則は、国家の既存の義務、人権を尊重する企業の役割、権利侵害に対する実効的な救済の必要性について定め、本原則はすべての国家およびすべての企業に適用されることが述べられています。

すべての企業ですので、大企業のみならず、中小企業も対象となることに留意ください。さらに、「人権を保護する国家の義務（原則1～10）」「人権を尊重する企業の責任（原則11～24）」「救済へのアクセス（原則25～31）」の3つの柱とその柱に関連する原則が規定されています（図表3-1）。

3 企業は国際人権尊重責任を負う

企業との関係では「人権を尊重する企業の責任（原則11～24）」が重要

図表 3-1 3つの柱

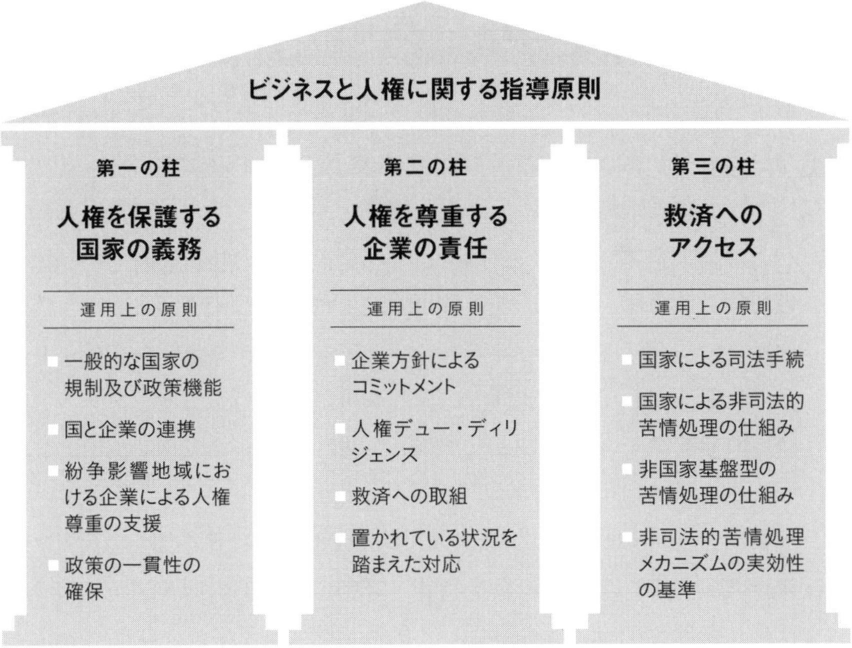

引用：外務省パンフレット「ビジネスと人権とは？　ビジネスと人権に関する指導原則」（2020年３月発行）から一部抜粋
https://www.mofa.go.jp/mofaj/files/100116940.pdf

ですが、その中でまずは指導原則11および12が、企業は国際人権を尊重する責任を負うことを求めていることを理解することが大切です。

これは、他の国では人権として保障されている事項が、会社設立時に準拠した国や事業を実施している国では人権として保障されていないことがあり、ステークホルダーの人権を適切に保護するために、企業が遵守すべき人権の内容は国際的に認められたものによることとしたのです。

ここにいう国際人権とは、最低限、国際人権章典（世界人権宣言）で表明されたものおよび労働における基本的原則および権利に関する国際労働機関（ILO）宣言で挙げられた基本的権利に関する原則を意味しています。

4 方針によるコミットメント・人権デュー・ディリジェンス・救済

その上で指導原則は、①人権を尊重する責任を果たすという企業方針によるコミットメント（指導原則16）、②人権への影響を特定し、予防し、軽減し、対処方法を明確にするための人権デュー・ディリジェンス（指導原則17～21）、③企業が惹起しまたは寄与した人権への悪影響からの救済手続（指導原則22）の3つを柱として定めています（図表3-2）。

① 企業方針によるコミットメントは、人権を尊重する責任を定着させるための基盤として、企業はこの責任を果たすためのコミットメントを企業方針のステートメント（声明）を通して表明すべきであるとしているものです。

② 人権デュー・ディリジェンスは、企業の人権尊重責任を果たすため、企業活動の人権への負の影響を特定・評価し、負の影響を防止・軽減を図り、取組みの実効性を評価し、説明・情報開示するという一連の過程を繰り返すことを要求するものです。

③ 企業による人権への悪影響からの救済手続は、人権デュー・ディリジ

図表 3-2 ビジネスと人権に関する指導原則の全体像

<table>
<tr><td>人権方針</td><td>人権尊重責任に関する約束の表明</td><td rowspan="7">ステークホルダーとの対話</td></tr>
<tr><td rowspan="5">人権デュー・ディリジェンス</td><td>負の影響の特定・評価</td></tr>
<tr><td>負の影響の防止・軽減</td></tr>
<tr><td>取組みの実効性の評価</td></tr>
<tr><td>説明・情報開示</td></tr>
<tr><td>救済</td><td>負の影響から生じた被害への対応</td></tr>
</table>

出典：経済産業省「責任あるサプライチェーン等における人権尊重のためのガイドライン」を基に作成

ェンス・プロセスあるいは他の手段を通じて人権に対する負の影響が特定できる場合、企業に対し自らまたは他のアクター（主体的な関係者）との協力を通じて、その是正に積極的に取り組むことを求めるものです。

以上については次章以降において詳述しますので参照ください。

5 中小企業はまず日本国憲法の人権規定に取り組む

指導原則によって中小企業も国際人権尊重責任を負うことになりますが、日本国憲法にも人権規定があります。日本国憲法は、約30条にわたる詳細な人権規定を定めています。そこで保障されている人権は世界人権宣言とほぼ重なる包括的なものであり、世界水準といえるものです。日本国憲法は日本語で書かれていて、わかりやすい文献も数多く出版されていますから、中小企業において人権を考える場合には、まず日本国憲法の人権規定を基礎とすることが重要でしょう。ただし、世界人権宣言採択以降、国連では多数の人権条約が採択され、そこにおける人権規定は日本国憲法の人権規定より詳細になってきていますから、国際人権についても注意を払うようにしてください。

3 ビジネスと人権に関する行動計画（2020—2025）

国連は「指導原則」の承認後、国家の責任を明確にするために各国に対して指導原則の実施に関する行動計画「ビジネスと人権に関する国別行動計画（NATIONAL ACTOR PLAN ON BUSINESS AND HUMAN

RIGHTS：NAP)」の作成を奨励しました。日本政府はそれに基づいて2020年10月に「ビジネスと人権に関する行動計画（2020－2025)」を発表しました。これは2020年から2025年までの計画を定めたものです。

この行動計画では、国連指導原則の①人権を保護する国家の義務、②人権を尊重する企業の責任、③救済へのアクセス、の3つの柱に合わせて関連する取組みを分類しています。②の企業の責任との関連では、人権を尊重する企業の責任を促すための政府による取組みとして、中小企業での「ビ

図表 3-3　分野別行動計画

ア. 労働 (ディーセント・ワークの促進等)	イ. 子どもの権利の保護・促進	ウ. 新しい技術の発展に伴う人権	エ. 消費者の権利・役割	オ. 法の下の平等 (障害者、女性、性的指向・性自認等)	カ. 外国人材の受入れ・共生
●ディーセント・ワークの促進 ●ハラスメント対策の強化 ●労働者の権利の保護・尊重(含む外国人労働者、外国人技能実習生等)	●人身取引等を含む児童労働撤廃に関する国際的な取組への貢献 ●児童買春に関する啓発 ●子どもに対する暴力への取組 ●スポーツ原則・ビジネス原則の周知 ●インターネット利用環境整備 ●「子供の性被害防止プラン」の着実な実施	●ヘイトスピーチを含むインターネット上の名誉毀損等への対応 ●AIの利用と人権やプライバシーの保護に関する議論の推進	●エシカル消費の普及・啓発 ●消費者志向経営の推進 ●消費者教育の推進	●ユニバーサルデザイン等の推進 ●障害者雇用の促進 ●女性活躍の推進 ●性的指向・性自認への理解・受容の促進 ●雇用分野における平等な取扱い ●公衆の使用の目的とする場所での平等な取扱い	●共生社会実現に向けた外国人材の受入れ環境整備の充実・推進

出典：「『ビジネスと人権』に関する行動計画（概要)」（ビジネスと人権に関する行動計画に係る関係府省庁連絡会議）から一部抜粋し、作成
https://www.mofa.go.jp/mofaj/files/100104258.pdf

ジネスと人権」に関する理解・実行を広げていくための啓発を実施するなど、中小企業におけるビジネスと人権への取組みに関する支援が挙げられています。

同行動計画第2章2.では「分野別行動計画」(図表3-3)が紹介されており、中小企業経営に関連する人権が多数含まれていますから、ぜひ、ご自分の会社に起こり得る問題と結び付けて考えてみてください。

日本政府が中小企業に対し、これらに対する取組みを求めるようになってきていることに十分配慮いただけたらと思います。

4 人権尊重のためのガイドライン(経済産業省)

ビジネスと人権の取組みに関し、欧米諸国に比べると、日本政府の動きは後れをとっていましたが、企業による人権尊重の取組みを促進すべく、2022年9月に経済産業省において「責任あるサプライチェーン等における人権尊重のためのガイドライン[※2]」の公表がなされました。このガイドラインは、ビジネスと人権に関する国連指導原則、OECDの企業行動指針、ILO多国籍企業宣言などを踏まえ、人権尊重の取組みについて、日本で事業活動を行う企業の実態に即して、具体的かつわかりやすく解説し、企業の理解の深化を助け、その取組みを促進することを目的として策定されました。具体的な取組み手法も記載されています。

さらに経済産業省は2023年4月には、このガイドラインに基づいて「責任あるサプライチェーン等における人権尊重のための実務参照資料[※3]」を発表しました。この資料では、企業が人権デュー・ディリジェンスをいかに行えばよいかについて非常に具体的に詳述されています。

このガイドラインと実務参照資料は、日本で事業活動を行うすべての企業が取り組むべきものとされており、日本企業の人権デュー・ディリジェンスのスタンダードを示すものです。中小企業経営者も必ず参照して人権尊重経営に役立てるようにしてください。

5 ビジネスと人権に関する内外の動向が中小企業に及ぼす影響

1 日本政府からの公共調達における人権配慮の要請

以上の動きに加えて日本政府は、2023年4月、「政府の実施する調達においては、入札する企業における人権尊重の確保に努めることとする。」として、公共調達の入札説明書や契約書等において、入札希望者ないし契約者は上記ガイドラインを踏まえて人権尊重に取り組むよう努めることを要求すると発表しました。今後、政府の公共調達に関わる中小企業をはじめとする関連企業に大きな影響が出てくるものと考えられます。

図表3-4をみていただくと、日本においても急速に中小企業に対しても人権尊重対応が求められるようになってきていることが理解いただけると思います。

2 日本経済団体連合会や東京証券取引所の動向

(ア)「経団連企業行動憲章」・「実行の手引き」の改訂

1991年、一般社団法人日本経済団体連合会（経団連）では、会員企業に求める行動原則「経団連企業行動憲章」を制定し、企業の社会的責任へ

図表3-4 ビジネスと人権に関する日本政府の動き

2020.10	ビジネスと人権に関する国内行動計画(NAP)
2022.9	責任あるサプライチェーン等における人権尊重のためのガイドライン
2023.4	責任あるサプライチェーン等における人権尊重のための実務参照資料
2023.4	政府は公共調達に際し、上記ガイドラインに基づく人権尊重の取組みに努めることを要求

の取組みを推進していましたが、2017年11月にこれを改定し、人権尊重に関する原則を追加しました。さらに「企業行動憲章　実行の手引き」は、経団連会員企業が「企業行動憲章」の精神を自主的に実践していく上で必要と思われる取組みや、参考項目を例示するものですが、2021年12月に発行された第8版では、「指導原則」で企業に求められる運用上の原則に沿って、人権の尊重の項目の見直しを行いました。「実行の手引き」は現在、第9版が発行されており、ますます企業が人権尊重経営を行うべきことを求め、さらにサプライチェーンにも行動変革を促すことを求める内容になってきている等、中小企業にとっても無視し得ない状況になっています。

(イ)コーポレートガバナンス・コードの改訂

「コーポレートガバナンス・コード」とは、金融庁と東京証券取引所（東証）が策定した上場会社の企業統治に関するガイドラインで、上場規則の一部として、上場会社に適用されています。コーポレートガバナンス・コードに2021年6月に人権を尊重するよう求める規定が盛り込まれ、補充原則の中で、取締役会は、気候変動などの地球環境問題への配慮、人権の尊重、従業員の健康・労働環境への配慮や公正・適切な処遇、取引先との公正、適正な取引、自然災害等への危機管理など、サステナビリティをめぐる課題への対応は、リスクの減少のみならず収益機会にもつながる重要な経営課題であると認識し、中長期的な企業価値の向上の観点から、これらの課題に積極的・能動的に取り組むよう検討を深めるべきであると規定されています。

大企業においては、サプライチェーンの中に人権課題に取り組んでいない中小企業が存在することは、自社の企業価値を下げるリスクとなることから、中小企業が人権尊重経営をしているか否かはますます強い関心事となってきています。

3 海外における法制度の策定との関係

英国をはじめ欧米を中心に各国においても国別の行動計画が策定されています。しかし、指導原則や国別の行動計画は、法的な拘束力はないため、欧米諸国を中心に、企業に対し人権侵害リスクへの対応等を義務付ける法

図表3-5　海外における法規制の動きの一例

開示規制	2015年「英国現代奴隷法」
	2018年「オーストラリア現代奴隷法」
デュー・ディリジェンス規制	2017年「フランス人権DD法」
	2021年「ドイツコーポレートサプライチェーンDD法」
	2022年「EUコーポレートサスティナビリティDD指令」草案
紛争鉱物規制	2010年「米国ドットフランク法」
	2017年「EU紛争鉱物規制」
輸入規制	1930年「米国関税法307条」
	2015年「米国貿易円滑化及び権利行使に関する法律」
	2021年「米国ウィグル強制労働防止法」

制度を導入する動きが進んでいます（図表3-5）。

これらの法制化の動きは海外の問題だから、日本の中小企業経営には関係ないと思っていると大間違いです。すでに日本の大企業はこれらの法規制に戦々恐々として対応を進めています。日本の中小企業の多くはそのサプライチェーンの一端を担っており、これらの日本の中小企業に人権問題が存在しないかについて詳細なアンケートを求めてきています。中小企業がビジネスと人権の問題を軽視していると、取引を打ち切られ、サプライチェーンからの退場を求められる事態になり得ることにより細心の注意が必要です。

4 中小企業への影響

これまで述べてきたことから、中小企業も人権尊重に配慮した経営をしていかなければならないことを理解いただけたことと思います。人権尊重経営の推進により、社会からの評価が得られ、人が集まる会社へと成長していけるのですから、ぜひ、中小企業経営者のみなさまには積極的に人権尊重経営に取り組んでいただければと思っています。

【第3章の本文中索引】

※1 「ビジネスと人権の時代～『指導原則』を企業と同友会運動の力に～」（中小企業家同友会全国協議会）
https://www.doyu.jp/topics/20191218-092709

※2 「責任あるサプライチェーン等における人権尊重のためのガイドライン」（経済産業省）
https://www.meti.go.jp/press/2022/09/20220913003/20220913003-a.pdf

※3 「責任あるサプライチェーン等における人権尊重のための実務参照資料」（経済産業省）
https://www.meti.go.jp/press/2023/04/20230404002/20230404002-1.pdf

Chapter 4

人権方針とパーパスを策定する

1 人権方針の策定

1 「自社のあるべき姿」を考える

日経ビジネス電子版は、2023年3月31日、「世界中のSNSに慣れ親しんだZ世代。未来を担う彼らの人権感覚は世界標準だ。『倫理観が強い職場で、意義ある仕事をしたい』。企業を吟味する物差しも一味違う。」と題して、Z世代の若者たちが企業に対して高い人権意識を求めていることを報じています[※1]。

企業がイノベーションを起こして利益追求をすることは重要ですが、それにかまけて従業員の人権や安心・安全に働くことができる環境の提供を軽視していると、こうした高い人権感覚を持つ従業員は将来への不安から会社から逃げ出してしまいかねません。ここでは従業員のみを例にしましたが、消費者や顧客など企業にとって大切なステークホルダーにおいても同様でしょう。

こう考えると、中小企業の経営者・経営幹部のみなさまにまず始めに行っていただきたいことは、SDGsの各目標・ターゲットで示されていることに手あたり次第に取り組むことではなく、SDGsの核心である人権の尊重に対する自社の向き合い方をしっかり定めることといえます。換言すれば、自社において今、誰のどのような人権に配慮して事業を進めていくことが社会の要請として求められているのか、今一度真剣に考えていただきたいのです。

このように、人権尊重という観点から「自社のあるべき姿」を明確にしていくことこそが取組みの第一歩として重要であり、それが指導原則16で掲げられている「人権方針の策定」にあたります。

2 人権方針策定の要件

人権方針は、企業が人権尊重責任を果たしていくというコミットメント（約束）を社内外に向けて明確に示すものです。より具体的にいえば、企業が自社の事業活動に関連して生じ得る人権問題にどのように向き合い、ステークホルダー（利害関係者）に対してどのような対応をしていくのかという方針を立てて、これを公式に表明するものといえます。

図表 4-1 人権方針が満たすべき要件

内容	人権尊重責任を果たすという企業によるコミットメント（約束）を、5つの要件を満たす人権方針を通じて、企業内外に表明する	
5つの要件	① 企業トップを含む経営陣に承認されていること	策定時
	② 企業内外の専門的な情報・知見を参照した上で作成されていること	策定時
	③ 従業員、取引先および企業の事業、製品またはサービスに直接関わる他の関係者に対する人権尊重への企業の期待が明記されていること	策定時
	④ 一般に公開されており、すべての従業員、取引先および他の関係者に向けて社内外にわたり周知されていること	策定後
	⑤ 企業全体に人権方針を定着させるために必要な事業方針および手続に、人権方針が反映されていること	策定後

指導原則16および「責任あるサプライチェーン等における人権尊重のためのガイドライン」では、人権方針が満たすべき要件として前頁図表4−1の5点が示されています。

(ア)策定時の要件

第一に、人権方針は企業の最上級レベルで承認されているものでなければなりません。人権方針は、人権に対する自社の考え方やスタンス、取組方針を経営の意思として示すものですから、当然経営トップが関与して策定されている必要があります。経営トップが率先して策定・宣言しなければ、社内的にも社外的にもその本気度が疑われ、全社一体となって遂行することはできないでしょう。上記ガイドラインにも、人権尊重の取組みにあたって経営陣によるコミットメントが極めて重要であると強調されています。

第二に、人権方針は社内外から関連する専門的助言を得て策定されていなければなりません。人権方針の策定にあたっては、自社が影響を与える可能性のある人権を大まかに把握する必要がありますが、その検討を自社の一部門だけで行うには限界があります。そこで、社内外のステークホルダーや専門家から知見を集めることが求められます。もっとも、中小企業の場合は、グローバルにサプライチェーンを展開する大企業とは事業の規模・複雑性が異なりますので、まずは距離の近いステークホルダーである従業員代表や労働組合、主要な顧客・取引先から情報を収集して行うのが現実的な対応と考えられます。

第三に、人権方針には従業員、取引先、および企業の事業、製品またはサービスに直接関わる他の関係者に対して企業が持つ人権についての期待が明記されていなければなりません。指導原則では、人権を尊重する企業の責任は、自らの事業活動のみならず、取引関係などによってつながっている第三者にも及ぶとされています。そのため、人権を尊重する取組みへの期待を、自社のみならず取引先および自社の事業、製品またはサービスに直接関わる他の関係者にも幅広く求めていくことになります。もっとも、一般的に中小企業の場合は、事業活動の及ぼす影響範囲・程度が大企業ほどではないため、まずは身近なステークホルダーに対する期待に絞って反映させることでもよいと思われます。

(イ) 策定後の要件

第四に、人権方針は一般に公開され、すべての従業員、取引先および他の関係者に向けて周知されていなければなりません。企業が人権方針でコミットする内容は、社内外の幅広いステークホルダーに関わるものですから、当然その内容は関係者が認識できるようにしておく必要があり、通常は会社のホームページ等を通じて公開します。

ここで重要なことは、従業員、その他の関係性の深い取引先や得意先等のステークホルダーに対しては、「周知」、すなわち、理解や納得を促して実際の取組みにつなげることまで求められていることです。企業はこのようなステークホルダーに対して、アンケート、広報、研修、面談等々あらゆる手段を尽くしてコミュニケーションをとっていく必要があることに注意していただきたいと思います。

第五に、人権方針は企業全体に定着させるために必要な事業方針および手続の中に反映されていなければなりません。人権方針は人権を尊重するための取組全体について企業としての基本的な考え方を示すものですから、企業の経営理念やパーパス、事業方針とも密接に関わるものです。もし、これらと人権方針との間に矛盾があったり、相互の関係性が希薄であったりすると、単に体裁だけ整えられたものであることをステークホルダーに見透かされてしまいますし、社内的にも納得感を得られず定着しないでしょう。したがって、人権方針の策定にあたっては、自社の既存の方針類などとの整合性・一貫性を確保することが重要です。

また、策定した人権方針を社内に根付かせていくためには、役員や従業員の行動基準等にもその要素を組み込み、日常業務において彼らが人権を重視した判断や行動をしていくように促していくべきです。そのためには、人事考課や研修内容にも反映させていくのが有用です。

3 人権方針のサンプル

参考までに、人権方針のサンプルを示します。ここに記載されている内容は、これらがすべてそろっていなければならないというわけではありません。人権課題は自社の事業や社会状況等の変化によって変わり得るものですし、人権方針策定後のステップである人権デュー・ディリジェンスの実践を通じてより明確化してくるものです。したがって、始めから完璧なものを求める必要はなく、徐々にブラッシュアップしていくという姿勢で臨んでいただければと思います。

（例）人権方針のサンプル

〇〇株式会社 人権方針

私たち〇〇株式会社は、人権尊重の取組みを推進し、その責務を果たすための指針として、〇〇株式会社人権方針をここに定めます。

1　本方針の位置付けと適用範囲

私たちは、「……」というパーパスを掲げ、……に関わる社会課題の解決に取り組み続けてきました。社会課題の解決に主体的に取り組むためのベースとなる考え方が「〇〇株式会社行動指針」であり、重視する価値観として「……」を謳い、個の尊重を通じて社会に新しい価値を創造していくことを掲げています。本方針は、経営理念および行動指針に基づく私たちの人権への取組姿勢を示すものであり、すべての役員・従業員に適用されます。また、私たちの製品・サービスに関係する取引関係者に対しても、本方針への支持を働きかけていきます。

2　規範や法令の尊重・遵守

私たちは、事業活動を行う国や地域の法令遵守はもとより、国際人権章典やILO中核的労働基準など国際的な人権規範を尊重します。各国や地域の法令と国際的な人権規範に矛盾・乖離がある場合には、国際的な人権規範を尊重するための方法を追求します。

3　人権尊重責任の遂行

私たちは、国連の「ビジネスと人権に関する指導原則」の考え方に従い、人権尊重の責任を果たすことを誓います。

そのために、人権に対する負の影響を特定、防止、軽減する取組みである人権デュー・ディリジェンスの仕組みを構築し、事業活動が及ぼす人権に対する負の影響を特定し、その未然防止および軽減を図ります。

また、人権に対する負の影響を引き起こした、あるいはこれに関与したことが判明した場合、適切な手続を通じてその救済に取り組みます。

4　教育

私たちは、本方針が事業活動全体に定着するよう必要な手続の中に反映させるとともに、本方針が理解され効果的に実施されるよう、役職員に対して適切な教育・研修を継続して行います。

5　情報開示・対話

私たちは、人権尊重の取組みの進捗状況および結果について、ホームページなどを通じて定期的に報告していきます。また、本方針を実行する過程において、ステークホルダーとの対話と協議を真摯に行います。

6　重点課題

私たちは、下記の項目を重点的に取り組みます。

(1) ○○○○○○○○○○○○○

本方針は、当社の取締役会の承認を得ており、代表取締役社長がその実践に責任を持ちます。

制定日　2023年○月○日
○○株式会社
代表取締役社長○○○○

2　パーパスの策定と浸透の方法

1　パーパスを策定する意味

株式会社学情（本社：東京都千代田区）は、2024年3月卒業（修了）予定の大学生・大学院生を対象に「パーパス」に関して調査したところ、72.7％の学生が、「パーパス」を制定する企業は「好感が持てる」と回答し、企業の「パーパス」を知ると「志望度が上がる」と回答した学生が6割を超えたと報告しています。中小企業においても優秀な社員に魅力を感じてもらうためにはパーパスを策定する必要があることを理解いただけると思います。

パーパスとは、一般的には「自社が社会に果たすべき責任と役割」、すなわち「自社の社会的存在意義」と定義されています。

企業においてこうしたパーパスの策定が必要とされるに至ったのはなぜ

なのでしょうか。

かつての資本主義の絶頂期においては、企業の存在意義は利益の最大化であると認識されていました。企業の経済活動が活発になり利益が大きくなれば、シャンパンタワーのように、やがて一般庶民の人々にも富が平等に行き渡ると理解されていたからです（トリクルダウン仮説[※2]）。しかし、企業がこのような認識で取り組んだ結果、貧困率は低下し、低所得者層にも一定の恩恵はあった一方で、実際には富裕層やグローバル企業に富の集中がみられ、格差と分断を生み出す結果となりました。それればかりか、グローバルな領域では、主に貿易格差や労働搾取、自然環境の破壊などが深刻となり、際限のない利益追求は、富の奪い合いとなって、決して持続的ではないことが認識されるようになりました。

これに伴い、企業に求められるビジネスモデルは、ゼロサムというパイの奪い合いから、取引当事者双方に利益をもたらすウインウインを経て、新たな社会共有価値を創出するプラスサムへと進化を遂げています[※3]。このプラスサムを日本流でいうと、売り手良し、買い手良し、世間良し、の「三方良し」から、これに、作り手良し、地球良し、未来良し、を加えた**「六方良し」**という、社会、地球環境、将来世代へも配慮した社会が共有できる付加価値の創出が求められるということになります。このプラスサムあるいは「六方良し」の実現に向けた目標を示すのが本書のテーマとするSDGsであり、企業には、ビジネスモデルを通じてこのSDGsへの取組みが求められることになります。

このように、社会が企業に対して求める価値、すなわち企業の存在意義は、現在においては自社のみの利益の最大化ではなく、未来に向けた社会課題の解決による社会共有価値の創出に変貌を遂げていますから、自社が持続可能な成長をなし得るためには、自社の存在意義を（再）定義し認識することが求められており、それゆえパーパスの策定が必要となるのです。

2 パーパスの策定と浸透はどのようにして行うか

(ア) パーパスの策定例

それでは、自社のパーパスをどのようにして策定すればよいのでしょうか。前述のとおり、パーパスとは企業としての社会的存在意義のことですから、その策定には、①**自社独自の強みを活かして、**②**どのように社会に対して価値を提供できるか、**そして③**企業としてのありたい姿を示す、**この3つがポイントになります。

大手食品企業**「味の素」**が掲げたパーパスである**「アミノ酸のはたらきで食習慣や高齢化に伴う食と健康の課題を解決し、人びとのウェルネスを共創します」**を例にとって説明しますと、「アミノ酸のはたらきで」が自社独自の強み、「食習慣や高齢化に伴う食と健康の課題を解決し」が社会に対して提供できる価値、「人びとのウェルネスを共創します」がありたい姿ということになります。なお、現在の同社のパーパスは、よりシンプルに「アミノサイエンス®で人・社会・地球のWell－beingに貢献する」となっています。

大手スポーツ用品メーカー**「ナイキ」**の**「スポーツを通じて世界を一つにし、健全な地球環境、活発なコミュニティ、そしてすべての人にとって平等なプレイングフィールドをつくり出す」**というパーパスや、金融やゲームを中心にさまざまな事業を手掛ける**「ソニー」**の**「クリエイティビティとテクノロジーの力で、世界を感動で満たす」**というパーパスも、自社の強みと提供できる価値を示すことによって、ありたい姿を表現しているといえるでしょう。

(イ) 自社の強みの分析

それでは、自社の強みはどのようにして見いだすのでしょうか。そのためには、自社の**バリューチェーン**を分析し、その中でありたい姿の実現のための原動力となるコア・コンピタンスを特定してみましょう。**コア・コンピタンス**とは、顧客に対して、他社には真似のできない自社ならではの価値を提供する企業の中核的な能力のことです。コア・コンピタンスの抽出にあたっては、「顧客に価値をもたらすか」「競合他社に真似されにくいか」「応用が利くか」などの視点で見極めを行うことになります。具体的には、第13章でSWOT分析や4C・4P分析などの具体的手法紹介していますので参照してください。

(ウ)解決すべき社会課題・提供すべき価値の特定

次に、どのようにして社会に対して価値を提供できるか、自社が解決すべき社会課題を特定しましょう。特に中小企業事業者のみなさまは、大企業とは異なり、比較的少数者の、比較的困難な社会課題の解決を得意としていて、大量生産、大量消費、大量廃棄が終焉を迎えつつある現代にあって、大企業では取り組みにくい社会課題の解決を担う、大変重要な存在となっています。

そこで、本書が主題として掲げるSDGsの17の目標は、まさに現在の社会課題を抽出したものでありそれ自体は抽象的理念的なものであっても、169のターゲットは目標達成のための具体的な基準・手法を示すものですから、自社が解決すべき社会課題の特定にあたっては、これを参考にすることができます。もっと便利により豊かな暮らしをしたいという人間の欲求は、経済発展（**Development**）の原動力となるものですが、今の自分たちだけがよければよい、あるいはお金さえもうかればよい（今だけ、金だけ、自分だけ）という考えの下では、新興国や将来世代、地球環境にそのつけを回すことになり、持続可能（**Sustainable**）ではなく、やがて何らかの終焉を迎えることになりかねません。そしてこのことは決して他人事ではなく、すでに私たちは、①異常気象による大規模災害、②パンデミック、③軍事進攻など、今そこにある危機として直面しつつあります。そこで、新興国や将来世代の欲求を満たしつつ、先進国や現在の世代の欲求も満足させるような経済発展、すなわち持続可能な開発が待ったなしで求められており、これを達成するための複数の目標設定（**Goals**）がSDGs（**Sustainable Development Goals**）なのですから、企業が解決を目指すべき現在の社会課題を示していると捉えることができます。

（エ）ありたい姿の明確化

そして、何より大事なのは、自社の**ありたい姿**を明確に示すことです。ありたい姿とは、どのような未来を創りたいか、という意志で、目指す世界観といってもよいかもしれません。

ありたい姿を描く例として、大リーグで大活躍する大谷翔平選手が高校時代に作成したとされる目標達成シートが参考になります。大谷選手は、プロ野球選手という目的を達成するため、目標達成シートを活用して、より具体的に自分自身が目指すプロ野球選手としての“ありたい姿”を描いていました。大谷選手の目標達成シートは全部で9×9=81のマスで構成され、その中心にありたい姿で描かれています。

ところで、**ありたい姿（Will）**と**あるべき姿（Must）**とはどのように区別されるのでしょうか。ありたい姿とは、自社の望む理想の状態・願望であるのに対し、あるべき姿とは社会的に求められる状態・帰結であると整理すると、あるべき姿からは、SDGsやビジネスと人権に関する指導原則等から必然的に導かれるコンプライアンスの取組みが期待される一方、ありたい姿からは、SDGsの目標達成を志向し自社の強みを活かした独創的な課題解決へのチャレンジが導かれることになります。そして、ありたい姿を描くことにより、いわゆる**バックキャスティング**の思考[※4]で、未来の目標を達成するために必要な施策を考えることができ、また、あるべき姿を描くことにより、**フォアキャスティング**の思考[※5]で、PDCAサイクルを回して着実に向上することができることになり、両者のキャスティングでいわば目標をサンドイッチするという意味でいずれも有益ですが、パーパスの策定にあたっては、ありたい姿がより重要になります。

3 パーパスステートメントの作成

このように、自社独自の強みを活かして、どのように社会に対して価値を提供できるかを分析し、企業としてのありたい姿を明確化することで、パーパスの策定が可能となります。

こうして具体的なパーパスをまとめた文章（声明）である「パーパスステートメント」を作成することになりますが、作成する際のポイントは、**①短くて覚えやすい、②独自性・ユニークな言葉を使っている、③社内・社外の両方にメッセージ性がある、④行動方針を含めている、**の４つであり、何よりパーパスステートメントは、わかりやすく表現することが必要です。

4 パーパスによってどのような効果がもたらされるか

(ア)意思決定の根拠

最も根源的なパーパス策定の効果は、すべての意思決定の根拠をパーパスに求めることができることです。すなわち、特に新しい事業や活動を開始するとき、それらが自社のパーパスに合致したものであるかどうかが意思決定の基準と根拠となります。

また、非財務的な価値のみならず、財務的なパフォーマンスにおいても、パーパスを明確に意識している企業とパーパスが完全に組み込まれていない企業とを比較すると、明らかに前者に成長優位が認められるとの報告がなされています[※6]。

(イ)イノベーションの起点

次に、企業の抱える普遍的な課題は、いかにして生産性を向上させ、付加価値を生み出していくのか、そのためのイノベーションをどう起こすのかということですが、パーパスの策定を通じて、現在の事業が持つ社会価値についてあらためて見つめ直し、どうしたらより一層その価値が高まるかを考え抜く、そういったプロセスがまた新しい発想や本質的なイノベーションを生み出していく起点となり得ます。イノベーションを起こす取組みについては、第13章を参照してください。

(ウ)世界観の表現とブランディング

マーケティングの世界では、「説得の時代」が終わり、21世紀は「**共感の時代**」へと移行しているといわれています[※7]。つまり、あれこれ商品やサービスの効能を説明して説得するのではなく、「これっていいよね」「これを持つのはかっこいい」と共感してもらうことが重要だというものです。それでは、ユーザーの共感を得るにはどうしたらよいのでしょうか。それには、商品やサービスが「役に立つ」だけではなく、「意味がある」ものである必要があり、自社の世界観を表現することが必要となりますが、パーパスの策定は自社独自の世界観を作るために有用となります。

また、ブランディングとは、消費者や取引先、従業員も含めた社会全体に、自社の商品やサービスを「その企業ならではのもの」として認識させ、他社と差別化する取組みであり、一般的なブランディングでは、商品やサービスのブランドを確立することで、競合よりも優位に立ち、利益を上げることを目指しますが、**パーパス・ブランディング**は、直接的な利益の獲得ではなく、自社に対する共感や信頼を広げることを目的とします[※8]。したがって、パーパスの策定によって、社会に共感や信頼を広げるブランディングが可能となります。

(エ)ワーク・エンゲージメントの向上

Z世代をはじめとする若い世代を中心にSDGsが浸透する中、従業員とのエンゲージメントを強化する上でもパーパスは極めて重要な役割を果たします。日本の労働生産性が低いと理由の1つとして、**ワーク・エンゲージメント**の低さが挙げられることがあります。実際、2017年、米国の大手調査会社であるギャラップ社が、12の質問を基に、全世界139カ国、約1,300万人のビジネスパーソンのエンゲージメント調査を行ったところ、日本の「Engaged(エンゲージメントが高い)」といわれる社員の割合は平均6%で、世界平均である15%にも届いておらず、全139カ国の中で、132位と非常に低いことが判明しました。

ワーク・エンゲージメントは、仕事に関連するポジティブで充実した心理状態として、①仕事から活力を得ていきいきとしている(活力)、②仕事に誇りとやりがいを感じている(熱意)、③仕事に熱心に取り組んでいる(没頭)の3つがそろった状態として定義され、ワーク・エンゲージメントが高い人は、仕事に誇りとやりがいを感じ、熱心に取り組み、仕事から活力を得て、いきいきとしている状態にあり、従業員のエンゲージメントが高いほど労働生産性は高くなるという関係にあります。日本でもこのエンゲージメントに着目し、最近では「働き方改革」から「働きがい改革」が提唱されるようになっています。

この働きがいであるエンゲージメントを高めるには、①働きやすさ、②やりがい、③会社の指針への共感が必要であるといわれており、会社の指針とやりがいが一致したときに高いエンゲージメントが生まれることになりますが、そのためにも、「自社が何のために存在するのか」という問いに答えるパーパスが希求されています。このように従業員とのエンゲージメントを強化する上でもパーパスは極めて重要な役割を果たすことになります。

5 本章のまとめ

ビジネスと人権に関する指導原則やSDGsの究極の目標は、地球環境との共存の下でのすべての人の将来にわたる幸福であり、そのためには、一人ひとりが個性を尊重されて活かされるべきという**インクルージョン**と、人はみな肉体的にも、精神的にも、そして社会的にもよく生きられるべきという**ウエルビーイング**の実現が求められています。そして、企業は、これらの実現に資するよう対価を得て障害となる課題を解決すべき存在であり、そのことをしっかりと認識して実践するにあたり、パーパスの策定はもはや企業にとって必須になっているといえるでしょう。

【第4章の本文中索引】

※1　奥平力ほか「金の卵が志向する“倫理的な就活” Z世代は人権ネーティブ　問われる企業の包容力」(日経ビジネス)
https://business.nikkei.com/atcl/NBD/19/special/01400/
※2　金融情報サイトiFinance「トリクルダウン理論」
https://www.ifinance.ne.jp/glossary/economics/ecm009.html#gsc.tab=0
※3　社会共有価値の創出（Creating Shared Value：CSV)。企業の存在意義は、自社の利益追求から、社会課題の解決による豊かな社会への寄与にあるという考え方。
※4　最初に目標とする未来像を描き、次にその未来像を実現するための道筋を未来から現在へとさかのぼって記述するシナリオ作成の手法。
※5　過去の実績やデータに基づいて現実的に実現可能なものを積み上げ、未来の目標に近づける思考法。
※6　『PURPOSE+PROFIT パーパス＋利益のマネジメント』(ジョージ・セラフェイム著、倉田幸信訳、ダイヤモンド社、2023年)
※7　『世界観をつくる』(水野学・山口周著、朝日出版社、2020年)
※8　コラム「パーパスブランディングとは?一般的なブランディングとの違いや事例を紹介」(図書印刷株式会社)
https://www.tosho.co.jp/4231/

Chapter 5

SDGsコンプライアンスに取り組む

1 SDGsコンプライアンスを実施するために

1 SDGsコンプライアンスとSDGsイノベーションの関係

第2章では中小企業こそSDGsに取り組む必要があり、それにはSDGsイノベーションとSDGsコンプライアンスの2つの側面があることを述べました。

SDGsイノベーションは、サステナブル課題解決の市場が世界が直面する巨大な市場として非常に魅力があることから、これに対する取組みは中小企業に利益をもたらすものです。他方、イノベーションの展開は事業展開そのものであり、これのみを追求していると人権に対して負の影響を与えてしまうリスクもはらんでいます。人権は個人の尊厳原理の下、絶対的価値を有するものですから、そのような事態は除去・軽減しなければなりません。

特に中小企業の場合、例えば、その事業展開が従業員、消費者の人権侵害に関わるようなことになると、瞬く間に従業員の退職、消費者によるモノやサービスの不買といった行動に直結してしまうこともあり得ます。そうなりますと、財務基盤の乏しいことの多い中小企業にとっては死活問題となりかねません。

図表5-1　SDGsコンプライアンスとSDGsイノベーションの関係

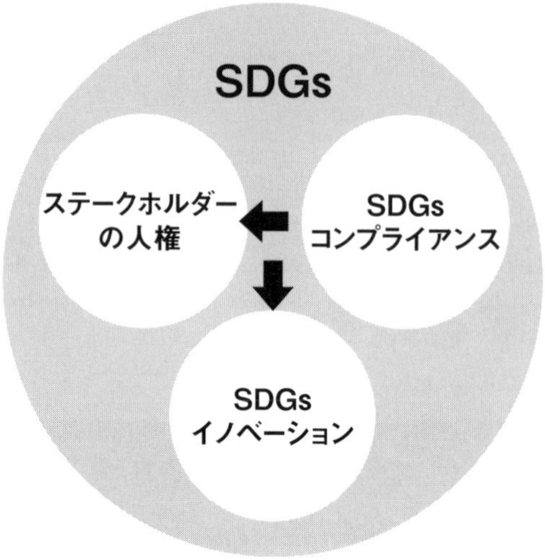

そのため、SDGsの実施にあたっては、イノベーションだけでなく、SDGsコンプライアンスの視点も忘れてはなりません。むしろ、SDGsコンプライアンスを最優先に考えるべきなのです。

SDGsは、「誰一人取り残さない」の理念の下に、人権課題・社会課題の解決を目指すもので、その根本には基本的人権の尊重という考えがあります。この根本の部分に立ち返って考えると、「SDGsコンプライアンス>SDGsイノベーション」という図式が成り立ちます（図表5-1）。

つまり、SDGsの取組みにあたっては、人権尊重は最上位に位置するものであり、そのためのSDGsコンプライアンスを最優先課題と捉えるべきなのです。

2 ステークホルダーは広く存在することに注意

企業が人権尊重責任を果たしていく際には、自分の会社の中だけを見ていただけでは十分ではありません。常にステークホルダーが誰かを確認して行うべきです。企業の周りには、従業員、消費者などの顧客、取引先、サプライヤー、地域社会、株主などのステークホルダーが存在していますから、これらのステークホルダーに負の影響を与えていないかについて対話を進めながら実施していくことが大切です（図表5-2）。

図表 5-2 企業を取り巻くステークホルダー

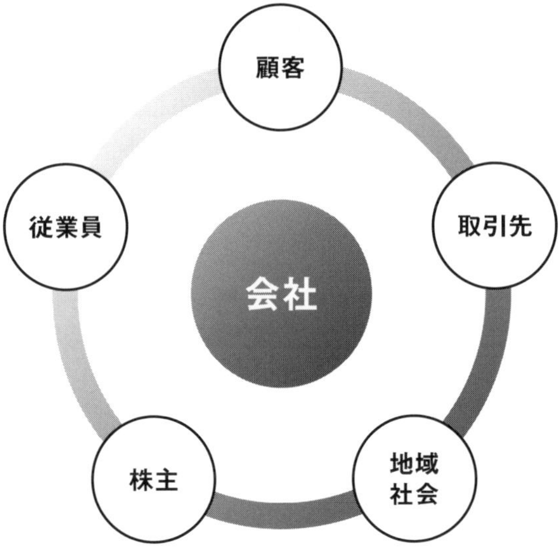

また、サプライチェーンの全体をよく確認して対応することも重要です。自分の会社が人権侵害や環境破壊を行っていなくても、自社よりも川上あるいは川下に属する会社がこれらを行っている場合には、サプライチェーン全体からみれば、サステナビリティに反する結果となってしまいます。したがって企業が製造・販売する製品について、原材料の調達から加工、出荷、販売、アフターサービスといった一連の流れの中で、人権に対して負の影響を与えていないか、あるいはそれを助長するようなことをしていないかということを丹念に調べていく必要があることに注意しましょう。

図表5-3　サプライチェーンに関係する人権問題と環境問題の例

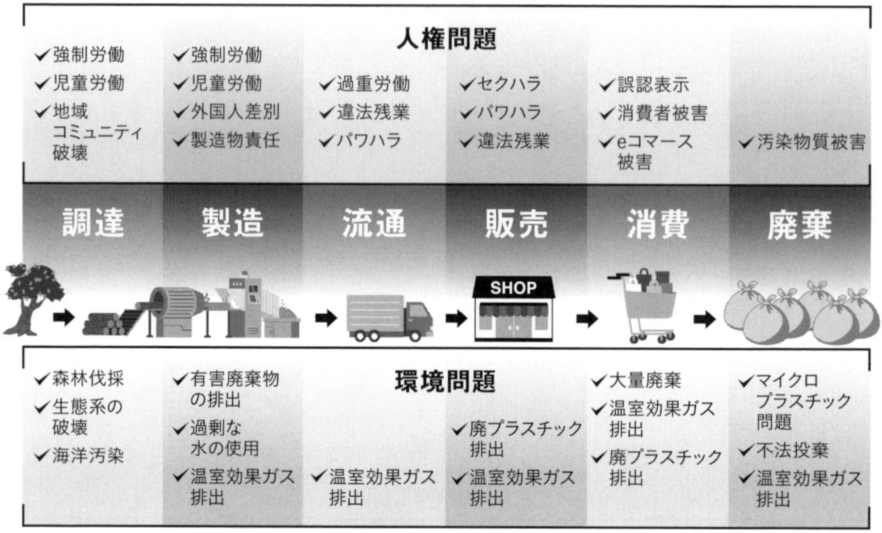

2　SDGsの取組み方

1　SDG Compassを活用する

では、企業は、どのようにSDGsに取り組んでいけばよいでしょうか。そのための指針として、SDG Compassが公表されています[※1]。

SDG Compassは、SDGsを企業が活用するための行動指針であり、冒頭で、「各企業の事業にSDGsがもたらす影響を解説するとともに、持続可能性を企業の戦略の中心に据えるためのツールと知識を提供する」と述べています。

SDG Compassは、企業がSDGsを経営戦略と整合させ、SDGsへの貢献を測定し管理していくための指針を示しています。

2 5つのステップ

(ア)SDGsへの取組み方

SDG Compassでは、企業のSDGsへの取組み方を、次のように「5つのステップ」に分けて段階的に説明しています(図表5-4)。

ステップ1　SDGsを理解する
ステップ2　優先課題を決定する
ステップ3　目標を設定する
ステップ4　経営へ統合する
ステップ5　報告とコミュニケーションを行う

図表5-4　ステップ1～5の相互関係

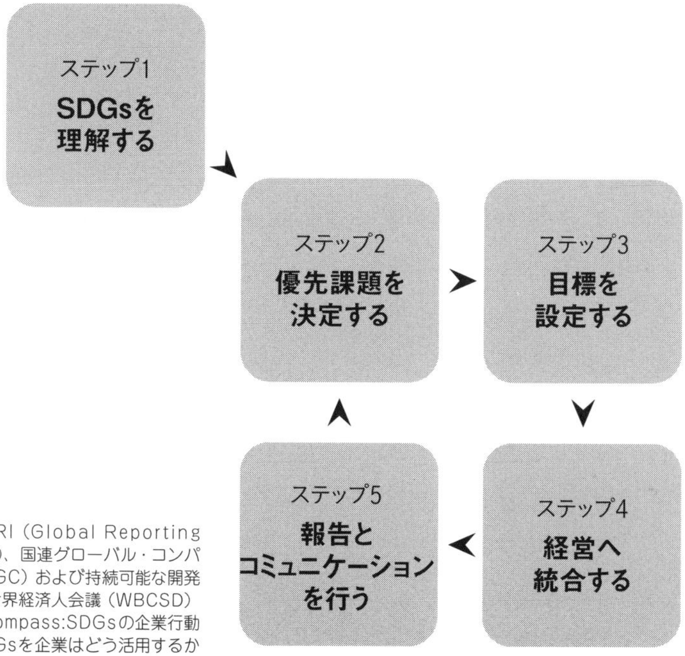

出　典:GRI(Global Reporting Initiative)、国連グローバル・コンパクト(UNGC)および持続可能な開発のための世界経済人会議(WBCSD)「SDG Compass:SDGsの企業行動指針―SDGsを企業はどう活用するか―」5頁を基に作成

(イ)ステップ1：SDGsを理解する

当然のことですが、企業がSDGsに取り組むためには、SDGsの内容を正しく理解しなければ始まりません。SDGsは、すでに述べたように、2030年に向けてさまざまな人権課題・社会課題を解決するべく、「2030アジェンダ」を策定して、17の目標と169のターゲットを設定しています。取組みにあたっては、まず、この内容をしっかり理解する必要があります。

これは企業内のSDGs担当者など、少数の者だけが理解すればよいというものではなく、全社員がその内容を把握できるようにしていくことが大切です。

(ウ)ステップ2：優先課題を決定する

次に、優先課題を決定します。SDGsは17の目標を立てていますが、企業にとってはそのすべてが同様に重要となっているわけではありません。業種や行っている事業によって関わりの強い分野、それほど関わらない分野の違いが出てきますし、各目標について貢献できる程度も違ってきます。17の目標のうち、どの目標に取り組むことができるかを把握し、優先的に取り組む課題を見極めるというのがこのステップです。

(エ)ステップ3：目標を設定する

優先課題を決定したら、次に、これに基づき持続可能な開発を達成するための目標を設定します。そして、ここでは具体的かつ計測可能で期限付きの持続可能な目標設定をしていきます。

ここで特定の時期や特定の期間などをベースラインとして設定することは、将来、目標の達成度を検証するのに有効となります。併せて目標のタイプも選択します。ここで推奨されているのは、絶対目標と相対目標のいずれかです。また、目標の設定には、なるべく意欲的な目標とした方が大きな影響や達成度が期待できると考えられています。

なお、目標設定の際、長期間の目標を設定する場合がみられますが、この場合、説明責任が曖昧になることがあり、長期間の間に短期、中期の目標を併せて設定するのが有効と考えられます。

(オ)ステップ4：経営へ統合する

優先課題について目標が設定できたら、その目標を企業に定着させる必要があります。それが経営への統合です。これは経営陣のリーダーシップにより実現が可能となります。例えば、目標達成のための具体的な役割を反映した特別報償など、SDGsの社内における取組みを報酬体系に組み込むといった方法が考えられます。

また、会社組織の中にSDGsの取組みを組み込む方法も考えられます。社内には、営業、開発、製造、総務、人事といった各種の部門がありますが、その各部門に取組みを組み込んでいきます。もっとも、SDGsの目標やその達成の取組みは、それぞれの部門のみで完結するものではなく、横断的な内容となっている場合もあります。これに対応すべく、部門横断的(あるいは統括的)な委員会やプロジェクトチームを設置することも有効でしょう。先にも述べましたが、SDGsの取組みではコンプライアンスに関わる事項を優先的に解決していくべきと考えられます。コンプライアンス事項の解決は、各部門だけでなく、全社的な課題にもなりますので、こうした統括的な部署において、優先課題の目標達成のために全体的な検討を行って、各部門に周知させていくといった方法も考えられます。

(カ)ステップ5：報告とコミュニケーションを行う

経営への統合を実施した上で、報告とコミュニケーションを行います。

報告の方法としては、報告書(各企業で使用している形式でよいと思います)やホームページで社内外に発信することが考えられます。そこでは、

SDGsの優先課題を決定する過程や、その優先課題に関する正または負の影響、設定目標や目標に向けた進捗状況などを公表します。これにより企業のSDGsへの取組みの内容が明らかとなり、ステークホルダーとの信頼関係の構築にもつながるものと考えられます。

3　人権デュー・ディリジェンスの取組み方

1 人権デュー・ディリジェンスとは

ビジネスと人権に関する指導原則（以下「指導原則」）は、17項において「人権への負の影響を特定し、防止し、軽減し、そしてどのように対処するかということに責任を持つために、企業は、人権デュー・ディリジェンスを実行すべきである」としています。そして、18項以下でその過程について述べています。

人権デュー・ディリジェンスとは、企業が行う自社やサプライヤー等における人権への負の影響の特定、防止、取組実効性の評価、情報開示という一連の過程のことをいいます。人権デュー・ディリジェンスの実施は、大企業だけでなく、中小企業に対しても求められています。わが国の経済の発展を支える中核的役割を担ってきたのは中小企業であり、わが国の人権問題への的確な対応、持続可能な発展のためには、中小企業の持つ、意思決定の早さや行動力、地域社会の安定と住民生活への貢献力などの特性や優位性を活かすことが期待されているのです。※2

その過程は次のようなものです。

①負の影響の特定・評価

②負の影響の防止・軽減

③取組みの実効性の評価

④説明・情報開示

これを定期的に繰り返していきます[※3]。いわゆるPDCAサイクルの考え方によって実践することになります。

2 負の影響の特定・評価

人権デュー・ディリジェンスの第一段階としてまず、負の影響の特定・評価を行います。企業活動において、それが人権に対してどのような影響を及ぼしているのかを特定、分析、評価するものです。指導原則18は、内外部からの人権に関する専門知識を活用すること、また、企業規模、事業の性質や状況にふさわしい形で潜在的に影響を受けるグループやステークホルダー（従業員、顧客（消費者も含まれる)、取引先、サプライヤー、地域社会、株主など)との有意義な協議を組み込むことを推奨しています。これは、人権デュー・ディリジェンスの取組みを、自社だけでなくサプライチェーン全体で考えるべきことを求めるものです[※4]。

(ア)負の影響の特定・評価、優先課題の決定プロセス

負の影響の特定・評価、優先課題の決定は図表5-5のように考えます。

この過程でどのような人権にいかなる負の影響を与えているかを把握していきます。ここでは経済産業省の実務参考資料に準拠しつつ概要を説明しますが、中小企業が取り組む際には、後述するSDGsコンプライアンスの視点を大いに取り入れて対応いただきたいと思います。

(イ)リスクが重大な事業領域の特定

まず人権への負の影響が生じる可能性が高く、リスクが重大と考えられ

図表5-5　負の影響（人権侵害リスク）の特定・評価の進め方

ステップ①　リスクが重大な事業領域を特定

セクター（事業分野）、製品・サービス、地域、個別企業の視点から、
どのような人権侵害リスクが発生しやすいとされているか等を確認することが考えられます。

リスクが重大な事業領域から優先　　**それ以外の事業領域**

ステップ②　負の影響（人権侵害リスク）の発生過程の特定

ステップ①で特定されたリスクが重大な事業領域から優先して、
(i)人権侵害リスクを確認し、(ii)確認された人権侵害リスクについて、その状況や原因を確認します。

特定された人権侵害リスク等

ステップ③　負の影響（人権侵害リスク）と企業の関わりの評価及び優先順位付け

ステップ②で確認された人権侵害リスクと自社の関わりを評価します。また、確認された人権侵害リスクの
全てについて直ちに対処することが難しい場合、対応の優先順位付けを行います。

出典：「責任あるサプライチェーン等における人権尊重のための実務参考資料」（経済産業省）7頁から一部抜粋し作成

る事業領域を特定します。

その際には、①セクター（事業分野）の特徴、活動、製品および製造工程に起因するものとして、そのセクター内で広く認められるリスク、②特定の製品・サービスの開発または利用において使われる原材料等または開発・製造工程に関連するリスク、③法の支配が行き届いていないとか、貧困率が高い等のセクターのリスクをさらに高める可能性のある特定の国や地域のリスク、④貧弱なガバナンス状況を有する等の当該企業固有のリスクなどから、どのような人権リスクが発生しやすいかを確認します。

（ウ）負の影響の発生過程の特定

その上で、人権リスクが重大な事業領域から優先して、自社のビジネスの各工程において、誰がどのような人権について負の影響を受けているのかを具体的に特定していきます。

その際には、①ステークホルダーからのクレーム状況やトラブルについて記録した社内資料、②サプライヤー等に人権尊重状況等について質問票を送付して得た回答、③従業員へのアンケートやヒアリングの回答、④現地調査や訪問、⑤実際に人権侵害を受けているステークホルダーや関連事情に精通した人や機関との対話等を通して行っていきます。

(エ)負の影響と企業の関わりの評価

人権デュー・ディリジェンスに際して、企業活動が人権に対して負の影響を与えていることが明らかになった場合には、それに対して適切な対応をとる必要があります。そのためには、人権への負の影響と企業とがどのように関わっているのかを評価する必要があります。

この場合には、①自社が負の影響を引き起こしたか（引き起こす可能性があるか）、②負の影響を助長したか（助長する可能性があるか）、③負の影響が自社の事業・製品・サービスと直接関連しているか（直接関連する可能性があるか）について評価することになります。

3 負の影響の防止・軽減

このようにして負の影響と企業との関係を特定したら、①自社が負の影響を引き起こしているか、②負の影響を助長している場合には、人権侵害リスクの防止・軽減措置を講じます。一方、③負の影響が自社の事業・製品・サービスと直接関連している場合には、人権侵害リスクを引き起こしまたは助長している企業に働きかけて、人権侵害リスクの防止・軽減に努めていくことになります。

この場合、全部のリスクについて同時に対応が可能であればそのようにすべきですが、実際は難しい場合もあり、その場合は優先度の高いものから対応していくのがよいでしょう。

図表5-6　人権侵害リスクの類型

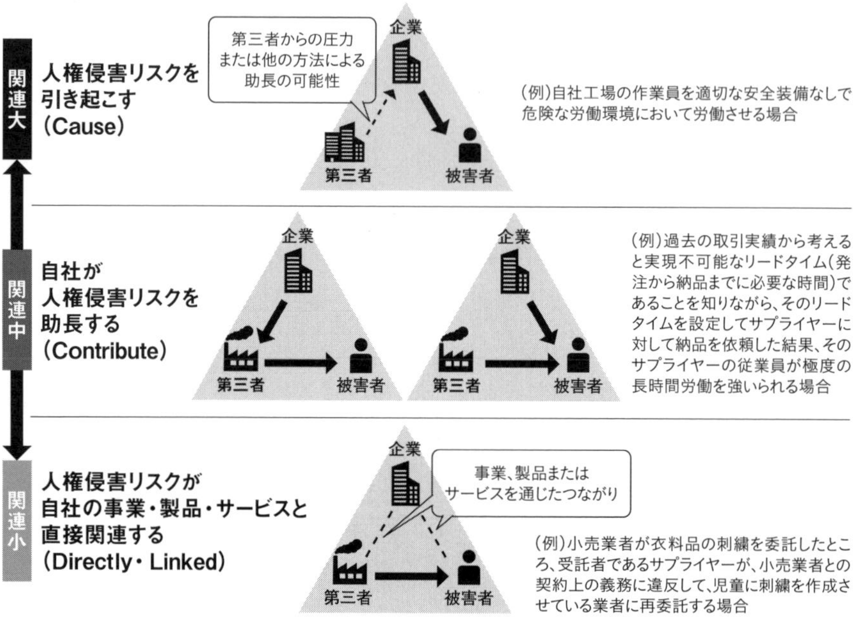

出典：「責任あるサプライチェーン等における人権尊重のための実務参考資料」（経済産業省）12頁を基に作成

　ここでは人権侵害リスクが重大な事業領域ほど優先度が高くなります。人権侵害リスクの深刻度の高いものを最優先として対応し、深刻度が同等のケースが複数存在する場合は発生可能性の高いものから対応していきます。なお、深刻度・発生可能性が同等なケースが複数の場合は、自社および自社の直接の取引先において自社が人権侵害リスクを引き起こす場合について優先的に対応することも考えられます。[※5※6]

　以上述べた負の影響の防止・軽減は、前述した特定・評価の結論を社内に組み入れて、適切な措置をとることによって行います。[※7]この取組みには、社内における関連の業務部門や事業部門が担い手となることが望ましいでしょう。例えば、人権侵害のリスクが従業員に対する場合であれば人事部、サプライヤーであれば調達部、顧客であれば該当する事業部といったようになります。また、負の影響を防止・軽減するための各種規程を整備するとともに、関連部門の担当者に対し、継続的に研修を行って人権尊重を徹底させていくことが重要です。

4 取組みの実効性の評価

取組みの実効性の評価は、指導原則20において求められています。人権に対する負の影響に対し、適切に対処されているか、随時、追跡評価をする必要があるでしょう。人権デュー・ディリジェンスは1回限りで終わる取組みではなく、PDCAサイクルによって継続的に行われるもので、評価の過程で問題点が生じた場合は、これを改善するなどしていく必要があります。

5 説明・情報開示

説明・情報開示については、指導原則21が「人権への影響についての対処方法について責任をとるため、企業は外部にこのことを通知できるよう用意をしておくべきである」と述べています。

企業は、人権を尊重する責任を果たしていることを説明できなければならないと考えられます。人権尊重の取組みについて情報開示することは、これによって人権侵害があることが特定されたとしても企業価値を減殺するものではなく、むしろ改善意欲があり透明性の高い企業として企業価値の向上に寄与し、またステークホルダーからも評価されると考えられるからです。※8

4　中小企業はまずSDGsコンプライアンスに取り組むべき

1　SDGsと人権デュー・ディリジェンスの共通点を意識する

ここまでSDGsの取組みと人権デュー・ディリジェンスについて述べてきました。SDGsは人権問題・社会課題の解決を目指すものであり、指導原則はビジネスにおいて人権に対して遵守すべき責任を明らかにしたもので、ともに基本的人権の尊重を目的とする点で趣旨を同じくするものです。また、SDGs実施のためのSDG Compass 5つのステップと人権デュー・ディリジェンスのPDCAサイクルのプロセスは、非常に似通ったものです。

つまり、SDG Compass 5つのステップと人権デュー・ディリジェンスは相互に関連するものであり、図表5-7のような関係にあるということができます。

したがって、SDGsと人権デュー・ディリジェンスは、共通する部分は統合して実施するのが望ましいと考えられます。

図表5-7　SDG Compassと人権デュー・ディリジェンスとの関係

SDG Compass	人権デュー・ディリジェンス
目標設定（ステップ2・3）	負の影響の特定評価
経営への統合（ステップ4）	負の影響の防止軽減 実効性評価
報告とコミュニケーション（ステップ5）	説明・情報開示

2 負の影響の特定・評価とSDGsコンプライアンス

人権に対する負の影響の特定・評価の際に、リスクが重大な事業領域の特定について述べましたが、実際にこれを行うことは容易でないことがあります。

その際に有用なのがSDGsの目標とターゲットです。SDGsの目標とターゲットを理解し、自社の中にターゲットで課題となっている状況がないかをつぶさに調べていくのです。SDGsのターゲットはすべての課題を掲げたものではありませんから、それに関連する内外の課題を調査して、自社内に同様の状況がないかを確認していきます。

それと同時に、自社に適用される法令が遵守されているかを徹底して調べていくことが重要です。SDGsは、基本的人権の尊重がベースにあり、これは、人権保障を目的とする各法令を遵守するコンプライアンスの実践によって達成されるものだからです。人権に対する侵害を防止するための調整ルールとして規定されているのが法律ですから、企業が各種の法律を遵守し、コンプライアンスを守っていくことは、実は、ステークホルダーに対する人権の尊重に資することになるのです。SDGsコンプライアンスの視点から、人権保障のための各種法令の遵守を最優先の事項として設定するのが望ましいです。またSDGsの17の目標のいずれに該当するかも考えながら行うのがよいでしょう。

以上の取組みは漠然と行うのではなく、従業員、顧客、取引先、地域社会等のステークホルダーごとに検討していくことが重要です。

例えば、製造業のバリューチェーンの中で、自社工場において、労働法に抵触するような長時間労働が行われていたような場合、労働者の人権に対する負の影響が生じていることになります。そうしますとSDGsの目標8.8のすべての人の働く権利を守り安全に安心して仕事ができる環境に向けて、その是正を図ることに高い優先度を設定して対応すべきことになります。

このように、SDGsと法令を企業の人権に対する負の影響の特定・評価の際に重視していくことが重要です。SDGsコンプライアンスは、図表5-6で示した企業と人権侵害との関わりに関して、その大半が直接的な人権侵害を防止するものである場合が多く、人権侵害を助長している場合等までカヴァーしていないこともあります。もちろん企業は人権侵害を助長している場合等についても対応をしていく必要があります。しかし、この直接加害の場合が最も人権侵害リスクが高く、法令違反の事実が明らかになった場合のレピュテーションリスクや損害賠償等のリスクは非常に大きいですから、中小企業の場合には、SDGsコンプライアンスに高い優先度を設定して取り組んでいただきたいと思います。

3 負の影響の防止軽減・実効性評価とSDGsコンプライアンス

法令違反が認められ、人権侵害リスクが発見された場合には、最優先に改善のための措置を講じます。その場合、目標を設定して取り組むのがよいでしょう。また、目標は、具体的かつ計測可能なもので、期限を定めて設定をするのがよいでしょう。そして、法令が遵守されているか継続的にチェックし続けていくことが重要です。

上記②の、自社工場において労働法に抵触するような長時間労働が行われていた例でいえば[※9]、長時間労働などの労働条件の改善につき、改善期間および社内の総残業時間、人数の削減目標を設定[※10]して、月ごとに改善状況を検証していくといった方法が考えられます。

これは目標の設定によりその達成度を測ることができるため、実効性評価のためにも必要です。評価のための情報収集では、社内外のステークホルダーからの情報もまた重要な意味を持ちます。この情報である社内データには、苦情処理メカニズムにより得られた情報も含まれます。また、指導原則20では、影響を受けたステークホルダーを含む、社内外からのフィードバックを活用すべきとしています。そして、収集方法としては、自社従業員やサプライヤー等へのヒアリング、質問票の活用、自社・サプライヤー等の工場など現場訪問、監査や第三者による調査などが考えられます[※11]。また、この調査は、企業で通常行っている社内調査・報告のシステムの中に組み込んで行うことも有効と考えられます。

4 自主的取組事項も策定して実行する

ビジネスと人権に関する指導原則は、人権に対する負の影響を除去・軽減すれば一応の目的は達成されますが、SDGsはそれを超えてさらにステークホルダーのウエルビーイングを実現することを求めています。

したがって、SDGsコンプライアンスを実施していく際には、法令で規制されている事項（法令規制事項）を遵守することは当然の前提として、法令で規制されているわけではないが自主的に取り組むことがステークホルダーのウエルビーイングに結び付いていく事項（自主的取組事項）についても目標を立てて取り組んでいくことが重要です。

自主的取組事項は、企業がステークホルダーの期待を超えて行動し、社会的な価値を生み出すための手段です。これには、ダイバーシティ・インクルージョンの促進、社会貢献活動、地元コミュニティとの関係強化などのさまざまな取組みが考えられます。

中小企業もこれらを実施していくことにより、そのレピュテーションを高め、顧客や従業員のロイヤルティを強化し、新しいビジネスチャンスを生み出す可能性につながっていくことになります。

本書では次章以降において、ステークホルダーごとに法令規制事項と自主的取組事項に明確に区別してSDGsコンプライアンスの実施方法について解説しています。それに加えて、これらの各取組事項が実施できているか否かをチェックできるチェックリストを作成しました。ぜひ、日ごろの企業活動における取組みに活用いただけたらと思っています。

5 SDGSsコンプライアンスに取り組む際の注意点

以上、SDGsコンプライアンスについて述べてきましたが、注意していただきたい点があります。それはSDGsコンプライアンスの取組みは、あくまでも国際人権尊重責任を果たしていく上での必要条件であって、十分条件ではないということです。例えば、開発途上国に進出して事業を展開している場合には、進出先国の法令が人権保護の観点から貧弱である場合があり、このような場合は進出先国の法令だけを守っていたのでは国際人権尊重責任が果たせないことがあり得るのです。

ただ、私たちが日ごろ弁護士の立場からさまざまな企業とお付き合いしている中で、コンプライアンスをしっかり遵守してさえいれば人権侵害に至ることを避けることができ、企業価値を下げることもなかったという事案が多数あります。法令の存否と内容はすぐに確認でき、基準としても明確ですから、まずコンプライアンスを遵守するということを徹底していただきたいと思っています。

5 人権侵害リスクに対する救済

1 人権侵害リスクに対する救済措置の必要性

SDGsコンプライアンス、人権デュー・ディリジェンスの取組みの中で、人権に対する侵害リスクを発見したらこれを是正することはもちろん、現実に侵害を受けているステークホルダーの救済も必要になります[※12]。自社が人権侵害リスクを引き起こす、もしくは助長する場合はもちろん直接救済の措置を講ずるべきですが、自社の事業などと契約を通じて直接関連する場合もこれを引き起こした企業に働きかけることにより、防止・軽減に努めるべきです。

ステークホルダーへの救済は、謝罪、原状回復、金銭的・非金銭的な補償、再発防止に向けたプロセスの構築などで、自社の従業員に本来支払われるべき賃金が支払われなかった場合に即時に支払うこと、性別・ジェンダー等による差別的な対応が行われていた場合に労使間で対話を行い、差別解消のための対策を講じることなどが考えられます。

2 苦情処理メカニズムの構築

また、ステークホルダーから申し立てられる人権侵害リスクに関わる苦情に対し、早期の対処、直接的な救済を可能とするため、苦情処理メカニズムの構築も必要です。これには自社で救済窓口を設置する、あるいは業界団体において設置する救済窓口に参加することにより救済を実現する方法も考えられます。

苦情処理メカニズムは、内部通報とは異なり、ステークホルダーから通報を受け付けるものであって、その対象も企業活動として関わり得る範囲まで含まれます。

苦情処理メカニズムの実効性を担保するために、指導原則31は詳細な要件を掲げていますが、中小企業においてそのすべてに対応することは困難です。中小企業においても、ステークホルダーの救済を実効的なものとするため、できる限り、公正な運営により信頼を得るものであり、ステークホルダーに周知され利用が可能な状態になっていること、手続の種類・結果・履行の監視方法が明確で利用による結果の予測が可能なものであることなどが確保できるように努力していただきたいと思います[※13]。

その際には、ステークホルダーとの対話をするという取組みから始めることが重要です。具体的には、自社のパンフレットやホームページにお問い合わせ窓口として自社の電話番号を記載するなど、ステークホルダーからの通報受付窓口を外部に発信することです。人的資源は特に有限であるため、24時間365日対応する必要はありませんが、お問い合わせ窓口に寄せられた声は、企業の持続的な成長のための重要な財産であるため、その声を真摯に受け止め、必要に応じて弁護士等の専門家のアドバイスを受けながら、調査、適切な是正措置および再発防止策を講じるべきです。ステークホルダーとの間で丁寧に対話をすることで、問題の解決、救済、さらには企業の持続的な成長につがるでしょう。

【第5章の本文中索引】

※1 GRI（Global Reporting Initiative)、国連グローバル・コンパクト（UNGC）および持続可能な開発のための世界経済人会議（WBCSD）「SDG Compass:SDGsの企業行動指針–SDGsを企業はどう活用するか–」
※2 「中小企業のための人権デュー・ディリジェンス・ガイドライン～持続可能な社会を実現するために～」（一般社団法人 国際経済連携推進センター（CFIEC）・ビジネスと人権問題を考える研究会）11頁。
https://www.cfiec.jp/jp/pdf/gsg/guideline-20220215.pdf
また、このガイドラインでは、人権デュー・ディリジェンスの実施方法などにつき、わかりやすく解説されており、参考になる。
※3 「責任あるサプライチェーン等における人権尊重のための実務参考資料」（経済産業省）
https://www.meti.go.jp/press/2023/04/20230404002/20230404002-1.pdf
※4 前掲注3・11頁
※5 前掲注3・13頁。また、優先順位付けの判断基準としては、同14頁の図表4が参考になる。
※6 指導原則24では、最も深刻な影響または対応の遅れが是正を不可能とするような影響を防止すべきものが、優先度が高いと述べている。また、この優先度を検討する場合、企業からの視点ではなく、負の影響を受けるステークホルダーのリスクの観点からみていくことが必要である。
※7 指導原則19
※8 「責任あるサプライチェーン等における人権尊重のためのガイドライン」（経済産業省）4.4
※9 この問題が原材料のサプライヤーで発生するような場合、これは人権侵害リスクの類型（図表5-6）におけるContributeの領域になり、同様に改善を図ることになる。
※10 SDG Compassステップ3でも求められている。
※11 前掲注8・4.3.1
※12 前掲注8・5
※13 前掲注8・5.1

第2編

各論

Chapter 6

中小企業と従業員の人権

1 従業員に関するSDGsの目標・尊重されるべき人権

1 従業員に関する世界と日本の課題

わが国に存在する総企業数421万社のうち、中小企業はその99.7%を占めます。そして、中小企業は全企業の従業員数の約70%を占めるといわれます[※1]。つまり、中小企業こそが積極的に従業員に関する課題解決に取り組むことが、日本全体におけるSDGsの目標達成にとって不可欠といえます。また、中小企業はその地域の雇用を創出し、その経済活動は地域に密着したものであることが多いといえます。そのため、中小企業によるSDGsの目標達成のための諸活動は、会社のみならず地域全体にポジティブな変化をもたらすことが見込まれます。したがって、中小企業の経営者には、雇用形態にかかわらず自社事業に関わるすべての従業員（正社員のほか、契約社員、派遣社員、アルバイト・パート社員等を含む）の人権に配慮した経営をすることが求められます。

従業員の人権に配慮した経営を実現するためにまず行うべきことは、SDGsコンプライアンス（法令遵守）の確認となります。日本には、労働者保護のためのさまざまな法制度が整備されています。それらが遵守されていることを1つずつチェックしていくことが第一歩です。そこに穴があれば、これを塞ぐための施策を実施することになります。また、SDGsコンプライアンス（法令遵守）の確認とともに、従業員の人権に配慮した自主的な取組みを実施することも大切です。これにより従業員の人権に配慮した経営が実現し、従業員の忠誠心や生産性の向上、地域からの高評価といった利益を会社も享受することにつながり、会社の持続的発展につながっていきます。

本章では、中小企業が取り組むべき代表的な課題について説明するとともに、国連機関や国際的条約、日本国憲法における従業員に関する人権規定について確認した上で、実際の経営の現場で対応が求められる具体的な法令遵守事項や自主的取組事項について解説をします。

(ア)労働条件の改善

世界的な課題としては、長時間労働や低賃金労働の解消が求められています。日本においても、長時間労働や過労死といった問題、非正規従業員が低賃金の状態に置かれているといった問題が根強く存在しています。

中小企業において取り組むべき課題として、まず、労働条件に関する法令遵守があります。さらに、長時間労働の解消や休暇取得率の向上といった自主的な施策が求められます。また、賃金に関しても、同一労働同一賃金の実現といった仕事内容や成果に見合ったものとすることが求められます。

(イ)安全な労働環境の確保

世界的な課題としては、非衛生的な職場環境による健康被害の改善が求められています。日本においては、パワーハラスメントやセクシャルハラスメントが依然として存在し、職場環境を悪化させているという問題があります。また、職務上のストレスに起因するメンタルヘルスの問題が深刻化しています。

中小企業において取り組むべき課題として、まずは、職場の安全、衛生が法令に従って確保されているかを確認してください。その上で、各種ハラスメントの防止による職場環境の改善が重要です。さらに、従業員へのカウンセリングの実施などによる従業員のストレス軽減やうつ病の予防に対処することも求められています。

(ウ)差別の排除

世界的な課題としては、雇用における男女格差、職場における女性のリーダーシップ不足、女性のキャリアパスにおける障壁があるとされています。世界経済フォーラムが発表した2023年のジェンダー・ギャップ指数の日本の総合順位は146カ国中125位と低レベルに甘んじており[※2]、管理的職業従事者への女性の就業率の低さがその原因の1つとされています。また、LGBTQや障がい者などの社会的マイノリティや外国人労働者への差別的取扱いの解消などが課題として挙げられます。

中小企業において取り組むべき課題としては、採用や労働条件における差別を解消することが挙げられます。その上で、中小企業には、男女に対する社会的な期待や男女の役割分担に関する固定観念を解消することに努め、女性の幅広い職種への採用、管理職への登用を促進することが求められます。また、社会的マイノリティの雇用障壁の解消や外国人労働者（外国人技能実習生を含む）の待遇の見直しが求められます。

(エ)雇用の不安定性

世界的な課題として、安定した雇用の不足、適切な労働条件の確保、若年層の雇用機会の不足があるといわれています。日本においては、非正規雇用の従業員の増加の問題があるとされています。

中小企業において取り組むべき課題として、雇用形態の転換等の見直しであったり、正規・非正規間の賃金格差の解消や非正規雇用者への福利厚生制度の充実であったりといった、非正規雇用者の現在と将来の安定を支える仕組みを構築することが求められます。

2 従業員に関するSDGsの目標とターゲット

以上で述べたような国内外の課題を克服するため、SDGsは次のような目標とターゲットを定めています。

図表6-1 従業員に関するSDGsの目標とターゲット

目標	ターゲット
4 質の高い教育をみんなに	4.4：2030年までに、技術的・職業的スキルなど、雇用、働きがいのある人間らしい仕事及び起業に必要な技能を備えた若者と成人の割合を大幅に増加させる。
5 ジェンダー平等を実現しよう	5.1：あらゆる場所におけるすべての女性及び女児に対するあらゆる形態の差別を撤廃する。 5.5：政治、経済、公共分野でのあらゆるレベルの意思決定において、完全かつ効果的な女性の参画及び平等なリーダーシップの機会を確保する。
8 働きがいも経済成長も	8.5：2030年までに、若者や障がい者を含むすべての男性及び女性の、完全かつ生産的な雇用及び働きがいのある人間らしい仕事、ならびに同一労働同一賃金を達成する。 8.7：強制労働を根絶し、現代の奴隷制、人身売買を終らせるための緊急かつ効果的な措置の実施、最悪な形態の児童労働の禁止及び撲滅を確保する。2025年までに児童兵士の募集と使用を含むあらゆる形態の児童労働を撲滅する。 8.8：移住労働者、特に女性の移住労働者や不安定な雇用状態にある労働者など、すべての労働者の権利を保護し、安全・安心な労働環境を促進する。

10 人や国の 不平等をなくそう	10.2：2030年までに、年齢、性別、障害、人種、民族、出自、宗教、あるいは経済的地位その他の状況に関わりなく、すべての人々の能力強化及び社会的、経済的及び政治的な包含を促進する。 10.3：差別的な法律、政策および慣行の撤廃、ならびに適切な関連法規、政策、行動の促進などを通じて、機会均等を確保し、成果の不平等を是正する。

3 従業員に関して尊重されなければならない人権

（ア）国際人権として保障されるもの

国連（国際連合）は、1966年12月16日、国際連合総会によって労働者の権利などを規定した社会権を中心とする人権の国際的な保障に関する多国間条約を採択しました（A規約）。A規約の第7条においては、公正かつ良好な労働条件を享受する権利、公正な賃金、同一労働同一賃金の原則、男女の平等、労働者および家族の相応な生活を保障する報酬、安全かつ健康的な作業条件、昇進の機会均等、労働時間の合理的制限、有給休暇、公の休日についての報酬の支払[※3]が規定されています。同規約第8条において、団結権（労働組合の結成･加入権）、労働組合の活動の自由、争議権（ストライキの権利）が規定されています。

また、国連の機関である国際労働機関（略称「ILO」）は、世界の労働者の労働条件と生活水準の改善のための労働基準の条約化を進めており、日本も、男女の雇用均等や同一労働同一賃金の徹底、強制労働と児童労働の撲滅といった国際労働条約を批准しています。

（イ）日本国憲法により人権として保障されるもの

日本国憲法は、1946年に成立し公布されました。日本国憲法には、労働者に関する人権についてさまざまな規定があります。

第14条（法の下の平等）では、すべての国民に対する平等を保障しており、雇用や待遇において人種や信条、性別、社会的身分などによる差別を禁止しています。第27条は、1項において勤労の権利を保障し、2項において「賃金、就業時間、休息その他の勤労条件に関する基準は、法律でこれを定める」と規定しています。第28条は勤労者の団結する権利および団体交渉その他の団体行動をする権利を保障しています。

4 従業員の人権を尊重する意義

従業員の人権への配慮は、コストを増加させ会社経営の重荷となるかのように思われがちです。確かに、過酷なノルマや長時間労働を強いることで、短期的には利益を上げることが可能かもしれません。しかし、そのような従業員を犠牲にした経営は、従業員を使い捨てにすることにつながり、いつかは破綻します。担当者が頻繁に変わる会社と取引をすることに不安を覚えることはいうまでもないことです。さらに、ブラック企業とのレッテルは、会社に対する一般消費者からの信頼を喪失させます。つまり、従業員の人権を軽視した経営では、目先の利益を上げることができても会社の持続的な発展は望めません。

従業員に関するSDGsの目標達成への取組みの効果は、従業員の生活を向上させ働きがいや人生の充実感を実感させることに現れます（ディーセント・ワークの実現）。さらに、SDGsへの取組みの効果は、個々の従業員にとどまりません。実際のところ、会社に対してより大きな効果を与えることにつながります。つまり、従業員に対するポジティブな効果は、以下に説明するとおり、会社の生産性の向上、外部からの高評価へとつながって、企業がさらなる持続的な発展を実現するという好循環を生じさせるのです。このような従業員の幸福が会社の持続的な発展につながるという好循環こそが、従業員の人権を尊重する重要な意義であるといえます。

(ア) 持続可能なビジネス成長

従業員に関するSDGsの目標達成への取組みは、従業員の会社への定着を促し、顧客からの信頼・信用を得ることにつながります。そのため、顧客からの継続的な取引を得やすくなり、その結果、市場競争力の向上が期待できます。

(イ) 従業員のモチベーション向上

従業員に関するSDGsの目標達成への取組みは、従業員の会社への忠誠心を向上させるのみならず、社会的責任感や使命感を醸成することができます。従業員は仕事にやりがいを感じることができ、これが仕事へのモチベーションにつながり、企業全体の生産性の向上が期待できます。

(ウ) 人材採用への効果

少子化が進む現状では必要な人材を確保できるかがその会社の命運を握るといっても過言ではありません。特にSNSが盛んな若年層においては、よい評判も悪い評判も瞬時に拡散される状況にあります。

従業員に関するSDGsの目標達成への取組みは、企業に対するよい評価として拡散されますので、新規および中途での採用においてもよい効果を発揮するものといえます。

(エ) 投資家との関係強化

投資判断においてこれまでは投資先の価値を測る材料として、主にキャッシュフローや利益率などの定量的な財務情報が使われてきました。現在は、それに加え、非財務情報である環境や社会への貢献の要素を考慮するESG投資が推進されています。従業員に関するSDGsの目標達成への取組みは、投資家や金融機関との関係を強化する要因となります。ESG投資への注目が高まる中、SDGsの目標達成への取組みは企業の信頼性向上につながります。

2 従業員に関するSDGsコンプライアンス（法令遵守事項）

SDGsの目標8「働きがいも　経済成長も」においては、すべての従業員（以下「労働者」）に対して適正な労働時間と良好な労働環境を提供することを目指しています。上述のような労働者を取り巻く課題を予防し、克服して、労働者の人権を守るために、日本国内において以下のとおりさまざまな法令が規定されています。これらの法令を遵守することは、労働者の適正な労働時間を確保し、過重労働を防ぐためのものであり、労働者の人権尊重に資することになります。それは同時に、労働者の労働環境を改善し、生産性を向上させることにもつながり、経営者側にもメリットとなります。

1 差別の禁止

企業内において、差別があるようでは、健全な業務遂行が阻害されます。また、個々の違いを受け入れた上で、個々の違いから生まれる価値の融合ができれば、新たな価値を創造することにもつながり、企業の発展につなげることもできます。

労働基準法第3条では、労働者の国籍・信条または社会的身分を理由とした賃金・労働時間・その他の労働条件の差別的取扱を禁止しています。

加えて、男女雇用機会均等法[※4]第5条および第6条においては、事業主が、男女労働者を、募集・採用、配置（業務の配分および権限の付与を含む）・昇進・降格・教育訓練、一定範囲の福利厚生、職種・雇用形態の変更、退職の勧奨・定年・解雇・労働契約の更新において、性別を理由に差別することを禁止しています。

もっとも、これらの法律は、労働者間で他者と異なった取扱いを行うことを一切禁止するものではなく、合理的理由が認められる場合には、労働者間において他者と異なった取扱いを行うことは許容されます。例えば、適材適所の配置を行うことや業務内容および責任の異なる従業員間における待遇に差異を設けることは、合理的理由がある場合には、問題ありません。

2 適正な労働時間の確保と適切な賃金支払

労働基準法第32条は、労働時間に関して基本的な定めをしており、労働時間は原則として、1日8時間・1週40時間以内と規定しています。これを法定労働時間といいます。

また、労働基準法第36条は、事業主が法定労働時間を超えて労働者に時間外労働をさせる場合や法定休日に労働させる場合には、同条に基づく労使協定（36協定）の締結と36協定の所轄労働基準監督署長への届出を義務付けています。

さらに、労働基準法第37条は、法定労働時間外労働に対する割増賃金支払を義務付けた規定です。同条は、労働者が法定の労働時間を超えて働いた場合、または休日に労働した場合には、割増賃金を支払わなければならないと定めています。具体的には、超過労働時間に対しては25%以上、深夜労働（午後10時～午前5時までの就労）に対しては25%以上、休日労働に対しては35%以上の割増賃金の支払が必要です。

また、近時の法改正により、時間外労働の上限は原則として月45時間・

年360時間となり、臨時的な特別の事情がなければこれを超えることができなくなりました。臨時的な特別の事情があって、労働者の代表者と使用者が合意する場合（特別条項）であっても、

① 時間外労働が年720時間以内
② 時間外労働と休日労働の合計が月100時間未満
③ 時間外労働と休日労働の合計の2～6カ月平均がすべて1カ月当たり80時間以内
④ 時間外労働が月45時間を超えることができるのは年6カ月が限度

という点を遵守する必要があります。特別条項の有無にかかわらず、1年を通して常に、時間外労働と休日労働の合計は、月100時間未満、2～6カ月平均80時間以内にしなければなりません。

このように労働時間を規制し、割増賃金の支払を義務付けることにより、長時間労働により労働者の健康が害されることを防止し、使用者に長時間労働を回避させることを意図しています。過重労働により労働者が健康を害した場合、使用者は、安全配慮義務違反を理由とした損害賠償請求を受ける場合もあります。このようなことにならないよう、使用者は、適切な人員の配置を行うよう注意を払う必要があります。

3 年次有給休暇の付与

年次有給休暇とは、一定期間勤続した労働者に対して、心身の疲労を回復し、ゆとりある生活を保障するために付与される休暇です。

年次有給休暇は、一般の労働者（週所定労働時間が30時間以上、所定労働日数が週5日以上の労働者、または1年間の所定労働日数が217日以上の労働者）が、①雇い入れの日から6カ月経過し、②その期間の全労働日の8割以上出勤した場合、労働基準法第39条1項に基づき与えられる権利です。発生する日数についても勤続年数ごとに、同条2項に規定されて

います。ただし、週所定労働時間が30時間未満で、かつ、週所定労働日数が4日以下、または1年間の所定労働日数が48日から216日までの労働者については、厚生労働省令で定める日数が与えられることになります。

年次有給休暇を取得する日は、原則として、労働者が指定することにより決定し、使用者は当該指定された日に年次有給休暇を与えなければなりません（同条5項本文）。ただし、労働者の指定した日に年次有給休暇を与えると、事業の正常な運営が妨げられる場合は、使用者に休暇日を変更する権利が認められています（同項但書）。

また、年次有給休暇の取得が行われない実態を解消するために、同条7項にて、使用者は、10日以上の年次有給休暇が付与される労働者に対しては、年次有給休暇の日数のうち年5日について、使用者が時季を指定して取得させることが必要と定められています。

4　労働者の妊娠・出産、育児休業、介護休業等に関する制度

妊娠、出産、育児および介護において、労働者が通常の勤務が難しい環境におかれる場合があります。その際、労働者が健康を害することのないよう、また、仕事と家庭の両立を図ることのできるよう妊娠・出産、育児休業および介護休業等に関する制度が以下の各法令により定められています。

(ア) 男女雇用機会均等法による労働者保護

(a) 保健指導または健康診査のための時間の確保

事業主は、女性労働者が妊娠中または出産後の保健指導または健康診査を受診するために必要な時間を確保することができるようにしなければなりません。

(b)医師等からの指導事項を守ることができるようにするための処置

交通機関の混雑による苦痛は、つわりの悪化や流・早産等につながるおそれがあります。医師等から通勤緩和の指導を受けた旨妊娠中の女性労働者から申出があった場合には、事業主は、その女性労働者がラッシュアワーの混雑を避けて通勤することができるように通勤緩和の措置を講じなければなりません。

また、医師から休憩に関する措置について指導を受けた旨妊娠中の女性労働者から申出があった場合には、事業主はその女性労働者が適宜の休養や補食ができるよう、休憩時間を長くする、回数を増やす等休憩に関して必要な措置を講じなければなりません。

妊娠中または出産後の女性労働者が、健康診査等の結果、医師等からその症状について指導を受け、それを事業主に申し出た場合には、事業主は医師等の指導に基づき、その女性労働者が指導事項を守ることができるようにするため、作業の制限、勤務時間の短縮、休業等の措置を講じなければなりません。

(イ)労働基準法による労働者保護

妊娠中の女性労働者が請求した場合には、他の軽易な業務に転換させなければなりません。

妊娠中または出産後の女性労働者等を妊娠、出産、哺育等に有害な業務に就かせることはできません。

妊娠中または出産後の女性労働者が請求した場合、深夜労働（午後10時から午前5時までの間の労働）を行わせることはできません。変形労働時間制の場合、妊娠中または出産後の女性労働者が請求した場合には、1日および1週間の法定労働時間を超えて労働させることはできません。

出産予定日の6週間前（双子以上の場合は14週間前）から、請求すれば産前休業を取得できます。

出産の翌日から8週間は、就業することができません。ただし、産後6週間を経過後に、本人が請求し、医師が認めた場合は就業できます。

産前・産後休業の期間およびその後30日間の解雇は禁止されています。

(ウ)育児・介護休業法[※5]による労働者保護

1歳に満たない子を養育する労働者は、希望する期間、子を養育するために休業することができます。休業は2回に分割して取得できます。

また、産後休業を取得していない労働者は、育児休業とは別に、子の出生後8週間以内に4週間まで出生時育児休業（通称「産後パパ育休」）を取得することができます。これも2回に分割して取得できます。

なお、子が1歳以降、保育所等に入れないなどの一定の要件を満たしている場合は、子が最長2歳（原則1歳までである育児休業を6カ月延長しても保育所等に入れない場合等に限り、さらに6カ月＜2歳まで＞の再延長が可能）に達するまでの間、育児休業を取得できます。有期雇用労働者やパートタイム労働者も、同法が定める一定の要件を満たしていれば育児休業、産後パパ育休を取得することができます。

また、事業主は、3歳未満の子を養育する労働者について、短時間勤務制度を設けなくてはならず、3歳未満の子を養育する労働者から請求があった場合は所定外労働をさせてはなりません。

小学校入学前の子を養育する労働者は、事業主に申し出ることにより、年次有給休暇とは別に、1年に、子が1人なら5日まで、子が2人以上なら10日まで、病気やけがをした子の看護、予防接種および健康診断のために1日または時間単位で子の看護休暇を取得することができます。

小学校入学前の子を養育する労働者から請求があった場合は、1カ月24時間、1年150時間を超える時間外労働をさせてはなりません。また、深夜（午後10時から午前5時まで）に労働させてはなりません。

そして、要介護状態にある対象家族（配偶者（事実婚を含む）、父母、子、配偶者の父母、祖父母、兄弟姉妹、孫）を介護するために、通算93日まで、3回を上限に分割して休業をすることができます。有期雇用労働者やパートタイム労働者であっても、同法の定める一定の要件を満たしていれば介護休業を取得することができます。

要介護状態にある対象家族の介護を行う労働者について、3年以上の期間で2回以上利用可能な、所定労働時間を短縮する等の措置を設けなければなりません。また、要介護状態にある対象家族を介護する労働者から請求があった場合は、所定外労働をさせてはなりません。

要介護状態にある対象家族の介護その他の世話を行う労働者は、事業主に申し出ることにより、年次有給休暇とは別に、年5日（2人以上の場合は年10日）まで、介護その他の世話を行うために1日または時間単位での介護休暇の取得が可能です。

要介護状態にある対象家族を介護する労働者から請求があった場合は、1カ月24時間、1年150時間を超える時間外労働をさせてはなりません。また、深夜（午後10時から午前5時まで）において労働させてはなりません。

5 ハラスメント防止の明確化

職場におけるハラスメントが社会問題となってからしばらくの間、ハラスメントの内容、対応すべき事項について法令で明記されることはありませんでした。近時、これらに関する議論が一定のまとまりをみせ、法律化が果たされ、以下に列挙する各法律において、事業主に対し、ハラスメント防止措置が義務付けられました。具体的には、

- パワーハラスメント：職場において行われる優越的な関係を背景とした言動であって、業務上必要かつ相当な範囲を超えたものにより労働者の就業環境が害されることがないよう防止措置を講じること（労働

施策総合推進法[※6]第30条の2関係）

- セクシャルハラスメント：職場において行われる性的な言動に対するその雇用する労働者の対応により当該労働者が労働条件について不利益を受けたり、性的な言動により当該労働者の就業環境が害されることがないよう防止措置を講じること（男女雇用機会均等法第11条関係）
- 妊娠・出産等ハラスメント（マタニティハラスメント）：上司・同僚からの妊娠・出産等に関する言動により妊娠・出産等をした当該女性労働者の就業環境が害されることがないよう防止措置を講じること（男女雇用機会均等法第11条の3関係）、上司・同僚からの育児・介護休業等に関する言動により当該労働者の就業環境が害されることがないよう防止措置を講じること（育児・介護休業法第25条関係）

が義務付けられています。

事業主は職場におけるハラスメント（セクシュアルハラスメント、妊娠・出産等ハラスメント）を防止するために、図6－2の①～⑧の措置が必要です。

これらに加え、妊娠・出産等に関するハラスメントについては、⑨、⑩の措置を講じる必要があります。

上記法律に基づき、ハラスメントに関し、厚生労働省告示によりそれぞれ指針が定められ、職場におけるハラスメントの内容やハラスメントに該当すると考えられる例、事業主が講ずべき雇用管理上の措置の具体的な内容について示されています。

上記の法令に定められた事項への対応は義務ではありますが、対応することで、職場環境の向上により、生産性の向上、離職率の低下等の効果も期待できることから、ハラスメント防止のための対応は、事業主にとっても有益な効果が期待できます。

図表6-2 ハラスメント防止のための措置

①事業主が講ずべき措置	⑥被害者に対する適正な配慮の措置の実施
②ハラスメントの内容、方針等の明確化と労働者への周知・啓発	⑦ハラスメントを行った者に対する適正な措置の実施と再発防止措置の実施
③ハラスメントを行った者への厳正な対処方針、内容の規定化と労働者への周知・啓発	⑧業務体制の整備　など
④相談窓口の設置相談に対する適切な対応	⑨当事者などのプライバシー保護のための措置の実施と周知
⑤事実関係の迅速かつ正確な確認	⑩相談、協力等を理由に不利益な取扱いを行ってはならない旨の定めと、労働者への周知・啓発措置

6 労働安全衛生法による労働者保護

労働環境について、何らの定めもない場合、労働者が危険にさらされ、労働者が業務に起因して傷病を発生させてしまう可能性があります。

そのような可能性を低減できるよう労働安全衛生法は、労働災害の防止のための危害防止基準を確立すること、責任体制を明確にすることおよび自主的活動の促進の措置を講ずる等、その防止に関する総合的計画的な対策を推進することにより、職場における労働者の安全と健康を確保するとともに、快適な職場環境の形成を促進することを目的としています。その上で、総括安全衛生管理者、安全管理者、衛生管理者および産業医等の選任ならびに安全委員会、衛生委員会等の設置により事業場における安全衛生管理体制を整える役割を担っています。

また、危害防止基準（機械、作業、環境等による危険に対する措置の実施）、安全衛生教育（雇入れ時、危険有害業務就業時に実施）、就業制限（クレーンの運転等特定の危険業務は有資格者の配置が必要）、作業環境測定（有害業務を行う屋内作業場等において実施）、健康診断（一般健康診断、有害業務従事者に対する特殊健康診断等を定期的に実施）等、事業場における労働災害防止のための具体的措置が定められています。

また、長時間労働等により健康リスクの高い状態にある労働者を見逃さないようにするために、労働安全衛生法が改正されて産業医の機能が強化されました。

1カ月の時間外・休日労働が80時間を超え、かつ、疲労の蓄積が認められる労働者について、産業医の面接指導の対象とされました。

また、時間外・休日労働等が100時間を超える研究開発業務従事者や高度プロフェッショナル制度適用者については、本人の申出がなくても、産業医の面接指導を行うことが義務化されました。1カ月の時間外・休日労働が80時間を超えた労働者に対して、速やかに労働時間に関する情報を通知しなければなりません。タイムカードや、パソコンのログイン・ログアウト時間等、客観的な記録によって労働時間を把握することが必要となります。

さらに、日本では、ブラック企業・長時間労働が社会問題となり、メンタルヘルスに対する懸念も高まっています。メンタルヘルス対策の充実、強化を目指し、中小企業であっても従業員（パート、派遣社員を含む）が50人以上所属する事業所に対しては、毎年1回の労働者のストレスチェックの実施と労働基準監督署への報告が義務化されています。

7 労災保険法[※7]による労働者保護

労災保険制度は、労働者の業務上の事由または通勤による労働者の傷病等に対して必要な保険給付を行い、併せて被災労働者の社会復帰の促進等の事業を行う制度です。これにより、業務上の傷病を負った労働者は、療養中の療養費補償や休業補償、後遺障害が残った場合の障害補償給付が受けられることになります。また、労働者が業務上の傷病により死亡した場合には、遺族補償給付も用意されています。

労災保険は、原則として1人でも労働者を使用する事業は、業種の規模のいかんを問わず、すべてに適用されます。なお、労災保険における労働者とは、「職業の種類を問わず、事業に使用される者で、賃金を支払われる者」をいい、労働者であればアルバイトやパートタイマー等の雇用形態にかかわらず、適用されます。

8 労働契約の終了に関する規制

労働契約終了に際し、使用者から一方的に契約を打ち切る行為は、労働者の生活の糧を失わせることにつながることから、労働契約法では、以下のとおり規制を設けています。

(ア)解雇

使用者からの申出による一方的な労働契約の終了を解雇といいますが、解雇は、使用者がいつでも自由に行えるというものではなく、解雇が客観的に合理的な理由を欠き、社会通念上相当と認められない場合は、労働者を解雇することはできません（労働契約法第16条)。解雇するには、社会の常識に照らして納得できる理由が必要です。

例えば、解雇の理由として、勤務態度に問題がある、業務命令や職務規律に違反するなど労働者側に落ち度がある場合等が考えられますが、1回の失敗ですぐに解雇が認められるということはなく、労働者の落ち度の程度や行為の内容、それによって会社が被った損害の重大性、労働者が悪意や故意でやったのか、やむを得ない事情があるかなど、さまざまな事情が考慮されて、解雇が正当かどうか、最終的には裁判所において判断されます。

また、使用者は、就業規則に解雇事由を記載しておかなければなりません。この点、解雇事由に該当する場合であっても、即解雇が認められるということにはならず、解雇には客観的に合理的な理由が必要となります。そして、合理的な理由が認められる場合であっても、解雇を行う際には少なくとも30日前に解雇の予告をする必要があります。予告を行わない場合には、30日分以上の平均賃金（解雇予告手当）を支払わなければなりません。予告の日数が30日に満たない場合には、その不足日数分の平均賃金を、解雇予告手当として、支払う必要があります。例えば、解雇日の10日前に予告した場合は、20日×平均賃金を支払う必要があります（労働基準法第20条）。

さらに、労働者が解雇の理由について証明書を請求した場合には、会社はすぐに労働者に証明書を交付しなければなりません（同法第22条）。

このように解雇をする際には、労働契約法第16条の要件を満たす必要があり、その上で、原則として上記の手続を行う必要があります。

解雇が無効となった場合、解雇時にさかのぼって賃金を支払わなければならない事態となる場合がありますので、有効な解雇と認められるよう解雇時に適切な対応を行う必要があります。

(イ) 有期労働契約の解雇・雇止め

有期労働契約においては、あらかじめ使用者と労働者が合意の上契約期間を定めたのですから、やむを得ない事由がある場合でなければ、使用者から契約期間の途中で労働者を解雇することはできません（労働契約法第17条）。また、有期労働契約においては、契約期間が過ぎれば原則として自動的に労働契約が終了することとなりますが、反復更新の実態などから、実質的に期間の定めのない契約と変わらないといえる場合や、雇用の継続を期待することが合理的であると考えられる場合、雇止めを行うことに、客観的・合理的な理由がなく、社会通念上相当であると認められないときは、雇止めが認められません。雇止めが認められなかった場合には、従前と同一の労働条件で、有期労働契約が更新されることになります（同法第19条）。この点について、有期労働契約の場合には、期間満了時に必ず契約を終了できると誤解している経営者は少なくありませんので、特に注意が必要です。

9 障がい者の雇用

障がい者等が希望や能力、適性を十分に活かし、障がいの特性等に応じて活躍することが多様性確保の観点からも重要とされます。

日本では、障害を理由とする差別の解消の推進に関する法律（以下「障害者差別解消法」）と障害者の雇用の促進等に関する法律（以下「障害者雇用促進法」）の2つの法律があります。法の要請事項を踏まえて、具体的な取組みを検討する必要があります。

(ア) 差別禁止と合理的配慮

障害者差別解消法は、2021年に改正されて、企業の障がい者に対する合理的配慮が広く義務化されています。特に雇用分野においては、障害者雇用促進法においても、企業に対して、障がいもしくは障がい者であることを理由に差別しないこと、障がい者に対する合理的配慮の提供を義務付けています。

合理的配慮の提供とは、障がい者の意向を十分に尊重した上で、障がい者が職場で働くにあたっての支障を改善するための措置を講じることです。具体的な配慮の内容については、厚生労働省が定める「雇用の分野における障害者と障害者でない者との均等な機会若しくは待遇の確保又は障害者である労働者の有する能力の有効な発揮の支障となっている事情を改善するために事業主が講ずべき措置に関する指針」（合理的配慮指針）や、厚生労働省が公表する「合理的配慮指針事例集【第四版】」を参考にすることが考えられます。これらを参考にして、障がい者の希望や特性に応じて、安心して働き続けられる環境を整備することが必要です。

（イ）法定雇用率の引上げ

障害者雇用促進法では、以前より障がい者雇用率制度が設けられていましたが、この法定雇用率が段階的に引き上げられてきています。現在の制度では、法定雇用率が2.3%とされており、常時雇用する労働者が43.5人以上の企業では1人以上雇用しなければなりません。この法定雇用率は、2024年から2.5%、2026年から2.7%と段階的に引き上げることとされています。今後も法定雇用率の引上げが考えられることから、単に雇用する障がい者数を増やすだけではなく、職場への定着を図るための取組みが必要です。

障がい者雇用率が達成できない企業に対しては、障害者雇用納付金の支払や行政指導、企業名公表が行われますので注意が必要です。

3　従業員に関する自主的取組事項

法律が定める基準はあくまで最低限の要求であり、企業がより大きな社会的影響を持つためには、これらを超えた活動が必要です。企業の自主的な取組みは、法的義務を果たすことだけでなく、組織の成長、イノベーション、そして最終的には企業の持続可能性に直結します。以下では、いくつかその例を紹介しましょう。

1 ダイバーシティとインクルージョン（D&I）

ダイバーシティとインクルージョン（D&I）は、現代の企業がサステナビリティを追求し、働きやすい環境を創出するために必要な要素です。変化が激しく、また国際的な競争力が求められる現代においては、考え方や価値観が同質化した組織では、変化への対応力も弱くなり、国際的な競争力を得ることができません。そのため、企業は、積極的に従業員の多様性を認識し、その多様性を尊重・活用し、全員が力を発揮できる環境を作ることが重要です。

（ア）ダイバーシティの推進

「ダイバーシティ」とは、「多様性」「相違点」といった意味です。企業におけるダイバーシティとは、性別や年齢、国籍、価値観、障がいの有無など、さまざまなバックグラウンドを有した人材が所属していることいいます。多様性を有する人材を活用することで、新たな価値を創造・提供していくことが、ダイバーシティの推進となります。

（イ）インクルージョンの強化

「インクルージョン」とは、「受容」「包含」「一体感」といった意味です。従業員が、お互いを認め合いながら組織としての一体感・一体化を目指していくというあり方を指します。

ただ単に多様な人材が存在しているだけでは足りません。各人が、一人ひとりの多様性を認め合い、受け入れることによって、組織の一体感を醸成し、成長や変化を促進していくことが、インクルージョンの強化となります。そのため、単に女性従業員や障がい者、高齢者の雇用数を増やすというだけでは足りず、各人が適材適所で活躍できるようにする必要があります。

(ウ) 多様な人材は企業のステークホルダー

日本国内でしか事業を行っていない中小企業も多くあり、人権リスクが低いと思われがちです。しかし、多くの中小企業でも、外国人労働者が雇用されており、国籍の異なる従業員との労働条件の差別が生じていないか、振り返ってみることも大切です。また、日本はジェンダー・ギャップが大きいといわれることもあります。意識して差別することが許されないのはもちろんですが、「無意識の偏見」が受け手にとって差別であると感じられてしまう可能性も否定できません。

特に、外国人や女性、子ども、障がい者などは、「無意識の偏見」でみられてしまったり、脆弱な立場に置かれてしまったりすることがしばしばあります。しかし、従業員は、すべからく企業の重要なステークホルダーです。これらの属性による偏見や差別、潜在的な負の影響を避けるため、企業全体において、D&Iの考え方を学ぶことが大切です。

(エ) D&Iを推進する取組み

D&Iを推進する取組みとして、女性役員や管理職の登用、障がい者や高齢者の雇用促進、仕事と家庭の両立等といったトピックが挙げられています。これらの問題については、単に問題になっているから取り組む、話題になっているから取り組むというだけではなく、D&Iの意識を持った上で、解決していくべき問題であるといえます。

例えば、近年、上場会社では、法改正や人的資本の可視化指針が公表されるなどして、女性管理職比率、男性育児休業取得率、男女間賃金格差、人材育成方針等の開示が進んでいます。これらは中小企業の義務とはされていませんが、多くの中小企業は、上場会社をはじめとする大企業のサプライチェーンに組み込まれているため、取組みがなされていないと、SDGsを推進する取引先からネガティブな評価を受けてしまう可能性も否定できません。そのため、D&IをはじめとするSDGsへの取組みは、上場会社だけの問題ではありません。

また、SDGsでは、いわゆるLGBTQと呼ばれるセクシャルマイノリティ（性的少数者）については、明示的に触れられていませんが、セクシャルマイノリティに対する差別や偏見を解消し、D&Iを推進していかなければならないことは、いうまでもありません。直近においては、企業における事案ではありませんが、トランスジェンダーのトイレ使用制限が違法であると評価された判例もあります。

これらの取組みは、従業員の満足度・エンゲージメントや組織への所属感を高め、結果として生産性や創造性を向上させるとともに、企業のブランド価値を高め、優秀な人材の確保や定着につながります。また、SDGsの達成に向けた企業の取組みとしても評価され、企業のサステナビリティが高まると考えられます。

2 ディーセント・ワーク（ワークライフバランス、選択肢のある働き方、メンタルヘルス）

SDGs目標8は「包摂的かつ持続可能な経済成長及びすべての人々の完全かつ生産的な雇用と働きがいのある 人間らしい雇用（ディーセント・ワーク）を促進する」を掲げています。

ディーセント・ワークとは、「働きがいのある人間らしい雇用」、より具体的には、権利が保障され、十分な収入を生み出し、適切な社会的保護が与えられる生産的な仕事のことです。まず仕事があることが基本ですが、その仕事は、権利、社会保障、社会対話が確保されていて、自由と平等が保障され、働く人々の生活が安定する、すなわち、人間としての尊厳を保てる生産的な仕事のことです 。

日本でも、近年、ブラック企業が社会問題化したり、新型コロナウイルス感染症の流行によって働き方が問われたりして、ディーセント・ワークの重要性が高まっています。そして、働き方改革関連法の成立、副業・兼業の解禁、テレワークの普及等が進んでいます。ディーセント・ワークに関連するフレーズや取組みをいくつか紹介します。

(ア)ワークライフバランス

ワークライフバランスとは、仕事と生活の調和です。誰もがやりがいや充実感を感じながら働き、仕事上の責任を果たす一方で、子育て・介護の時間や、家庭、地域、自己啓発等に係る個人の時間を持てる健康で豊かな生活ができるよう、今こそ、社会全体で仕事と生活の双方の調和の実現を希求していかなければなりません 。

例えば、日本ではコロナ禍を経験して以降、リモートワーク・テレワークの普及が進みました。オフィスに出勤することなく、自宅で仕事をすることができるようになり、出退勤時間が削減されてプライベートの時間を確保しやすくなったとの声も上がっています。趣味や自己啓発の時間を確保することは、健康で豊かな生活につながります。また、リモートワーク・テレワークによって、子育てや介護と両立しやすくなることも考えられます。出産や育児、介護等との関係では、育児・介護休業法の改正も進んでおり、育児休業や介護休業の取得の幅も広がっています 。

全社を挙げて、年次有給休暇の取得率を上げていくことも、従業員のワークライフバランスを高める取組みの1つといえます。

(イ)選択肢のある働き方

生産性・創造性の向上を図るためには、従来の働き方を見直し、多様な働き方を実現することも必要です。

労働関係法令では、裁量労働制、フレックスタイム制等といった勤務形態が規定されています。これらの勤務形態を導入することによって、従来のような、9時出勤、18時退勤といった始業・終業時間に縛られない働き方も可能となります。また、出勤時間や勤務時間との関係では、時差出勤や時短勤務の導入も考えられます。時差出勤は、始業時間・終業時間をずらして出勤することを認める制度です。「通勤ラッシュ」のような通勤による負担を軽減することができる上、例えば、子どもを幼稚園・保育園に送って行ってから出勤することもしやすくなります。時短勤務は、本来の就業時間よりも短い時間で勤務することを認める制度です。育児や介護を行っている従業員であっても、就労しやすくなります。

さらに、厚生労働省は、2018年1月に、「副業・兼業の促進に関するガイドライン」を公表し、2020年9月には、より副業・兼業を促進するためにガイドラインの大幅な改定も行われました。副業・兼業の解禁・促進は、従業員の収入を増やしたいという希望に応えるだけではなく、活躍の場を広げたい、スキルアップを図りたいという希望にも応えられます。働き方の多様化を進める上で、有効な取組みとなります。

なお、リモートワーク・テレワークの導入も働き方の多様化に資するものといえます。

(ウ) メンタルヘルス

上述のように日本では、メンタルヘルスに対する懸念が深刻化しています。従業員を雇用するすべての企業おいて自主的に取り組む必要があります。

厚生労働省は、職場におけるメンタルヘルス対策として、「労働者の心の健康の保持増進のための指針」(以下「メンタルヘルス指針」)で、事業場において企業が講ずるように努めるべき労働者の心の健康保持増進のための措置を定めています。メンタルヘルス指針でも、ストレスチェック制度の活用が求められています。

その他、企業が、管理監督者に対してメンタルヘルスマネジメント検定の受験を推奨したり、講習会を行ったりすることも考えられます。

3 障がい者雇用推進

障がい者雇用を促進することは障がい者のウエルビーイングの機会を増加することやダイバーシティ確保の観点からも重要です。障害者雇用促進法では今後も法定雇用率の引上げが検討されていますから、現時点では障害者雇用促進法の対象とならない企業においても障がい者雇用に取り組んでいただきたいと思います。

まずは、社内の障がい者雇用に対する理解を促し、受入れ体制を整えることが大切です。勤務形態においては、例えば、リモートワーク・テレワークと組み合わせることによって、通勤や移動に負担がある障がい者が働く選択肢を得ることも考えられます。ハローワークや地域障がい者職業センター、障がい者就業・生活支援センター等の公的機関においても、助成金の案内や受入れ計画の指導、研修等の障がい者雇用の支援が行われていますので、利用することが考えられます。

4 中小企業・非上場会社による具体的取組事例の紹介

これまで法的遵守事項や自主的取組について述べてきましたが、実際にこれらをどのように実施したらよいのでしょうか。企業において具体的に取り組んだ事例をいくつか紹介しますので、ぜひ、参考にしていただけたらと思います。

1 ダイバーシティ&インクルージョン(D&I)を推進している事例

製造業を営むある非上場会社では、働き方やキャリアパスの選択肢の拡大、女性研究者やエンジニアにとっても働きやすくキャリアを長期的に構築できる環境の整備を積極的に進めています。

例えば、長時間労働が前提となった働き方を変える取組みとして、残業は年平均20時間以下、年休は20日取得を目標としたり、時間単位年休の導入やコアタイムの廃止等、働き方の選択肢を増やす取組みを行っています。また、新卒採用での女性採用割合を高めたり、女性管理職育成に向け社外での研修やメンタリングの機会を提供したりするなど、長期間にわたって活躍する女性を育成する仕組みを整えています。

こうした取組みにより、グローバル化した市場において顧客ニーズを具体化できる人材の獲得と戦力化、イノベーションを生み出せる組織風土への改革といった形で、ダイバーシティ経営を推進しています。

2 ワークライフバランスを推進している事例

飲食業を営むある中小企業では、「飲食店＝休みが少ない」というイメージを改革するため、従業員の生活価値を拡充させる取組みを積極的に進めています。

具体的には、公休・有給休暇とは別に新たな生活価値拡充休暇を設けることで、年間120日の休日・休暇を確保しています。また、社外での副業やグループ企業内での副業を認めたり、子どもの年齢を問わず育児のために時短勤務を選べるようにしたりする等して、働き方の選択肢を提供しています。

こうした取組みにより、離職率を低下させ、また採用コストが削減されるという企業側のメリットに加えて、従業員満足度の評価も高まっています。

3 障がい者雇用を推進している事例

情報技術を用いた事業を展開するある非上場会社では、その生産拠点の1つにおいて、障がい者雇用の推進に向けたマスタープランの策定、雇用管理サポート体制の強化、人事・給与制度などの見直しを行い、全社的に障がい者雇用に取り組む体制を確立しています。

具体的には、雇用方針や社内の役割分担を明確化するために、産業医や社会保険労務士、精神保健福祉士等の専門家で構成される「課題発掘チーム」を組織して、現場で起きるさまざまな雇用管理上の課題に対応しています。その上で、ホワイトボードを活用して、作業工程を「見える化」したり、精神障がい者の不安や緊張を解消するために、オフィスの拡張を行ったりする等、具体的な配慮に取り組んでいます。

こうした取組みによって、課題への対応が事後対応型ではなく、予測対応型になり、職場環境の整備を計画的に行うことができています。

5 中小企業の従業員に関する人権問題への対応方法

1 従業員の人権への負の影響を発見し是正する

中小企業においても、事業活動における人権への負の影響を発見し、それを是正することは非常に重要な取組みです。特に従業員に対する人権侵害は、企業自らが直接引き起こしている問題であって、自社の取組み次第で速やかに是正できるはずの問題です。しかし、このような問題を残してしまうと、企業の評価を下げ、レピュテーションリスクを引き起こすだけでなく、従業員のモチベーションの低下、ストライキ、離職率の増加など、ビジネスパフォーマンスにも直接的な影響を及ぼすことになります。

それらを防ぐためには、1回だけの取組みで終わらせるべきではなく、反復・継続的に、企業が従業員の人権に対する負の影響を発見するための取組みを行うことが大切です。

その際には、まずは企業全体の業務プロセスを対象とした従業員に対する人権リスク評価を実施し、従業員が働く環境、企業活動が従業員の人権にどのような影響を及ぼす可能性があるかを評価します。その際、企業は、従業員と直接対話して情報を収集することに努めるべきです。なぜなら、人権リスクは、企業側からみたリスクではなく、従業員の立場から評価すべきであるためです。また、企業におけるステークホルダーの中でも、従業員とは直接対話が可能な状況にあります。そのため、企業が、従業員の人権への負の影響を正確に理解するためには、潜在的に負の影響を受ける可能性のある従業員が自由に意見や懸念を表現できる場を設けること等が大切です。当然ですが、男性・女性、外国人、障がい者等の従業員の属性も考慮して、対話の機会を設ける必要があります。その上で、発見した問題を是正するための具体的な方法は以下のとおりです。

まず、人権侵害の予防と軽減を意識した是正計画を策定する必要があります。

企業活動において、人権リスクがまったく存在しない、もしくは1つしか存在しないということはそうそうあることではありません。特に、従業員との関係では、日本では労働基準法や労働契約法をはじめとして、多くの労働関係法規が制定されており、さまざまな法規制が整備されています。これらの法令すべてにつき、何ら問題がない中小企業は想定されないでしょう。そのため、人権リスクの発生可能性や深刻度、違反した場合のペナルティ等から、優先順位を付けて是正計画を策定することが必要です。

是正計画の策定にあたっては、多くの労働関係法規に対する正しい理解が必要となります。また、是正計画が、一朝一夕で改善できない、長期的な取組みとなる場合もあります。そのため、従業員の人権への負の影響の発見やその評価、改善策の策定にあたっては、外部の専門家の利用が必要である場合が多いといえます。

次に、教育とトレーニングです。企業が人権尊重を果たすという基本方針を企業全体に定着させて共通意識を醸成し、人権への負の影響の発生を予防・軽減する措置として、教育とトレーニングが重要です。具体的には、企業は、従業員に人権・権利やD&I、ハラスメント等の正しい知識を身に付けさせて、従業員の多様性を活かせるマネージャーを育成することが必要です。しかし、これには必ずしも決まった方法があるわけではなく、各企業における従業員の意識の高低や発見した問題ごとに検討する必要があります。例えば、外国人労働者や障がい者雇用の観点で問題が発見された場合には、管理職に対して、異文化の人材との働き方やコミュニケーションマネジメント等の具体的な手法に関するトレーニングを行ったり、「無意識の偏見」が従業員の評価やジョブアサインメントに与える影響についての気づきの機会を与える研修を実施したりすること等が考えられます。

人事制度の見直しや働き方改革を実行する必要もあります。例えば、女性従業員については、妊娠や出産、育児等のライフステージの変化があり得ます。そもそも、妊娠や出産、育児等を理由として、従業員が離職してしまうこと自体が好ましくなく、ライフステージに沿って従業員が活躍できる環境が必要です。その上で、年功序列的な人事システムですと、妊娠や出産、育児等によって、一度企業を離れてしまった従業員にとっては不利に働く場合があります。そのため、特定の属性に有利な仕組みを見直し、より成果に基づいた評価や報酬体系にすることが考えられます。また、裁量労働勤務、フレックス勤務、リモートワーク等の制度を整備することによって、長時間労働の是正やライフプランに応じた働き方を選択できるようにすることも考えられます。このように人事制度の見直しや働き方改革を行うことによって、働き方の柔軟化が進み、持続的に、従業員の満足度やエンゲージメントが高まっていくといえるでしょう。

【第6章の本文中索引】

※1　中小企業庁『2023年版中小企業白書・小規模企業白書の概要』より2016年調査結果
※2　内閣府男女共同参画局「共同参画」2022年8月号
※3　日本においては採択時に留保されている。
※4　雇用の分野における男女の均等な機会及び待遇の確保等に関する法律
※5　育児休業、介護休業等育児又は家族介護を行う労働者の福祉に関する法律
※6　労働施策の総合的な推進並びに労働者の雇用の安定及び職業生活の充実等に関する法律
※7　労働者災害補償保険法

☑　従業員の人権に関するチェックリスト

従業員に係る人権に対する負の影響を発見し、是正するプロセスを確実に実施するためのツールの1つとして、以下のチェックリストをぜひ活用ください。

あるべき姿	チェック項目
法令遵守事項	
【差別の禁止】 **・性別、年齢、人種、出身などによる差別をなくし、平等な労働環境を整えている**	□国籍、性別、年齢、信条、社会的身分、障がいの有無などによる差別を行っていないか □雇用、教育、昇進・登用、福利厚生などあらゆる場面で、差別しない体制を構築しているか □外国人技能実習生を含め、外国人労働者への適切な処遇や労働環境の整備を行っているか □ジェンダー平等について、無意識の偏見を払拭することを含め、適切な対策を行っているか
【賃金の支払】 **・従業員に適切な賃金を支払っている**	□従業員に対して、賃金を通貨で、直接、全額を、毎月1回以上、一定の期日を定めて支払っているか □時間外労働、休日労働、深夜労働に対し、適切な割増賃金を支払っているか □同一労働に対して同一の賃金を支払っているか
【労働時間】 **・過度な長時間労働を防止し、適切な労働時間を確保している**	□労働時間は、1日8時間および週40時間以内とし、毎週1回以上の休日を設けているか □上記を超える場合は、36協定を締結しているか □時間外労働の上限を月45時間、年360時間以内としているか □臨時的な特別の事情がある場合（特別条項）について法律上の要件を充足しているか □年次有給休暇は適切に付与しているか

【従業員の妊娠・出産介護等への配慮】 **・従業員が妊娠・出産や、育児・介護に伴い、適切な対応がとられている**	□従業員の妊娠・出産や育児・介護の必要がある場合、保健指導等のための時間の確保や、休業など適切な制度を定めて対応しているか
【ハラスメント禁止】 **・パワハラ、セクハラ、マタハラ等を防止し、ハラスメントのない職場環境を整えている**	□ハラスメントを禁止する旨を就業規則に明記しているか □ハラスメント研修の実施など、ハラスメントを防止するための適切な措置を講じているか □ハラスメント相談窓口の設置し、相談者のプライバシーに配慮しつつ適切な対応が行われているか
【労働安全衛生】 **・職場における従業員の安全と健康およびメンタルヘルスを確保し、快適な職場環境を整えている**	□医師による健康診断、ストレスチェック、長時間労働者に対する医師による面接指導等、法令に定められた事項を実施しているか □作業環境の改善、作業方法の改善、疲労回復施設・設備の設置等、法令に定められた職場環境の整備を行っているか □安全衛生に関する規定が就業規則に定められているか □社員向けの労働安全衛生講習会の実施、社内ホームページ等を活用した周知徹底が行われているか
【労働災害】 **・従業員が労働災害に遭った場合に、適切な措置がなされている**	□従業員が労働災害に遭った際には、その労働形態のいかんを問わず、労働災害保険法に基づいて、療養補償、休業補償、障害補償、遺族補償等適切な措置がとられているか
【解雇等】 **・解雇・配置転換・雇止めの際には、法律の要件を遵守して行っている**	□解雇や配置転換をする際には、正当な理由を十分検討の上で行っているか □解雇の際には解雇予告手当の支払など法律上の要件を履践しているか □雇止めの際には、更新の回数や雇用期間を勘案して、実質的に期間の定めのない雇用契約と同様の状況になっていないかを検討しているか

【障がい者雇用】 **・障がい者に適切に労働の機会が提供されている**	□従業員に占める障がい者の割合が法定雇用率以上となっているか

自主的取組事項	
【ダイバーシティ・インクルージョン】 **・多様な人材（女性、外国人、障がい者、高齢者等）を活かし、十分に活躍できる環境が整備されている**	□多様な人材を採用し、特に女性雇用を促進し、管理職や経営陣への登用を積極的に推進しているか □多様な人材がインクルージョンされる仕組みを作り、それぞれが活躍できる社内制度を設けているか
【健康経営】 **・従業員のメンタルヘルスを維持できるようにし、生産性の向上等の組織の活性化に取り組んでいる**	□メンタルヘルスに関する職場の理解を促進するための研修等を実施しているか □メンタルヘルスマネジメント検定の取得を促進しているか
【ディーセント・ワーク推進】 **・働きがいのある仕事の提供、選択肢ある働き方の提案し、十分な賃金を支払っている**	□業務内容をやりがいのあるものとしているか □従業員のワークイライフバランスを重視し、仕事と生活を調和させて重質感を感じながら働けるように配慮しているか □フレックスタイム、時短勤務、リモートワークなど、従業員の状況に合わせた働き方ができるよう配慮しているか □従業員に適切な能力開発、教育訓練の機会を提供しているか

関連する法令はあくまで一例であり、業種や規模等により法規制の有無が異なります。また、法令のほか、条例等にも留意する必要があります。

Chapter 7

中小企業と消費者の人権

1 消費者に関するSDGsの目標・尊重されるべき人権

1 消費者の人権に関する世界と日本の課題

国内外を問わず、企業の提供する商品やサービスにより消費者の人権が害されるケースは後を絶たず、深刻な課題となっています。

①自動車のエアバッグが誤作動を起こして搭乗者にけがを負わせたなどの製品の安全性に問題があるケース、②食品に関して原産地や内容量、アレルゲン表示などの実際とは異なる製品が市場に出回り、消費者の信頼を損ね、健康に対するリスクも生じさせるなど商品表示に問題があるケース、③言葉巧みな電話勧誘により、不必要なサービスを契約させるなど、不当な勧誘や契約が行われるケースなど枚挙にいとまがありません。

さらに近年は、インターネットを活用した商取引が激増し、さまざまな商品やサービスが提供され、その選択肢も大幅に拡大しており、それに伴って、商品やサービスの形態、販売方法が複雑かつ多様化しています。このような中で、消費者がその取引に必要な知識を十分に持つことや、契約条件を十分に理解することが困難になるなど、消費者と事業者の間にある情報量・交渉力の格差が拡大し、消費者が被害を被るリスクが高まっています。

また、日本では超高齢社会が到来し、高齢者世帯が増加しており、高齢者が複雑な内容を十分に理解できないまま契約したり、必要以上に契約を繰り返したりしてしまうという被害も発生しています。若年層においても、スマートフォン等携帯端末の普及により、いつでもどこでもインターネットにアクセスが可能となり、さまざまな場で消費者トラブルに巻き込まれるリスクが拡大しています。

2 消費者に関するSDGsの目標とターゲット

以上のように国内外には消費者の人権に関してさまざまな課題が存在することから、SDGsにおいてもいくつかの目標とターゲットが設定されています。

図表 7-1 消費者に関するSDGsの目標とターゲット

目標	ターゲット
8 働きがいも経済成長も	8.4：2030年までに、世界の消費と生産における資源効率を漸進的に改善させ、先進国主導の下、持続可能な消費と生産に関する10カ年計画枠組み※に従い、経済成長と環境悪化の分断を図る。
12 つくる責任 つかう責任	12.1：開発途上国の開発状況や能力を勘案しつつ、持続可能な消費と生産に関する10年計画枠組み(10YFP)を実施し、先進国主導の下、すべての国々が対策を講じる。 12.2：2030年までに天然資源の持続可能な管理及び効率的な利用を達成する。 12.3：2030年までに小売・消費レベルにおける世界全体の一人当たりの食料の廃棄を半減させ、収穫後損失などの生産・サプライチェーンにおける食料の損失を減少させる。

	12.4：2020年までに、合意された国際的な枠組みに従い、製品ライフサイクルを通じ、環境上適正な化学物資やすべての廃棄物の管理を実現し、人の健康や環境への悪影響を最小化するため、化学物質や廃棄物の大気、水、土壌への放出を大幅に削減する。 12.5：2030年までに、廃棄物の発生防止、削減、再生利用及び再利用により、廃棄物の発生を大幅に削減する。 12.8：2030年までに、人々があらゆる場所において、持続可能な開発及び自然と調和したライフスタイルに関する情報と意識を持つようにする。

※2012年6月にブラジルのリオデジャネイロで行われたリオ+20（国連持続可能な開発会議）にて採択されたもので、現代の大量消費と大量生産が多くの資源やエネルギーを消費し、地球の大きな負担となっていることから持続可能な消費と生産のバランスを保つことを目指して策定されたものです。

また、消費者の人権を意識し、これらに配慮した商品やサービスを提供することで、図表7－1に掲げられているもの以外の目標やターゲットの達成にもつながっています（128頁以下参照）。

3 消費者に関して尊重されなければならない人権

(ア)消費者の権利の由来

消費者の権利と呼ばれるものは、比較的新しい権利です。

消費者の権利が初めて意識されたのは、1962年3月15日になされた米国のケネディ大統領による提唱だといわれています。その提唱では、安全への権利・情報を与えられる権利・選択する権利・意見を聴かれる権利が消費者の権利であるとされました。この提唱にちなんで、毎年3月15日は、国際消費者機構が提唱する「世界消費者権利デー」とされています。

(イ)消費者保護に関する国際連合ガイドライン

国連では、1980年ごろから消費者保護に関する議論が開始され、1985年には、国連貿易開発会議（UNCTAD）において消費者保護に関する国際連合ガイドラインが決議されました。同ガイドラインは、2015年に改定され（以下「2015国連ガイドライン」）、電子商取引の世界的な広がりや消費者のプライバシー保護が意識された内容となっています。2015国連ガイドラインは、加盟国を法的に拘束するものではありませんが、加盟国にはこれを実施することが推奨されています。

2015国連ガイドラインでは、消費者を「国籍に関係なく、主に個人、家族又は家庭のために行動する自然人」と定義した上で、消費者は、

図表7-2　2015国連ガイドラインが加盟国に求める行為

1	消費者による必需品・サービスへのアクセス
2	脆弱で恵まれない消費者の保護
3	健康と安全に対する危害からの消費者の保護
4	消費者の経済的利益の促進および保護
5	消費者の個々の希望やニーズに従い、十分な情報に基づく選択を可能にするための十分な情報へのアクセス
6	消費者の選択の環境、社会、経済への影響に関する教育を含む消費者教育
7	効果的な紛争解決および救済策が利用可能なこと
8	消費者およびその他の関連団体または組織を結成する自由ならびに当該組織に影響を与える意思決定のプロセスにおいて見解を示す機会
9	持続可能な消費形態の促進
10	電子商取引を利用する消費者への保護の水準が、その他の形態の商取引を利用する場合に与えられる保護の水準を下回らないこと
11	消費者のプライバシー保護および情報のグローバルかつ自由な流通

① 危害のない製品にアクセスする権利
② 公正・公平かつ持続可能な経済的・社会的発展および環境保護を促進する権利

を有するとされています。そして、こうした消費者の権利を保障するため、加盟国は図表７－２に掲げる行為を国内で実施するよう求められています。ここで掲げられた行為は、加盟国に対する要請ではありますが、中小企業の方が消費者本意の製品・サービスを展開する上で参考になります。

(ウ)国際人権として保障されているもの

以上のように、消費者の権利に関しては、国連ガイドラインが示され、各加盟国が国内で法律を制定することにより保護されています。もっとも、消費者の権利のコアな部分は、社会公共の利益に還元されることのない、個人の自律を支えるものであるため、国内法による保護が及んでいなくとも、個人である消費者を保護するために人権として保障されることがあります。

国際人権規約（社会権規約・自由権規約）には、消費者の権利を直接規定する条文はありませんが、消費者に対する深刻な負の影響が及ぶ場合には、生活水準・食糧の確保を求める権利、身体および精神の健康を享受する権利、文化に関する権利などが侵害され、その保護が及ぶことがあります。

(エ)日本国憲法上保障されているもの

日本国憲法にも消費者の権利を直接定めた条文はありません。もっとも、消費者に対する深刻な負の影響が及ぶ場合には、国内法による保護がなくとも日本国憲法が定める、個人の自律を基礎付ける幸福追求権、生存権、財産権などによって保護されることがあります。

4 消費者の権利を尊重する意義

消費者保護が社会において必要とされる前提には、消費者は、①事業者に比べて保有する情報の質や量で劣ること、②事業者に対する交渉力が弱い存在であることの2つの弱点があるとの理解があります。そして、かかる弱点が放置されれば、消費者の生活における基本的な需要が満たされなくなり、健全な生活環境が脅かされることになりますから、消費者の権利を保護することは大切です。

こうした消費者保護は、消費者に対して良質かつ安全な製品・サービスを提供する事業者にとっても欠かすことができない重要なものです。本章の冒頭で述べたような不利益を消費者に与えていると、企業は消費者からの信頼を損ない、中長期的なビジネスを展開していくことができなくなります。

企業の側から、消費者が安心して商品やサービスを購入できるように配慮していくなら、その企業は消費者からの厚い信頼を獲得し、高い競争力を獲得し、まさに「人が集まり選ばれる」会社として成長していくことができるのです。

2 顧客・消費者に関するSDGsコンプライアンス（法令遵守事項）

1 SDGsコンプライアンスが中小企業に求めていること

以上のことは、消費者保護の基本法である消費者基本法にも明確に述べられています。すなわち同法では、消費者の権利の内容として、①消費者の安全が確保されること、②商品および役務（サービス）について消費者の自主的かつ合理的な選択の機会が確保されること、③消費者に対し必要な情報および教育の機会が提供されること、④消費者の意見が消費者政策に反映されること、⑤消費者に被害が生じた場合には適切かつ迅速に救済されることを挙げて、消費者保護の重要性を訴えています（消費者基本法）。

こうした消費者基本法を前提として、顧客や消費者を取り巻く課題を解消し、予防して、顧客や消費者の人権を守るために、①顧客や消費者に安全で安心できる製品やサービスを提供することや、②中小企業と消費者との間の情報の質および量ならびに交渉力の格差による課題解消に向けて、さまざまな法律が定められています。

2 安全な製品・サービスの提供に関するコンプライアンス

(ア) 消費者の健康や安全を守るために求められていること

中小企業には、自社製品やサービスが安全基準や規制に準拠していることが求められます。自社製品やサービスが関わる規制については、正確に理解し、改正などにも適切に対応できるようにしておくことが大切です。

例えば、食料品は人が直接体内に摂取するものなので、食料品自体はもちろん、食器や容器、調理器具の製造販売についても、人々の健康を維持し守るために安全規制が定められています（食品衛生法）。また、医療品や医薬部外品、化粧品、医療機器なども、人々の健康に直結するため、高い安全性や有効性が求められています（薬機法[※1]）。

その他、人々の生活に身近な製品の技術的な安全基準を求める消費生活用製品安全法のほか、自動車や電気用品、ガス用品など、製品に応じた安全規制が存在します。自社製品やサービスに応じた安全基準や規制をしっかり守っていくことが、中小企業には最低限求められています。

(イ)製造物責任

自社で製造、加工または輸入した製造物に欠陥があった場合、当該企業に故意や過失がなくても、消費者に対して責任が発生します。直接の取引先が事業者で、消費者ではなくても、同じです（製造物責任法）。

万が一、自社の製造物に欠陥があり、それが原因で消費者に損害が生じた場合には、迅速かつ十分な被害救済を行うこと、製品の一層の安全性確保と製品被害発生の予防に取り組むことが求められます。

3 消費者への情報の質と量に関するコンプライアンス（適切な表示と広告）

(ア)適切な表示と広告で消費者を守る

製品やサービスの品質や安全性に関わる表示や広告が求められるのは、消費者を、生命身体、財産などの危険から保護し、消費者の安全を確保するためです。そのため、事業者には、安全表示や品質表示に対する規制を遵守することが求められています。

また、消費者取引においては、消費者が製品やサービスを適切に選ぶことができるようにするために、事業者には、製品やサービスの内容や品質、取引や契約条件に関する表示や広告を適切に行い、消費者に対して適切な情報提供をすることが求められています。

(イ)適切な製品やサービスの表示

(a)製品やサービスごとの表示義務

製品やサービスに応じて、消費者の安全確保や取引の適正さの観点から、表示に関するさまざまな規制が存在します。

例えば、消費者の健康や安全を守るために、食品については、食品表示基準に従った食品表示（加工食品の栄養成分表示、アレルゲン、食品添加物など）がなされることが求められています（食品表示法、食品表示基準）。医薬品なども、同様に表示規制が定められています（薬機法）。

また、消費者が日常的に使用する製品（衣類や日用品、家電、家具など）のうち、品質を識別することが困難で、特に品質を識別する必要性の高いものは、「品質表示の必要な家庭用品」として指定されており、製品ごとに表示すべき名称や事項が定められています。

その他、金融商品（株式や債券、投資信託など）についても、消費者が支払うべき手数料その他の所定の事項について表示義務が課されています。

以上の表示に関する規制は一例ですが、自社が製造販売する製品、提供するサービスについて、それぞれ規制に従った表示がなされていることが求められています。

(b)インターネットを利用した販売方法による表示義務

最近ではECサイト（電子商取引）経由の販売が定着しつつあり、ECサイトは消費者を対象とするビジネスにおいて欠かせないものとなっているといえます。

ECサイトを含む通信販売は、遠隔地間の取引であることから、実店舗の販売と異なり、代金の支払と商品や役務の提供が同時に行われず、販売条件などの情報は広告を通じて提供されます。そのため、広告の記載が不十分であったり、不明確であったりすると、消費者とのトラブルが生じやすくなります。

そこで、通信販売における広告には、販売価格や代金の支払時期と方法、返品に関する事項、事業者の氏名（名称）や住所、電話番号等、表示する事項が細かく定められています（特定商取引法[※2]）。

また、インターネットを利用して行われる商品やサービスの取引は、クリック１つで容易に契約が成立してしまう場合もあり、スクロールやハイパーリンクをクリックしなければ表示内容の全体がわからないなどの画面上の制約もあることから、商品やサービスの選択等における消費者の誤認を招きやすいという特徴もあります。

そこで、インターネットを利用して行われる商品やサービスの消費者向けの取引については、内容または取引条件についての重要な情報が消費者に適切に提供される必要があります。そのような観点から、消費者庁により、事業者に求められる表示上の留意点が示されています。

このように、インターネットを通じて商品やサービスを販売したり、情報を提供したりする場合などには、特定商取引法や景表法[※3]による表示義務を遵守することが求められています。

(ウ)虚偽・誇大広告の禁止

表示や広告において、自社の製品やサービスのよさを消費者にアピールしたい気持ちが先行して、つい、誇張したり、他社製品と比較したりしてしまいそうになったという経験のある企業は少なくないのではないでしょうか。表現の仕方によっては表示・広告規制に抵触してしまうかもしれませんので、注意が必要です。

表示や広告に対する規制は、消費者が適切に商品やサービスを選択できる環境の確保や公正競争の確保の観点から定められています。

自社の製品やサービスが、実際のものよりも、または競業他社の製品やサービスよりも、著しく優良または有利であると誤認させるような表示や広告（欺まん的顧客誘引）は禁止されています（独禁法[※4]）。

同じような表示・広告規制として、商品やサービスの品質、企画その他の内容について著しく優良であると表示する「優良誤認表示」、商品・サービスの取引において価格その他の取引条件について著しく優良であると表示する「有利誤認表示」が禁止されています（景表法）。この2つの違いは、優良誤認表示とは商品やサービスそのものに対するもの、有利誤認表示とは価格やその他の取引条件に対するものとなります。

これらはわざと（故意に）表示する場合だけではなく、誤って表示してしまった場合でも規制されます。そのため、表示の根拠となる情報を確認しておくこと（例えば、生産、製造、加工が仕様書や企画書と合っているかどうか確認するなど）も大切です。

その他、原産地の表示を偽った表示や、目玉商品として表示を出しておきながら、当該目玉商品をまったく準備していないような単なる客寄せのおとり広告などが禁止されています。最近では、事業者が自己の商品やサービスについて行う表示であるにもかかわらず、第三者が行う表示のように見える表示、いわゆるステルスマーケティング（事業者の広告・宣伝であるにもかかわらず、事業者の広告・宣伝であることを隠して行うもの）についても新たに規制の対象となりました（景表法、指定告示※5）。

健康に関する表示も注意が必要です。健康への保持増進の効果などが必ずしも実証されていないにもかかわらず、効果などを期待させるような虚偽誇大広告は禁止されています（健康増進法）。また、広告や表示が薬機法にも抵触しないよう注意しましょう。

その他、金融商品取引法や商品先物取引法、旅行業法などで、虚偽や誇大広告を禁止していますので、自社の製品やサービスが関連する場合には確認するとよいでしょう。

4 消費者への情報および交渉力の格差に関するコンプライアンス（勧誘方法の留意点）

（ア）商品やサービスに景品を付与する場合

顧客になってくれた消費者に景品等を付与したり、顧客になってもらうために景品などを提供することを、営業の一環で検討することがあるかもしれません。しかし、景品についても規制がありますので（景表法）、注意が必要です。

この規制は、自社の商品やサービスの取引について、景品類の提供や表示により不当に顧客を誘引し、一般消費者による自主的かつ合理的な選択を阻害することを避けるために定められています。

ほかにも、人気のある商品と一緒に売れ残りの商品をセットで販売する抱き合わせ販売も禁止されています（独禁法）。

（イ）不当・不正な勧誘活動の禁止

事業者が消費者と契約するにあたって気を付けなければならない行為類型としては、以下のものがあります。これらに該当する場合には、不適切な勧誘行為として、消費者から契約の取消しができることとなりますので、注意が必要です。

（a）事業者が行った行為によって消費者が誤認したことによる取消し（消費者契約法）

事業者が、取引上重要な事項について事実と異なることを説明したり、将来どうなるかわらない事実について断定的に伝えたり、不利益な事実を伝えなかったりした場合、これらの説明を信じて（または不利益な事実を知らずに）契約した消費者は、当該契約を取り消すことができます。

事業者に、消費者をだまそうという意図があったか否かは関係ありませんので、ご注意ください。

（b）事業者が行った行為によって消費者が困惑したことによる取消し（消費者契約法）

事業者が消費者の自宅を退去しないとか、事業者の店舗などから消費者を帰らせないなどの勧誘行為を行った結果、消費者が当該事業者と仕方なく契約した場合、当該消費者はその契約の取消しができます。そのほか、過大な不安をあおったり、消費者の好意に乗じて契約に至った場合などにも消費者から取消しをすることができます。

（c）消費者にとって過量な取引契約の取消し（消費者契約法・特定商取引法）

消費者にとって通常必要な商品の分量を著しく超える購入数であると事業者が知って締結した契約（いわゆる次々販売）は取消しができます。高齢の消費者が著しく大量の注文をしてきたような場合には、必要以上の数量が注文されていないか確認するようにしましょう。

5 消費者との適切な取引関係の継続

(ア) 利用規約や契約書について

事業者が、消費者との取引で契約書や利用規約、定型約款を作成するのは、事業者の責任を限定したり、信頼ができなくなった顧客との契約を終了させせることができるなどのメリットがあります。

インターネット上の取引では、事業者によって、利用規約や契約書が事前に作成され、ホームページで公表されているのが一般的です。こうした利用規約や契約書のうち一部のものは「定型約款」と呼ばれ、法律により特別な効力が認められています。「定型約款」と認められると、例えば、消費者が約款の詳細を読んでいなかったとしても、消費者は原則として事前に公表されている利用規約や契約書に拘束されることになりますし、取引を開始した後に事業者が利用規約や契約書の内容を変更したいときも、原則として、相手方の同意なくその内容を変更することができます（民法）。ただし、定型約款に、相手方（消費者に限りません）の利益を一方的に害する契約条項（不当条項）が含まれていた場合、当該条項について相手方が合意したとはみなされません。

「定型約款」に特別な効力が認められる理由は、取引の開始や履行にあたって事業者のコストが引き下げられる一方で、消費者にとっては低廉な価格で自分に必要な製品・サービスの提供を受けることができるからです。事業者にとって有利で、消費者にとって不利な内容とすることを許すためではありません。こうした特別な効力が認められる可能性があるからこそ、事前に準備された利用規約や契約書には事業者の消費者に対する姿勢が表れます。消費者本位の適切な内容とすることが重要です。

(イ)販売時における消費者を保護するルール

事業者の責任を限定するために利用規約や契約書を締結するというメリットがあることを説明しました。しかし、事業者の責任を限定し過ぎて、消費者が一方的に不利となってしまう契約は無効となりますので、注意が必要です。

例えば、事業者の損害賠償責任を免除したり、消費者の解除権を放棄させたり、消費者に過大な損害賠償責任を負わせたりするなど、消費者の利益を一方的に害する条項は無効とされます（消費者契約法）。

また、訪問販売や電話勧誘販売など、特定の販売方法は、契約締結前と契約締結時に書面（法定書面）交付が義務付けられており、法定書面には、クーリング・オフができる旨の規定など一定の事項を記載することが求められています（特定商取引法）。法定書面の交付がなかったり、法定書面の要件を満たさない場合には、消費者はいつでも契約の取消しができることになります。特定商取引法の改正は比較的頻繁になされるため、最新の情報を基に適正な法定書面を準備しておくことが必要です。

また、学習塾、エステ、結婚紹介サービスなど特定継続的役務提供と呼ばれる取引については、訪問販売や電話勧誘販売と同様、書面交付義務、クーリング・オフが定められているほか、中途解約時についての規制もあります。

自社の商品やサービスに応じて適用される法律を確認し、商品やサービスに応じた利用規約や契約書を作成することが大切です。また、状況の変化や法律の改正に応じて、利用規約や契約書も修正していくことが、SDGsコンプライアンスとして重要です。

3 顧客・消費者に関する自主的取組事項

事業者が法令を遵守することは当然ですが、顧客・消費者の信頼を得るためにはそれだけでは足りません。SDGsコンプライアンスの実践により競争優位を築くためには、自主的な取組みこそが重要です。

顧客・消費者は、事業者を評価する際、製品やサービス自体のほか、事故発生時の対応に加えて、契約締結に至るまでの説明などにも関心を抱いています。そこで、顧客・消費者の関心の観点から、中小企業が取り組むべき自主的取組事項を紹介します。

1 製品・サービスの安全性の確保

事業者にとっては、製品やサービスの安全性を確保するための仕組みを構築していることは、法令遵守事項とまではいえなくとも、顧客・消費者からみれば事業者に当然求められる事項となるため、事業者は、顧客・消費者に対して、自社の製品やサービスの安全性が確保されていることを客観的に示す必要があります。

例えば、国際標準化機構が制定する国際規格である「ISO規格」、一般財団法人製品安全協会が策定した安全基準・製品認証・事故賠償が一体となった「SGマーク」、一般社団法人日本玩具協会による「玩具の安全基準」である「STマーク」などを取得することで、事業者は、顧客・消費者に対して自社製品の安全性をアピールすることができます。

2 社会的課題の解決に向けた取組み

顧客・消費者からみれば、社会的課題の解決に取り組んでいる中小企業は、環境・社会・経済の観点において持続可能性に配慮し、サステナビリティ経営をしているものと認識されるため、今後の企業成長にも意義があるものと考えられます。

(ア)環境に配慮した製品・サービスの提供

SDGsの達成に向けた取組みが増加する中、顧客・消費者において、環境・社会に悪影響を与える製品に対する不買や、環境・社会に配慮した製品に対する購入意向など、環境に配慮したサステナブルな製品への支持が増加しています。

例えば、自然由来の素材の活用、詰替用商品の製作、再生エネルギーの利用などに取り組んでいることは、健康を促進するという意味で、SDGsの目標3「すべての人に健康と福祉を」につながるほか、環境に配慮しているという意味で、SDGsの目標7「エネルギーをみんなに　そしてグリーンに」、目標12「つくる責任　つかう責任」、目標14「海の豊かさを守ろう」、目標15「陸の豊かさも守ろう」の達成にもつながります。

顧客・消費者にとって、環境に配慮した商品・サービスを選ぶ際の目安となるのが、「環境認証マーク」です。例えば、有機JASマーク、エコマーク、海のエコラベル、再生紙使用（R）マークなどがあります。

(イ)ユニバーサルデザイン

ユニバーサルデザインとは、年齢・性別・能力などの個人の違いにかかわらず、できるだけ多くの人々が利用できることを目指した建築・製品・情報などのデザインのことをいいます。生活に困難を覚える高齢者や障がい者の生活環境の改善に資するものとして、製品・サービスに関してユニバーサルデザインに配慮することは、SDGsの目標10「人や国の不平等をなくそう」や目標11「住み続けられるまちづくりを」などに密接に関連します。

ユニバーサルデザインには、その提唱者であるロナルド・メイスを中心にまとめ上げた「ユニバーサルデザイン7原則」（公平・自由・わかりやすさ・必要な情報提供・安全・身体への負担軽減・スペースの確保）が掲げられているところ、中小企業においても、当該原則およびガイドラインを参考として、製品・サービスを提供することが求められます。

(ウ) エシカル消費に対応した製品・サービスの開発

最近では「エシカル消費」も注目されています。エシカル消費とは、地域の活性化や雇用などを含む、人・社会・地域・環境に配慮した消費行動を意味します。エシカル消費を行うことは、SDGsの目標10「人や国の不平等をなくそう」や目標14「海の豊かさを守ろう」、目標15「陸の豊かさも守ろう」の達成にもつながります。

さらに、製品・サービスの生産者情報・産地情報・流通ルートへの消費者の関心も高まっています。例えば、お米や米加工品に関しては、販売・提供までの各段階を通じた取引記録を作成・保存することが法律により定められています。中小企業においても、自主的に、自社製品・サービスの産地情報、流通ルートなどを開示することで、消費者の関心に応えていくことができます。

(エ) ライフサイクルでの環境への影響に配慮した製品・サービスの提供

ある製品・サービスのライフサイクル全体（資源採取、原料生産、製品生産、流通、消費、廃棄リサイクルなど）における環境負荷を評価する手法として、ライフサイクルアセスメントが挙げられます。

ライフサイクルアセスメントは、製品・サービスのライフサイクル全体での環境負荷を明らかにすることを目的とするものです。ライフサイクルアセスメントをすることで、より環境に配慮した製品・サービスを検討するための有用なデータを取得することができます。

ライフサイクルアセスメントを始めている中小企業は、少ないかもしれません。すなわち、ライフサイクルアセスメントを導入することは、環境に配慮した企業であることの格好のアピールとなります。

3 消費者被害が発生した場合の適切な対応

事業者の製品・サービスが原因で消費者被害が発生した場合に、事業者が適切な対応をとることができるか否かについては、顧客・消費者にとって、非常に関心があることです。ビジネスと人権に関する指導原則も、発生させてしまった人権侵害からの救済を要求しています。事業者において、顧客・消費者の信頼を得るためには、消費者被害が発生した場合の備えは、自主的取組事項の中でも重要課題です。

例えば、製品の欠陥・サービスの不具合などによる事故に備えた事業者向けの各種保険はさまざまありますが、中でも、PL保険への加入のニーズが増えています。この保険は、製品の欠陥・サービスの不具合による事故が発生し、損害賠償義務を負うことに備えるためのものです。事業者に対しPL保険への加入は義務付けられていませんが、顧客・消費者の不安を払拭し、事業者としても適切な対応をとるためには、PL保険への加入は検討すべき事項といえます。

4 顧客・消費者向けの情報の質の改善

顧客・消費者が事業者と契約をする際、両者の間には情報の質や量、交渉力に格差があるため、事業者には、その是正のための積極的取組が求められます。

(ア)カスタマーサポートの体制の構築・わかりやすく親切な取扱説明書の作成

昨今、高齢化、情報化の進展など、消費者を取り巻く状況の変化を踏まえて、事業者において、取引の適正化に向けた対応が求められています。

特に、中小企業において、顧客・消費者との情報の質や量の差を是正するために、例えば、カスタマーサポートの体制の構築や、わかりやすく親切な取扱説明書の作成など、顧客・消費者に寄り添った対応をすることで、顧客・消費者にとって契約を締結するかどうかの判断がより容易なものとなり、トラブルの防止や、企業の評価の向上につながるものと考えられます。

(イ)顧客・消費者からの苦情処理に関するルールの策定・社内体制の構築

消費者基本法は、事業者の責務として、消費者との間に生じた苦情を適切かつ迅速に処理するために必要な体制の整備などに努め、当該苦情を適切に処理することを規定しています。

事業者において、万が一、顧客・消費者から苦情が申し入れられた場合に備えて、顧客・消費者の利益を守るため、苦情処理に関するルールの策定・社内体制の構築をすることが求められています。

(ウ)適格消費者団体からの苦情処理に関するルールの策定・社内体制の構築

不特定かつ多数の消費者の利益を守るために差止請求権を行使するための必要な適格性を有する消費者団体として内閣総理大臣の認定を受けた法

人を、「適格消費者団体」といいます。

適格消費者団体は、顧客・消費者からの情報提供に基づき、事業者に対して、協議などにより業務改善を求めますが、事業者はそのような適格消費者団体との協議などに適切に対応しなければなりません。

例えば、製品・サービスの効果、効能に関する広告や、顧客・消費者の満足度に関する広告について、不当な表示がされている場合、中小企業において、適格消費者団体との協議などの内容を踏まえて、顧客・消費者の利益を守るための対応が求められます。

(エ) 公正競争規約への参加

公正競争規約とは、公正取引委員会および消費者庁長官の認定を受けて、事業者または事業者団体が表示または景品類に関する事項について自主的に設定するルールです。表示関係について65規約、景品関係について37規約の合計102規約が設定されています（令和2年6月24日時点)。

中小企業が公正競争規約に参加するメリットとして、顧客・消費者の製品・サービスに対する信頼を高めることが挙げられるため、中小企業において、製品・サービスに関わる公正競争規約がある場合に公正競争規約を遵守しているかどうか、また、製品・サービスに関わる公正競争規約がない場合であっても公正競争規約の作成に取り組んでいるかについては、顧客・消費者の信頼を高めるために検討すべき事項といえます。

(オ) 事業者にとって不利な情報がある場合、情報公開・対応策の公表の実施

近年、故意による事故の発生や保険金不正請求など、事業者における不祥事がニュースでも取り上げられていますが、万が一、そのような不祥事が発生した場合には、中小企業としても顧客・消費者の信頼回復に努めなければなりません。

そして、インターネット等の普及により、情報発信力が強化された現代においては、不祥事はいずれ明るみになるものと考えるべきであることから、中小企業においても、リコールのような法令に基づき開示が要請されている事項に限らず、不利な情報であったとしても、情報公開・対応策の公表を実施することで、隠ぺいなどと評価されることを防ぎ、自社の評価の向上に資するものといえます。

5 環境配慮・エシカル消費などの消費者教育への取組み

消費者が商品やサービスの受け手にとどまらず、人権や環境に負の影響を及ぼしている商品やサービスを購入しないという意思決定を主体的に行うなら、そのことを通じて消費者自身が社会・経済・環境にプラスの影響を与える存在になり得ます。近時、消費者教育推進法※6が施行され、消費者が社会の主体となる消費者市民社会の形成を求めています。

そのためには事業者は、消費者とのコミュニケーションを深化させ、信頼関係を構築し、消費者と事業者が協働して持続可能な社会を構築していくことが必要です。

事業者においては、前述した顧客・消費者向けの情報の質や量の改善に加えて、消費者教育にも力を注いでいくことが求められます。SDGsが注目されている現代では、顧客・消費者においても、環境への配慮やエシカル消費などが求められますが、環境配慮・エシカル消費などに対する認識が不十分な方がいることも想定されます。中小企業が環境配慮・エシカル消費などの消費者教育に取り組むことは、SDGsの浸透にもつながります。

6 消費者志向経営の実施

顧客・消費者をリードして、顧客・消費者とともに社会的価値を向上させる消費者志向経営を展開することも大切です。それにより、顧客・消費者の信頼の向上、SDGsの目標の達成、社会的課題の解決に資することになります。

(ア)顧客・消費者からの声を経営に反映させるための体制の構築

中小企業にとっては、製品・サービスを提供する際にアンケートを行うなどして、顧客・消費者からの声を経営に反映させることが、顧客・消費者のニーズに沿った製品・サービスの提供につながります。

(イ)定期的な社内研修の実施

中小企業において、消費者志向経営を実現するためには、従業員の理解も欠かすことができません。

企業が、従業員に対して、社内研修を通して、過去の消費者問題（リコール隠しなど）などについて学ぶ機会を設けることで、従業員の意識の向上、ひいては、消費者志向経営の実現に資するものと考えられます。

(ウ)消費者庁サイトの定期的な確認の実施

消費者庁は、そのインターネットホームページにおいて、消費者契約法などの法令の改正や、消費者被害に関する問題、ニュースを取り上げて、随時公表しています。消費者庁のインターネットホームページは、消費者志向経営の実現にとって有用なツールですので、ぜひ参照してください。

4 中小企業による具体的取組事例の紹介

顧客・消費者に関するSDGsコンプライアンスを実現するために、他の中小企業が実際にどのようにしてSDGsに取り組んでいるかを知ることは大切なことです。

以下では、顧客・消費者に関するSDGsの具体的取組事例をいくつか紹介します。

1 お菓子メーカーである中小企業の食品ロス削減に向けた取組事例

SDGsの目標12「つくる責任　つかう責任」では、作る側＝生産者において、地球環境や資源を保全しながら、少ない資源でより良質のものを多く生み出す生産方法の確立と、生産工程でのエネルギー消費や廃棄物の発生の抑制が求められています。

例えば、あるお菓子メーカーの中小企業においては、製造過程で発生する食品廃棄物の量をグラフ化によって「見える化」して日々の排出状況を把握し、その原因を解析するとともに、余ったお菓子を地域住民や従業員に安価で販売しています。

こうした食品ロス削減に向けた取組みは、SDGsの目標12の達成につながり、顧客・消費者の信頼の獲得にも資するものと考えられます。

2 口腔ケア用品の製造·販売業を営む中小企業のプラスチック削減に向けた取組事例

SDGsの目標14「海の豊かさを守ろう」では、近年、特にペットボトルやビニール袋などのプラスチックがごみとして海洋に流れ込み、自然に分解されないまま浮遊、堆積してしまうという海洋プラスチックの問題が深刻な状況になっていることから、プラスチックごみの削減に向けた取組みが重視されています。

プラスチックごみの削減に貢献するため、ある口腔ケア用品の製造・販売業を営む中小企業においては、従来から使用されているプラスチック素材を使用せず、生分解することができる竹を素材とした歯ブラシを製造・販売しています。

こうしたプラスチックごみの削減に向けた取組みは、SDGsの目標14の重要な課題解決につながるとともに、海洋プラスチックの問題に関心を持つ顧客・消費者に対する製品・サービスなどのアピールポイントにもなります。

3 広告代理事業を営む中小企業のユニバーサルデザインに配慮した取組事例

製品・サービスに関して、ユニバーサルデザインに配慮していることは、SDGsの目標10「人や国の不平等をなくそう」や目標11「住み続けられるまちづくりを」などに密接に関連しています。

ある広告代理事業を営む中小企業においては、「視覚情報」に特化した誰にでも優しいユニバーサルデザインの有効活用の提案、メディア・ユニバーサルデザインの必要性の提唱、視覚情報の伝達をバックアップできるデザインの提案などを実施しています。

こうしたユニバーサルデザインに配慮した取組みを実施することで、平等の実現や人権擁護にもつながることに加えて、顧客・消費者からみても、企業がSDGsに貢献していると認識されやすいものと考えられます。

4 子ども服販売業を営む中小企業の環境に配慮した製品提供に関する取組事例

SDGsの目標15「陸の豊かさも守ろう」では、土地や森林の保護、回復を目的としており、事業者においては、環境にやさしい製品・サービスの提供が求められています。

ある子ども服販売業を営む中小企業は、洋服のファスナーやボタン、ゴム製品について再生ポリエステル原料を使用し、商品を入れるポリ袋にはバイオマス（生物資源）由来の生分解されやすいプラスチックや繰り返し使用できるエコパッキンを使用しています。

こうした環境に配慮した取組みは、SDGsの目標15の達成につながります。特に、環境に配慮したサステナブルな商品に対する需要は高まっていることから、これに応えるため、中小企業においても「環境認証マーク」などを利用したアピールをすることが重要です。

5 中小企業の消費者に関する人権問題への対応方法

1 消費者の権利への負の影響を発見し是正する

良質かつ安全な製品・サービスを提供する中小企業にとってこそ、社会において消費者の権利がないがしろにされる状態を放置することは許されません。合理的な判断能力を有する消費者が存在しないと、悪貨が良貨を駆逐するように、不良品を提供する事業者が市場での競争に勝ってしまうからです。

こうした状況を防ぐためには、事業の大小を問わず、すべての事業者が、自らの事業活動が消費者の権利に負の影響を及ぼしていないかを確認した上、もし負の影響が発見された場合にはその防止や軽減を図るというプロセスを構築する必要があります。このプロセスは一度で終了するものではなく、定期的に繰り返し実施されなければなりません。消費者に対する潜在的な負の影響は常に存在し、すべてを解消することは困難だからです。

【第7章の本文中索引】

※1　医薬品、医療機器等の品質、有効性及び安全性の確保等に関する法律
※2　特定商取引に関する法律
※3　不当景品類及び不当表示防止法
※4　私的独占の禁止及び公正取引の確保に関する法律
※5　不当景品類及び不当表示防止法第2条の規定により景品類及び表示を指定する件
※6　消費者教育の推進に関する法律

消費者の人権に関するチェックリスト

消費者に係る人権に対する負の影響を発見し、是正するプロセスを確実に実施するためのツールの1つとして、以下のチェックリストをぜひ活用ください。

あるべき姿	チェック項目
法令遵守事項	
【製品・サービスの安全性の確保】 **・製品・サービスの安全性が確保され、消費者が安心して利用できる**	□自社製品やサービスが、これらを規制する安全基準や規制に適合しているか □自社製品・サービスに適したISO、SGマークなどに対応しているか
【適切な表示】 **・製品やサービスについて適切な情報提供がなされており、消費者が安心して購入できる**	□自社製品やサービスに関する表示上の規制に適合しているか
【適切な広告】 **・商品やサービスについて適切な広告がなされており、消費者が誤認することのなく安心して購入できる**	□自社製品やサービスに関する広告上の規制、消費者保護の観点から定められている広告規制(景表法など)を遵守しているか □広告が最新の規制に適合しているか確認する体制ができているか
【適切な販売方法】 **・契約に際して、消費者が、誤認・困惑することがなく安心して購入契約を締結できる**	□自社製品やサービスを消費者に営業販売する際の規制を従業員に理解させ、これに違反しないよう、適切に指導しているか □景表法の景品類に関する規制に反するような過大な景品などを提供していないか

【消費者と適切な契約関係】 ・適正な内容の約款を用いて、消費者が予想外の不利益を被ることがない	□利用規約や契約書は自社のビジネスの現状に沿った内容になっており、その内容は適切か □消費者の権利を制限したり、消費者の義務を加重する条項で消費者の利益を一方的に害する条項がないか
【消費者を保護するルールの遵守】 （自社が特定商取引法で定める取引をしている場合） ・訪問販売や通信販売などで、消費者が安心して購入できる	□クーリング・オフその他消費者を保護する特定商取引法上の規制を遵守しているか □これらに関する最新の情報を入手し、従業員に適切に指導しているか

自主的取組事項	
【社会課題の解決に向けた取組み】 ・社会課題の解決を意図した製品・サービスを展開することにより、社会課題の解決に貢献している	□人権や環境に配慮した製品・サービスの開発や提供に取り組んでいるか □エシカル消費に対応した製品・サービスの開発に取り組んでいるか □製品・サービスに関するライフサイクルでの環境へ与える影響に配慮しているか
【消費者被害が発生したときの対応】 ・自社の製品・サービスが原因で消費者被害が発生した場合でも、被害者が適切に救済される	□製品の欠陥・サービスの不具合等による事故に備えて各種保険（PL保険など）に加入しているか
【消費者向けの情報の質の改善】 ・消費者に適切な質の情報が提供されることにより、消費者が製品やサービスを安心して購入し、利用することができる	□顧客からのカスタマーサポートや苦情処理に関するルールの策定・社内体制の構築をしているか □適格消費者団体からの苦情処理に関するルールの策定・社内体制の構築をしているか □公正競争規約に参加しているか、またはその参加に向けて取り組んでいるか □不祥事など、自社にとって不利な情報がある場合でも、情報公開・対応策の公表を実施して信頼回復に努めているか

【消費者教育】 **・消費者教育に向けた取組みを行って、持続可能な社会の形成に寄与する**	□環境配慮・エシカル消費などの消費者教育に取り組んでいるか
【消費者志向経営】 **・消費者をリードして、消費者とともに社会価値を向上させる**	□顧客からの声を経営に反映させるための体制を構築しているか □消費者庁のウェブサイトを定期的に確認して過去の問題事例などについて検討し、社内研修を実施しているか

関連する法令はあくまで一例であり、業種や規模等により法規制の有無が異なります。また、法令のほか、条例等にも留意する必要があります。

Chapter 8

中小企業と直接の取引先に関する人権

1 取引先に関するSDGsの目標・尊重されるべき人権

1 取引先に関する課題

(ア) サプライチェーンと取引先

経済活動は、原材料の調達から製造、加工、在庫管理、配送、そして販売により消費者に提供されるまでの一連の流れから成り立っています。このように経済活動を行うのに必要な一連の流れを「サプライチェーン」と呼んでいます。経済活動を行う以上は、企業の規模の大小にかかわらず、サプライチェーンのどこかに組み込まれることになります。

例えば、スマートフォンを製造する場合、スマートフォンメーカーは、液晶ディスプレイ、ケース、基板、バッテリー、カメラなどの部品を各部品メーカーから調達することになりますが、部品メーカーはその先で材料メーカーから材料を調達しますし、部品製造に係る作業の一部を別の会社に委託することもあります。このように経済活動はつながっており、直接の取引先（一次サプライヤー）だけでなく、その先に間接的な取引先（二次サプライヤー、三次サプライヤー）が存在します。

本章ではこうしたサプライチェーンに関する問題のうち、主に、自社の資本力や相対的な規模の大きさ、取引依存度などを背景として、取引上の立場が弱い直接の取引先に不利益を与えることにより、人権に対して負の影響を与えることをどのように防止していくか、という問題を取り扱い、それ以外の諸問題は次の第９章で取り扱います。後述するように、こうした問題を規律するのが下請代金支払遅延等防止法（以下「下請法」）や特定受託事業者に係る取引の適正化等に関する法律（以下「フリーランス新法」）等ということになるのですが、いずれも、自社よりも弱い立場にあるステークホルダーの利益をいかに保護し、配慮していくかという視点から定められた法律であり、サプライヤー管理の基本となる事項です。中小企業にも必ず取引先があるはずです。その取引先とそこで働く従業員やフリーランスとして働く人々の人権に思いを馳せながら経営に取り組むことがサプライチェーン管理の出発点となるのです。

(イ)取引上の立場の優劣により引き起こされ得る人権課題

サプライチェーンにおいて、顧客との関係のように、自社が商品・サービスを販売する立場になることもあれば、原材料や部品の調達先や配送の委託先との関係のように、商品・サービスを購入する立場になることもあります。このような立場の違いにより、また、企業の規模の大小や市場での影響力の強弱により、取引における交渉力に格差が生じることがあります。そのため、本来であれば取引は対等な立場で経済合理性のみに基づいて公平に行われるべきですが、現実には取引当事者間の関係により、立場の強い者が立場の弱い者に対して、取引条件を押し付けたり、代金の支払遅延や減額、一方的なキャンセルをしたりすることが間々みられます。

不利な取引条件を押し付けられた取引先は、公正な取引条件であれば得られたはずの利益を確保できず、しかも使えるような余裕資産がないときには、経営を維持するために経費を切り詰めざるを得ず、その方策として、従業員に長時間労働や低賃金での労働を強いることにもなりかねません。

不利な取引条件を押し付ける側は、自社の行為がこうした取引先の従業員等のより弱い立場にある人々の人権に負の影響を与えてしまうことについて想像できず、放置されてしまうという課題があります。

また、取引上の立場の優劣を背景として、取引の窓口となる従業員が、取引先の従業員に対してセクハラ、パワハラなどのハラスメント行為を行い、これにより人権侵害を生じさせる場合もあります。

2 取引先に関するSDGsの目標とターゲット

ＳＤＧｓが定める図表８－１の目標とターゲットは、このような取引先を取り巻く課題の克服に関連します。

中小企業は、大企業との関係で弱い立場に立たされるというイメージが強いですが、取引の相手方や場面によって、大企業に対しては弱い立場にある中小企業も、別の中小・零細企業、個人事業主・フリーランスに対しては強い立場にあるということがあり得ます。中小企業も含めたすべての企業が、自社の行動が取引先に対して不利益を生じさせないかという視点を常に持ち、自社と取引先の双方にとってよい解決策とは何かを考えてお互いに配慮し合い、取引先とよい関係を築いて、前向きなパートナーシップ連携によりＳＤＧｓの目標達成に向けて協力していくべきです。

3 取引先に関して尊重されなければならない人権

(ア) 国際人権として保障されるもの

取引上の立場の優劣による不利な取引条件の押し付け等により、最終的に不利益を受けるのは、自社よりも弱い立場の取引先の従業員やフリーランスとして働く人々です。

そこで、取引先に関して尊重されなければならない国際人権は、最終的には取引先の従業員やフリーランスとして働く人々の人権ということになります。具体的には、第６章で述べた従業員に関して尊重されなければならない人権である、公正な賃金、安全かつ健康的な作業条件、労働時間の合理的制限などの、公正かつ良好な労働条件を享受する権利などが挙げられます。詳しくは第6章を参照ください。

図表8-1 取引先に関するSDGsの目標とターゲット

目標	ターゲット
8 働きがいも経済成長も	8.3：生産活動や適切な雇用創出、起業、創造性及びイノベーションを支援する開発重視型の政策を促進するとともに、金融サービスへのアクセス改善などを通じて中小企業の設立や成長を奨励する。
10 人や国の不平等をなくそう	10.3：差別的な法律、政策及び慣行の撤廃、ならびに適切な関連法規、政策、行動の促進などを通じて、機会均等を確保し、成果の不平等を是正する。
16 平和と公正をすべての人に	16.3：国家及び国際的なレベルでの法の支配を促進し、すべての人々に司法への平等なアクセスを提供する。
17 パートナーシップで目標を達成しよう	17.16：すべての国々、特に開発途上国での持続可能な開発目標の達成を支援すべく、知識、専門的知見、技術及び資金源を動員、共有するマルチステークホルダー・パートナーシップによって補完しつつ、持続可能な開発のためのグローバル・パートナーシップを強化する。 17.17：さまざまなパートナーシップの経験や資源戦略を基にした、効果的な公的、官民、市民社会のパートナーシップを奨励・推進する。

(イ)日本国憲法上保障されているもの

上記（ア）と同じように、取引先に関して尊重されなければならない日本国憲法で保障された人権は、第6章で述べた従業員に関して尊重されなければならない人権と同様です。平等権（第14条）や勤労の権利（第27条）といった人権が挙げられます。詳しくは第6章を参照ください。

4 公正、公平な取引を尊重する意義

取引が公正、公平に行われるならば、当事者双方にとって適正な利益を確保できますし、適正な利益が確保できれば、中・長期的な経営計画を立てることも可能になります。また、自社のみならず取引先も従業員に対して労働時間を守り、労働に見合った賃金を支払うことができるようになりますし、設備投資等もできるため、魅力ある労働環境を整備することもできます。そうなれば、従業員の幸福感やモチベーションを高めることができ、企業等の経営の持続可能性（サステナブル）の維持、増大に資することになります。

2 取引先との関係に関するSDGsコンプライアンス（法令遵守事項）

上述のような取引先を取り巻く課題を予防し、克服して、取引先の従業員やフリーランスとして働く人々の人権を守るために、さまざまな法律が規定されています。

1 下請法

物の製造や修理、ソフトウェア、映像コンテンツ、デザインなどの作成において、規模の大きい事業者から中小・小規模事業者に対して下請けが

される場合、仕事を委託する側の親事業者は、下請事業者よりも取引上有利な立場にあることが多く、親事業者の一方的な都合によって、下請事業者が不利な扱いを受けるおそれがあります。そこで、下請取引の公正化を図り、下請事業者の利益を保護するために制定されたのが下請法です。

親事業者による下請事業者に対する不利な取扱いは、下請事業者で働く従業員の人権侵害につながるおそれがあります。また、SDGsの目標17「パートナーシップで目標を達成しよう」は、さまざまなステークホルダーがパートナーシップを組んでSDGsの達成に向けて協力することを奨励していますが、下請法を遵守し、取引先との良好な関係を構築することは、パートナーシップによる連携の第一歩です。

下請法は、親事業者の義務（やるべきこと）と禁止事項（やってはいけないこと）を定める法律ですが、中小企業であっても親事業者として下請法が適用される場合があるため、注意が必要です。自社の資本金が１千万円を超えている場合に、個人事業主や資本金１千万円以下の会社に、（ア）で説明する「取引の内容」に該当する仕事を委託する場合には、下請法が適用されます。また、自身が下請事業者の立場にある場合も、下請法の内容をよく理解して、違反があった場合には親事業者に対して改善を求め[※1]、親事業者とともに公正な取引を実現していくという姿勢は、SDGsの目標16「平和と公正をすべての人に」の観点からも重要です。

（ア）どのような場合に下請法が適用されるか

下請法は、「取引の内容」と「資本金区分」（図表８－２）で対象取引を定めています。

(a)「取引の内容」

下請法の対象となるのは、以下の大きく４つの取引内容です。なお、建設工事の再委託については、建設業法が適用されるため、下請法は適用されません。

① 製造委託
② 修理委託
③ 情報成果物作成委託（ソフトウェア、映像コンテンツ、設計・デザインなど）
④ 役務提供委託（運送、ビルメンテナンスなどサービス全般）

基本的には、他者に販売するもの（およびその部品、原材料等）の製造や加工、作成の委託、他の事業者から請け負った業務の再委託が下請法の適用対象です。ただし、自社で使用する（自家使用）物品の製造・修理、情報成果物の作成の委託であっても、自家使用する物品・情報成果物を自社で反復継続的に製造・修理・作成している場合には、例外的に下請法の適用対象となります。

(b)「資本金区分」

（a）の「取引の内容」に該当する仕事を委託する場合で、親事業者と下請事業者の資本金がそれぞれ図表８－２の「資本金区分」に該当する場合に、下請法が適用されます。

(イ) 下請法が適用される場合、親事業者の義務（やるべきこと）と禁止事項（やってはいけないこと）

下請法が適用される場合、仕事を委託する親事業者は、次の４つの義務（やるべきこと。図表８－３）と、11の禁止事項（やってはいけないこと。図表８－４）を守る必要があります。たとえ下請事業者の了解を得ていても、これらの義務を怠り、禁止事項に該当する行為をすると、下請法違反になります。ここでは詳細の説明は割愛しますが、下請法については、公正取引委員会がわかりやすいパンフレットや詳細なテキストなど、さまざまな資料をホームページで公開していますので、必要に応じて参照してください。[※2]

図表 8-2 下請法の資本金区分

親事業者	下請事業者
●製造委託・修理委託 ●一部の情報成果物作成委託・役務提供委託(プログラムの作成、運送、物品の倉庫保管、情報処理)	
資本金3億円超	資本金3億円以下(個人を含む)
資本金1千万円超3億円以下	資本金1千万円以下(個人を含む)
●情報成果物作成委託・役務提供委託(プログラムの作成、運送、物品の倉庫保管、情報処理以外)	
資本金5千万円超	資本金5千万円以下(個人を含む)
資本金1千万円超5千万円以下	資本金1千万円以下(個人を含む)

図表 8-3 親事業者の4つの義務(やるべきこと)

①発注書面の交付	③代金の支払期日の設定 (商品・役務受領日から60日以内)
②取引に関する書類の作成・保存	④遅延利息の支払

図表 8-4 親事業者の11の禁止事項(やってはいけないこと)

①受領拒否	⑦報復措置
②下請代金の支払遅延	⑧有償支給原材料等の対価の早期決済
③下請代金の減額	⑨割引困難な手形の交付
④返品	⑩不当な経済上の利益の提供要請
⑤買いたたき	⑪不当な給付内容の変更・やり直し
⑥購入・利用強制	

2 優越的地位の濫用の禁止（独占禁止法）

下請法が適用されない場合でも、取引上優越した地位にある事業者が、取引の相手方に対し、正常な商慣習に照らして不当に不利益を与えることは、独占禁止法の優越的地位の濫用規制により禁止されています。

取引の相手方に対して「優越的地位」にあるとは、取引の相手方にとって自社との取引の継続が困難になることが事業経営上大きな支障を来すため、自社が取引の相手方にとって著しく不利益な要請等を行っても、取引の相手方が受け入れざるを得ない場合をいい、①相手方の自社に対する取引依存度、②自社の市場における地位、③相手方にとっての取引先変更の可能性、④その他相手方が自社と取引することの必要性を示す具体的事実を総合的に考慮して判断されます。

自社と取引先との間に大きな取引上の立場の優劣がある場合に、取引の相手方に対し、下請法や、後述のフリーランス新法上の禁止事項にあたるような行為をすると、優越的地位の濫用として問題になり得ます。

また、原油価格の大幅な値上がりや円安の急激な進展等によるエネルギーコストや原材料価格の上昇が問題になっているところ、立場の弱い事業者への不当なしわ寄せを防止するため、労務費、原材料費、エネルギーコスト等のコストの上昇を取引価格に反映しない取引は、優越的地位の濫用に該当するおそれがあることが政府の解釈により明確化されています。具体的には、①コストの上昇分の取引価格への反映の必要性について、価格の交渉の場において明示的に協議することなく、従来どおりに取引価格を据え置くこと、②コストが上昇したため、取引の相手方が取引価格の引上げを求めたにもかかわらず、価格転嫁しない理由を書面、電子メール等で取引の相手方に回答することなく、従来どおりに取引価格を据え置くことは、優越的地位の濫用に該当するおそれがあるとされています。[※3]

3 フリーランス新法

2023年4月に、フリーランス（従業員を使用しない事業者）に対して業務委託をするときに適用されるフリーランス新法が成立し、同年5月に公布されました。具体的な施行時期は未定ですが、2024年秋ごろまでには施行される見込みです。

働き方の多様化が進展し、フリーランスという働き方が普及してきました。一方で、1人の個人として業務委託を受けるフリーランスは、組織である発注事業者との間で交渉力や情報収集力の格差が生じやすく、取引上弱い立場に置かれやすい状況にあるところ、フリーランスに係る取引を適正化し、就業環境を整備することで、フリーランスとして働く人々の人権を保護するために制定されたのがフリーランス新法です。

下請法とは異なり、発注者として規制を受ける事業者について資本金区分による限定などはないため、中小企業が適用を受ける場面は多いです。曖昧な取引条件、報酬の支払遅延・未払い・減額、取引条件の一方的変更など、フリーランスの約4割が取引先とのトラブルを経験しています[※4]。トラブルが生じても、今後の取引の打ち切りを恐れて不利益を受け入れる例も多く、多大な作業時間に対して十分な報酬が支払われず、最低賃金以下で働いているような事態も生じています。SDGsの目標8「働きがいも　経済成長も」の観点からも、フリーランスに対して業務委託をする場合には、本法を遵守し、彼らが働きがいを持って働ける環境を作るために発注者として配慮すべきです。

(ア)どのような場合にフリーランス新法が適用されるか

同法は、フリーランス（同法上の用語は「特定受託事業者」）に対し「業務委託」をする場合に適用されます。

同法で保護されるフリーランス、「特定受託事業者」とは、一般に「フリーランス」と呼ばれる人がすべて含まれるわけではなく、従業員を使用しない事業者[※5]をいいます。短時間・短期間等の一時的に雇用される者は「従業員」には含まれないこととされており、具体的には、週所定労働20時間以上かつ31日以上の雇用が見込まれる者を「従業員」とすることが想定されています。

また、同法において「業務委託」とは、事業者がその事業のために他の事業者に物品の製造、情報成果物の作成または役務の提供を委託することをいい、委託とは、物品・情報成果物・役務の仕様・内容を指定してその製造や作成・提供を依頼することをいいます。事業者間（ＢtoＢ）の委託の取引が対象であり、一般消費者が委託するＢtoＣの取引や、商品販売の取引は対象外です（例えば、企業が個人カメラマンに宣材写真の撮影を委託する場合は適用対象ですが、消費者が家族写真の撮影を委託する場合や、企業や消費者がカメラマンの販売する写真集を購入する場合は適用対象外です）。

(イ)フリーランス新法が適用される場合、発注者の義務（やるべきこと）と禁止事項（やってはいけないこと）

一度でもフリーランスに業務委託すれば対応が必要な項目と、継続的に業務委託する場合に対応が必要な項目があります。

(a)一度でもフリーランスに業務委託すれば対応が必要な項目

①書面等による取引条件の明示

フリーランスに対して業務委託をした場合は、直ちに給付の内容、報酬の額、支払期日その他の取引条件を明示しなければなりません。明示の方法は書面の交付でも、電子メール・ＳＮＳなどの電磁的方法でも、どちらでもよいとされています。ただし、電子メールやＳＮＳなどで取引条件を明示した場合に、フリーランスから書面の交付を求められたときには、遅滞なく書面を交付しなければなりません。

なお、発注者が従業員を使用していない場合（法人の場合、１人の代表者以外に他の役員もいない場合）は、この義務のみ適用されます。

②報酬支払期日の設定（60日以内）・期日内の支払

検査をするかどうかを問わず、発注した物品等を受領した日から起算して60日以内のできる限り短い期間内で報酬の支払期日を定めて、その支払期日までに支払わなくてはなりません。ただし、他の事業者から委託を受けた業務の全部または一部をフリーランスに再委託する場合は、元委託者からの支払期日から起算して30日以内のできる限り短い期間内で支払期日を定めなければなりません。

なお、支払期日が定められていない場合には、物品等を実際に受領した日において報酬を支払わなくてはならず、支払期日が受領日から60日を超えて定められている場合は、受領日から60日目までに報酬を支払わなければなりません。

③募集情報の的確表示

広告等により募集情報を提供するときは、当該情報について、虚偽の表示または誤解を生じさせる表示をしてはならず、正確かつ最新の内容に保たなければなりません。例えば、意図的に実際の報酬額よりも高い額を表示したり、報酬額の表示があくまで一例でしかないのにその旨を記載せず、当該報酬が確約されているかのように表示することは違法です。また、募集を終了する場合には、速やかに募集情報を削除しなければなりません。

④ハラスメント対策に係る体制整備

発注者は、セクハラ、マタハラ、パワハラなどのハラスメント行為によりフリーランスの就業環境を害することのないように、相談対応のための体制整備などの措置を講じなければならず、フリーランスがハラスメントに関する相談を行ったこと等を理由として不利益な取扱いをしてはなりません。ここでいう体制整備とは、具体的には、ハラスメント禁止の方針を明確化して従業員に周知・啓発する、ハラスメントの相談担当を設置する、ハラスメントが発生した場合には事実関係の調査を行い、被害者に対する配慮措置を講じるなどが想定されています[※6]。

(b) フリーランスに継続的に業務委託する場合[※7]に対応が必要な項目

①禁止事項

発注者は、フリーランスに対して以下の行為をしてはなりません。

たとえフリーランスの了解を得ていても、これらの行為をすると違反になります。

図表 8-5　発注者の禁止事項（やってはいけないこと）

①フリーランスに責任がないのに受領を拒否すること	⑤正当な理由なく自己の指定する物の購入・役務の利用を強制すること
②フリーランスに責任がないのに報酬を減額すること	⑥自己のために金銭、役務その他の経済上の利益を提供させることにより、フリーランスの利益を不当に害すること
③フリーランスに責任がないのに返品を行うこと	⑦フリーランスに責任がないのに内容を変更させ、またはやり直させることにより、フリーランスの利益を不当に害すること
④通常支払われる対価に比べて著しく低い報酬の額を不当に定めること	

②育児介護等と業務の両立に対する配慮

発注者は、継続的業務委託について、フリーランスからの申出に応じて、フリーランスが育児介護等と業務を両立できるよう、必要な配慮をしなければなりません。配慮の内容として、例えば、妊婦検診の受診のための時間を確保したり、就業時間を短縮したりする、育児や介護等と両立可能な就業日・時間としたり、オンラインで業務を行うことができるようにする、といった対応が考えられます[※8]。

なお、継続的な業務委託以外の業務委託の場合も、必要な配慮をする努力義務が課されています。

③中途解除、不更新時の事前（原則30日前まで）予告

継続的業務委託を中途解除したり、更新しないこととする場合には、フリーランスに対し、少なくとも30日前までに、その旨を予告しなければなりません。また、予告の日から契約満了までの間に、フリーランスが契約の中途解除や不更新の理由の開示を請求した場合は、これを開示しなければなりません。

3 取引先に関する自主的取組事項

1 下請法等の適用がなくても安心しない

下請法等の適用がない場合にはどのような対応をすればよいでしょうか。

取引先は自社とは別の会社ですから、自社の行動が取引先に不利益を及ぼしているということになかなか気が付くことができないものです。ここで忘れてはならないのが人権デュー・ディリジェンスの実施です。人権デュー・ディリジェンスは、下請法等の適用の有無にかかわらず行わなければなりません。自社の行動が取引先やそこで働く従業員等の人権に対して不利益を生じさせていないかという視点を常に持つことが重要です。第9章で述べるように、人権デュー・ディリジェンスの実施は日本では法的義務ではありませんが、その重要性に鑑みれば、法的義務と同等のレベルで取り組むことが大切です。

このような企業の取組みが、取引先と良好な関係を構築し、よい商品・

サービスを提供することにつながり、最終的には企業の持続可能性に直結するのです。

2 取引先の従業員に対するハラスメント防止対策

例えば、自社の方が商品やサービスを購入する立場にあること等の立場の強さを利用して、取引先の担当者に、購入契約を締結することと引換えに性的関係を持つよう求めたり、取引先の担当者のわずかなミスを理由に過度のプレッシャーや暴言をぶつけたりする等、取引の窓口となる従業員が取引先の従業員に対してハラスメントを行う事例が問題になっています。

取引先からすると、自社はお客様ということになり、契約関係が解消されないようにとの配慮からハラスメントがなかなか明るみにならず、深刻な事態に立ち至ることがあります。

取引先がフリーランス（従業員を使用しない事業者）の場合には、フリーランス新法に関する上記２3で述べたように、法律上、ハラスメント防止の対策（ハラスメント禁止の方針の明確化と従業員への周知・啓発、ハラスメントの相談担当を設置する、ハラスメントが発生した場合には事実関係の調査を行い、被害者に対する配慮措置を講じるなど）をとる必要があります。フリーランス以外の取引先との関係においても、立場の弱い取引先の従業員への人権侵害を防止するため、同様の取組みを行うべきです。

3 契約書の作成・遵守

中小企業においては、契約書を作成せずに取引に入ってしまうケースが多くみられます。しかし、仕様や作業範囲、代金・報酬や納期など、取引条件が曖昧なままで取引を開始すると、取引条件に関するお互いの理解の違いが生じ、トラブルになりかねません。中小企業は人的物的リソースに限りがあるので、トラブルが生じると、従業員が本来の業務に加えて、その解決のための業務も担当することになって長時間労働を強いられたり、経済的損失が発生して従業員の労働条件にしわ寄せが及ぶことになったりと、さまざまな悪影響が発生することになります。

契約書を作成して取引条件を明確化し、合意した契約の内容を遵守することは、取引先に不利益を与えないためにも、自社やその従業員を守るためにも、非常に重要です。

(ア)契約の意味

契約とは、簡単にいえばきちんと守らなければならない約束のことです。日常生活においても約束は守らなければなりませんが、「契約」とは法的な拘束力を持った約束のことです。「法的な拘束力」とは、相手方が契約を守らない場合には裁判所を通じて契約の履行を強制することができるという意味です。このように契約には法的拘束力があるので、相手方に義務を守らせる動機となり、事前に紛争を予防するという意味で、経済社会では必要不可欠な制度となっています。

(イ)契約書作成の重要性

契約は、特別な方式や形式を必要としないので、口約束であっても有効に成立します。しかし、契約で定めた権利を実現するためには、裁判所を通じて行う必要がありますが、口約束を裁判所に理解してもらうことは容易なことではありませんし、「約束した覚えはない」「そういう内容ではなかった」などと水掛け論になり、契約の内容どころか、そもそも契約が成立していたのか否かも証明できないことにもなりかねません。

このようなトラブルを未然に防ぐために契約書を作成しておく必要があります。裁判で何よりも確実で決定的な証拠となるのは契約書です。契約書は契約という当事者の法律行為そのものが記載されている文書（これを

「処分文書」といいます）ですので、契約書に、いつ、誰と、どのような内容の契約をしたのかが記載され、これに当事者の署名·捺印があれば、裁判で契約自体の成立を否定したり、その内容を争うことはかなり難しくなります。

(ウ)契約書に記載すべき内容

以上のように契約書は重要ですので、取引の各場面において契約書を作成すべきです。しかも、単に契約書を作成するのではなく、最終的には裁判で自分の請求が正当であることの証拠として提出することを念頭に置いて、ポイントを押さえた内容の契約書を作成する必要があります。その意味で、インターネットや書籍で入手できる契約書のひな形をそのまま利用したり、別の取引で使った契約書を使い回したりすることは危険です。その取引にあった契約内容がしっかり記載されるように修正する必要があります。

契約内容としてチェックすべき主なポイントは以下のとおりです。

① 契約の当事者（誰と契約したのか）
② 契約の締結日（いつ契約したのか）
③ 契約の目的・対象（基本的な合意内容が明確に定まっているか）
④ 契約の履行方法（契約の内容をどのように実現するのか）
⑤ 契約の不履行（契約の内容が履行されなかった場合の効果が定まっているか）
⑥ 契約の終了（いつまで当事者を拘束するのか）
⑦ 裁判管轄（契約の内容に争いが生じた場合、どこの裁判所で争うか）
⑧ その他（その取引で特別に定めておいた方がよいことは何か）

なお、契約書の表題については、何の契約書であるかがわかるように明確かつ簡潔に表現すればよく、契約書の表題によって効力は変わりません。その意味で、「契約書」という名称ではなくても、「覚書」「念書」「合意書」

等の名称であっても内容に法的拘束力がある限り効力は変わりません。

また、契約書にはあえて難しい言葉を使う必要はありませんが、法律用語には日常用語よりも厳密に解釈されるものがあり、用語1つで契約の解釈に問題が生じる場合がありますので、必要に応じて弁護士に相談するとよいでしょう。

(エ) 契約書の内容の遵守

以上のように、契約書を作成しても、契約の内容を守らなければ意味がありません。

契約書を作成した以上、お互いにその内容を前提に、受注者は材料を調達したり、製造・作業に着手したりしますし、発注者は顧客と納期を約束したりするので、一方的に契約を反故にしたり、取引条件を変更したりすれば、相手方に多大な不利益が生じます。また、契約を守らなければ、取引先から訴えられる可能性もありますし、契約を守らない会社という評判が立てば、取引に応じてくれる相手は確実に減ります。

守れない約束であれば契約を締結すべきではありませんし、契約締結後の事情により約束を守れないようになってしまったのであれば、相手方と真摯に話し合って解決すべきです。

(オ) 本節のまとめ

以上のように、契約書を作成し、取引の内容や条件等を明確にすることは、取引先に不利益が生じないようにするという観点からも、自社を守るという観点からも有益です。契約書があれば、取引先が契約の内容を守らなかった場合の裁判での証拠となるとともに、取引先に対して契約の内容を守らせる動機にもなります。取引条件について書面で明確に合意し、これをお互いに守ることで、不要なコストが生じるのを防ぎ、契約当事者双方が適正な利益を確保することにつながります。

4 中小企業による具体的取組事例の紹介

1 注文主、下請け先や弁護士と連携し、取引条件の明確化によるトラブル防止に取り組んだ事例

ある住宅リフォーム業を営む中小企業が、過去に、戸建住宅のリフォームを受注した際、注文主からの仕様変更の申入れについて口頭のみで合意してしまった結果、変更内容について、注文主、下請け先と自社との間で理解の齟齬が生じ、訴訟にまで発展するトラブルになってしまったことがありました。

そこで、当該会社は弁護士とも相談しながら、その後の案件については、請負契約書を作成して取引条件や仕様を明確にし、契約締結後の変更の際も注文主と下請け先双方との間で確認書面を作成して変更内容を相互に確認する体制を作りました。また、納期や仕様等の変更の際には、下請け先に不利益が及ばないように配慮もするようになり、トラブルになるリスクを著しく下げることができました。

このように、注文主、下請け先や弁護士との間で前向きなパートナーシップ連携を構築することは、まさにSDGsの目標17「パートナーシップで目標を達成しよう」に貢献し、事業のサステナビリティに資するものと評価することができるでしょう。

5　中小企業の直接の取引先との関係における人権問題への対応方法

1　取引先の人権に関連する負の影響を発見し是正する

中小企業において、取引先との関係での人権への負の影響を発見し、それを是正することは非常に重要な取組みです。取引先と良好な関係を構築することは、自社の評価を上げ、商品・サービスの作成に関わる人々のモチベーションを上げて、よい商品･サービスを提供することにつながり、ビジネスの成果に直結します。

これまで説明してきたように、日本においては、下請法や独占禁止法、フリーランス新法によって、取引先に関する人権を保護するためのルールが詳細に定められています。よって、取引先に関する人権問題への対応としては、これらの法律を守ることが第一歩です。

具体的な方法としては、次のような手順で行うことが考えられます。まず、自社が提供する商品・サービスに関連する取引先を把握し、リストアップします。その上で、

①　下請法が適用される取引があるか

②　フリーランス新法が適用される取引があるか

③　自社が優越的地位にあるような取引先があるか

を確認します。該当する取引がある場合には、これらの法律上の義務を遵守し、禁止事項を行っていないかを確認します。新たに取引を開始する際には、取引先リストを更新し、新規取引先が上記①～③に該当しないか確認することとし、また、きちんと法律に従った対応ができているかの確認も定期的に繰り返し行います[※9]。

さらに、該当する取引がない場合でも、取引関係に入る際には契約書な

どで取引条件を明確化し、合意された取引条件を遵守するとともに、取引条件の変更が必要になった場合には、それにより取引先に対してどのような影響が生じるかを考え、取引先に負担が生じる可能性がある場合には、取引先とよく話し合い、お互いにとって無理のない方法を模索するという姿勢が重要です。

例えば、納期を早める必要が生じた場合、それが過去の取引実績から考えて実現可能なリードタイムかどうかを検討し、無理のない納期を話し合って再設定します。また、納期短縮に伴い時間外手当などの追加コストが取引先において発生する場合はそれを負担することなどを検討します。納期変更が自社の顧客の都合による場合、自社と顧客との取引に下請法が適用されるときは、親事業者である顧客は納期変更が制限されたり、納期変更を行う場合には追加コストを負担すべきとされていたりするので、顧客の要求をそのまま受けるのではなく、顧客との間で適切に協議、交渉するなど、取引先にしわ寄せがいかないように対応すべきです。

【第8章の本文中索引】

※1　親事業者との取引上のトラブルについては、全国48カ所に設置されている「下請かけこみ寺」に相談すれば、専門の相談員や弁護士からアドバイスを得ることができる。
公益財団法人 全国中小企業振興機関協会　「下請けかけこみ寺」
https://www.zenkyo.or.jp/kakekomi/index.htm

※2　「各種パンフレット『下請法関係』」（公正取引委員会）
https://www.jftc.go.jp/houdou/panfu.html#cmsshitauke

※3　2022年2月に公正取引委員会のウェブサイトに掲載している「よくある質問コーナー（独占禁止法）」のQ＆Aにおいて明確化された。https://www.jftc.go.jp/dk/dk_qa.html
また、2022年1月には下請法の運用基準が改正され、これらの行為は、下請法上禁止される「買いたたき」に該当するおそれがあることも明確化されている。

※4　「フリーランス実態調査結果」（令和2年5月　内閣官房日本経済再生総合事務局）

※5　①従業員を使用しない個人事業者および②1人の代表者以外に他の役員がおらず、かつ、従業員を使用しない法人事業者。

※6　今後ガイドラインにおいて明確化され、対応の具体例等が示される予定である。

※7　一定の期間以上業務委託を行う場合に適用される（更新により一定の期間以上になる場合も含む）。具体的な期間については、今後、政令で定められる予定である。

※8　具体的な配慮の考え方や対応の具体例については、今後ガイドラインにおいて明確化される予定である。

※9　公正取引委員会または中小企業庁から下請法に関する定期調査等の依頼が来ることがあるが、これらの調査に適切に対応することは、下請法に従った対応ができているかを確認するよい機会になる。

☑ 直接の取引先の人権に関するチェックリスト

直接の取引先に係る人権に対する負の影響を発見し、是正するプロセスを確実に実施するためのツールの1つとして、以下のチェックリストをぜひ活用ください。

あるべき姿	チェック項目
法令遵守事項	
【下請法】 （資本金1千万円超の会社が、個人事業主または資本金1千万円以下の会社に対して、製造委託、修理委託、情報成果物作成委託または役務提供委託をする場合等） **・力の弱い取引先に対して、公正、公平な対応をすることにより、取引先に不利益が生じないようにする（その結果、取引先の従業員等の人権も守られることにつながっていく）**	□①発注書面の交付、②取引に関する書類の作成・保存、③代金の支払期日の設定（商品・役務受領日から60日以内）、④遅延利息の支払を行っているか □禁止事項（受領拒否、支払遅延、報酬の減額、返品、買いたたき、購入強制等、報復措置、有償支給原材料等の対価の早期決済、割引困難な手形の交付、不当な経済上の利益の提供要請、不当な給付内容の変更・やり直し）をしていないか
【独占禁止法】 （取引の相手方に対して優越的地位にある場合） **・同上**	□労務費、原材料価格、エネルギーコスト等のコスト上昇分の取引価格への反映の必要性について、価格の交渉の場において明示的に協議しているか □コスト上昇により取引の相手方から取引価格の引上げを求められた場合、誠実に協議を行い、価格を据え置く場合はその理由を書面、電子メール等で回答しているか □下請法やフリーランス新法上の禁止事項にあたるような行為をしていないか

【フリーランス新法】 （フリーランス（従業員を使用しない事業者）に対して業務委託をする場合） **・同上**	□①書面等による取引条件の明示、②報酬支払期日の設定（原則受領日から60日以内）・期日内の支払、③募集情報の的確表示、④ハラスメント対策に係る体制整備を行っているか（発注者が従業員を使用していない場合は①のみ） □継続的業務委託をしている場合、⑤禁止事項（受領拒否、報酬の減額、返品、買いたたき、購入強制等、不当な経済上の利益の提供要請、不当な給付内容の変更・やり直し）をしていないか □継続的業務委託をしている場合、⑥育児介護等と業務の両立に対する配慮、⑦中途解除、不更新時の事前（原則30日前まで）予告を行っているか

自主的取組事項

【取引先に対するハラスメント防止対策】 **・力の弱い取引先の従業員に対する、自社従業員による人権侵害を防止することにより、取引先の従業員が安心して業務ができる**	□ハラスメント禁止の方針を明確化し、従業員に対し周知・啓発しているか □ハラスメントの相談担当を設置しているか □ハラスメントが発生した場合には事実関係の調査を行い、被害者に対する配慮措置を講じているか
【契約書作成・遵守】 **・取引先との間で取引条件を明確化し、その内容を遵守することにより、トラブルを防止し、自社・取引先の双方（およびその従業員）に不利益が生じないようにする**	□取引関係に入る際は、契約書を作成しているか □契約・取引の相手方との合意内容を遵守しているか

関連する法令はあくまで一例であり、業種や規模等により法規制の有無が異なります。また、法令のほか、条例等にも留意する必要があります。

Chapter 9

中小企業とサプライヤーに関する人権

1 サプライヤーとSDGsの目標・尊重されるべき人権

1 サプライヤーに関する課題

本章では、第8章で扱った事項以外のサプライチェーンに関する人権課題について説明します。

サプライチェーンに関する人権課題は、海外の開発途上国に関連することが多く、中小企業には関係ないと思われることもあるようです。しかし、主に日本国外で問題とされている事項（強制労働問題や、児童労働問題など）だけではなく、技能実習生制度の悪用の問題など、日本国内で社会問題となっている事項も関連してきますので、中小企業の経営者にとってもまったく無視できない問題といえます。

また、世界的にも人権への負の影響を防止するための措置の法制度化が進められているほか、日本政府からもサプライチェーン上の人権尊重のためのガイドライン・実務参照資料が公表されるなど、人権への負の影響に対する対策強化が求められています。このような現状の中、例えば、自社の取引先が負の影響を及ぼし続けている場合には、その取引先がサプライチェーン上から外されてしまうことになり、結果的に、自社としても取引先を失い、原材料の調達が滞ってしまうなどの直接的な不利益を被るおそれが考えられます。

このことから、サプライヤーに関する人権侵害を防止することは、中小企業が発展していくために欠かせない事項の1つといえます。

(ア)強制労働問題

中国新疆（しんきょう）ウイグル自治区にある綿花畑や綿製品の工場において、ウイグル族等の少数民族に強制労働をさせているとの報告がなされ、世界的に問題となっています。強制労働は、労働者の自由意思に反して労働に従事させるという深刻な人権侵害であるだけでなく、社会的不平等や貧困の増大にもつながります。

強制労働をめぐる世界的問題としては、2021年の米国における日本の大手ファッションブランドの綿製シャツの輸入保留措置が挙げられます。米国の税関・国境警備局（CBP）は、大手ファッションブランドが販売する綿製シャツについて、「新疆生産建設兵団（XPCC）」が生産に関わる綿製品を使用しているとして、新疆ウイグル自治区の強制労働をめぐる輸入保留措置に基づき、輸入を差し止めました（なお、当該大手ファッションブランドは、強制労働の問題がないことが確認されたコットンのみを使用しているとのコメントを出しています）。

(イ)児童労働問題

児童労働とは、①子どもの教育の機会を奪う15歳未満の労働と、②健全な成長を妨げる18歳未満の危険で有害な労働のことを指しますが、文字どおり、児童労働が行われると、児童の教育の機会が失われ、健全な成長を妨げることに重大な問題があります。

児童労働に関する世界的問題としては、1997年に問題となった、米国の大手スポーツブランドによる開発途上国での児童労働問題が挙げられます。当該スポーツブランドは、開発途上国（インドネシアやベトナムなど）で商品の製造を行うことで低コスト化を実現していましたが、工場での児童労働や劣悪な環境下での長時間労働が行われていたことが発覚し、国際社会から強い批判を受けました。

(ウ)紛争鉱物問題

紛争鉱物とは、武装勢力や国軍などに利用され、紛争の資金源となっている鉱物をいいます。対象鉱物は、スズ、タンタル、タングステン、金（これらの頭文字をとって3TGと総称されます）です。紛争鉱物の使用は、人権侵害や環境破壊を引き起こす内戦や戦争を助長するものとして問題視されています。

紛争鉱物に関する世界的問題としては、世界有数の資源国であるコンゴ共和国における紛争が取り沙汰されています。特に、地域住民の殺害や女性たちへの性暴力など、重大な人権侵害が問題となっています。

(エ)技能実習制度の悪用を通じた問題

技能実習制度とは、開発途上国の経済発展を図るため、開発途上国などの外国人を日本の企業が一定期間受け入れることで、技術や知識などを習得してもらう制度をいいます。「外国人の技能実習の適正な実施及び技能実習生の保護に関する法律」に定められるように、人材育成を通じた開発途上国への技能、技術、知識の移転による国際協力の推進を目的にして始まった制度です。

法律上は、技能実習生に対しても日本の法律である労働基準法などの法令を適用して、技能実習生を保護することとされていますが、企業による技能実習生に対する低賃金労働の強制や賃金未払い、セクハラを含むハラスメント、パスポートを取り上げて逃亡防止を図るなどのトラブルが後を絶たない状況となっています。

2 サプライヤーに関するSDGsの目標とターゲット

以上で述べたような課題を克服するため、ＳＤＧｓは図表９－１のような目標とターゲットを定めています。

強制労働との関係では､「働きがいも　経済成長も」との目標（目標８）を掲げ、その中で直接的に「強制労働の根絶」をターゲットとして掲げています。2022年に国際労働機関（ILO）が、世界で約5,000万人が「現代奴隷」の状態にあることを報告するなど、強制労働は重大な人権問題となっています。

児童労働との関係では､「強制労働の根絶」とともに「児童労働の禁止」や「撲滅」をターゲットとしています（目標8、ターゲット8.7)。

また、目標16では「平和と公正をすべての人に」との目標の下、社会的弱者である子どもが虐待や搾取されないよう保護する旨のターゲットが掲げられています。

紛争鉱物問題との関係では、平和的・公正な天然資源の管理・利用が主な問題なので、目標12「つくる責任　つかう責任」や目標16「平和と公正をすべての人に」が関連します。

技能実習制度の悪用を通じた問題との関係では、主に目標４、目標８、目標10が関連します。例えば、技能実習生に技術や知識などを教え、人材育成をするという制度からは「質の高い教育をみんなに」という目標４と関連するものといえます。また、人材育成を図り、開発途上国の経済発展を推進する目的から、世界的な平等な経済成長を掲げる目標８「働きがいも　経済成長も」や目標10「人や国の不平等をなくそう」が関連します。

図表 9-1 サプライヤーに関するSDGsの目標とターゲット

目標	ターゲット
4 質の高い教育をみんなに	4.4：2030年までに、技術的・職業的スキルなど、雇用、働きがいのある人間らしい仕事及び起業に必要な技能を備えた若者と成人の割合を大幅に増加させる。 4.5：2030年までに、教育におけるジェンダー格差を無くし、障害者、先住民及び脆弱な立場にある子供など、脆弱層があらゆるレベルの教育や職業訓練に平等にアクセスできるようにする。
8 働きがいも経済成長も	8.4：2030年までに、世界の消費と生産における資源効率を漸進的に改善させ、先進国主導の下、持続可能な生産に関する10カ年計画枠組みに従い、経済成長と環境悪化の分断を図る。 8.7：強制労働を根絶し、現代の奴隷制、人身売買を終らせるための緊急かつ効果的な措置の実施、最悪な形態の児童労働の禁止及び撲滅を確保する。2025年までに児童兵士の募集と使用を含むあらゆる形態の児童労働を撲滅する。 8.8：移住労働者、特に女性の移住労働者や不安定な雇用状態にある労働者など、すべての労働者の権利を保護し、安全・安心な労働環境を促進する。
10 人や国の不平等をなくそう	10.2：2030年までに、年齢、性別、障害、人種、民族、出自、宗教、あるいは経済的地位その他の状況に関わりなく、すべての人々の能力強化及び社会的、経済的及び政治的な包含を促進する。
12 つくる責任つかう責任	12.2：2030年までに天然資源の持続可能な管理及び効率的な利用を達成する。 12.7：国内の政策や優先事項に従って持続可能な公共調達の慣行を促進する。
16 平和と公正をすべての人に	16.1：あらゆる場所において、すべての形態の暴力及び暴力に関連する死亡率を大幅に減少させる。 16.2：子どもに対する虐待、搾取、取引及びあらゆる形態の暴力及び拷問を撲滅する。

3 サプライヤーに関して尊重されなければならない人権

(ア) 国際条約において保障されるもの

サプライヤーに関して、国際人権規約（B規約）において保障されている人権には、次のようなものがあります。

奴隷禁止・強制労働禁止（第8条）が定められているほか、すべての者は、法の下に平等であり（第26条）、人として認められる権利を有すると規定されます（第16条）。また、法の下では、恣意的に攻撃されたり、生命を奪われたりしないことも規定されています（第6条、第17条）。

また、少数民族の保護（第27条）についても、保護の対象として個別に保障されています。

(イ) 日本国憲法上保障されているもの

日本国憲法で保障された人権には、次のようなものがあります。

まず、日本国憲法は、国際人権規約と同様に、すべての国民が法の下に平等であることを規定しています（第14条）。

また、児童労働との関係では、児童の酷使を禁止する第27条３項のほか、第26条にて教育を受ける権利・教育を受けさせる義務を規定しており、児童労働によって教育の機会を失わせることがないよう人権保障がなされています。

さらに、日本国内における勤労との関係では、職業選択の自由（第22条）が保障されるほか、勤労の権利・義務（第27条）が定められており、具体的な労働条件については労働関係法に定めることにより保障する旨が規定されています。

(ウ) 労働関係法

わが国の労働関係法としては、労働基準法、労働契約法、労働安全衛生法などが挙げられます。技能実習生との関係では、「外国人の技能実習の適正な実施及び技能実習生の保護に関する法律」において、技能実習生は、労働基準法や労働安全衛生法、その他の労働に関する法令と相まって保護が図られる旨が明文化されています（第1条）。

中小企業経営者のみなさまもご存じのとおり、労働基準法では労働者に関する最低限の基準を定めていますので、例えば、技能実習生との関係でも、賃金の支払、労働時間などの労働条件において、労働基準法を下回る基準で働かせることは違法であり、罰則が科されることになります（労働基準法第117条以下）。

4 サプライヤーに関する人権を尊重する意義

企業が成長し、ビジネスで成功していくために、同業他社よりも低コスト・高品質の商品を提供することは重要です。そして、低コストを実現するために、製造過程における人件費を抑えることは1つの重要な経営戦略であると考えられます。

しかし、開発途上国などにおける強制労働や児童労働をはじめとする、個人の人権を無視した方法で原材料を生産すること、またそれを使用した製品を製造することは許されません。先に述べたファッションブランドやスポーツブランドのように、法律上または事実上、輸入や販売が難しくなったり、自社の評判を傷つけてしまったりすることになります。仮に自社が人権侵害を行っていない場合であっても、サプライチェーン全体を通して人権への負の影響を及ぼしている場合には、間接的に人権侵害に加担する企業としてのレッテルが貼られてしまい、取引先として選ばれなくなってしまうおそれがあります。

そのため、サプライチェーン全体を通して、人権侵害を許さないとする姿勢をもって経営に取り組むことで、最終的に選ばれる企業となり、自から企業が成長・発展していくことにつながります。目先の売上ばかりに目を向けず、国内外での人権尊重に資することは、経営者にとっての責任であるとともに、経営上の重要な戦略に位置付けられるものなのです。

2　サプライヤーに関するSDGsコンプライアンス（法令遵守事項）

上述のようなサプライヤーを取り巻く多様な要請に対応し、サプライチェーン上における人権保護を図るために、近年国内において複数のガイドラインが公表されているほか、海外においてもさまざまな法律が規定されています。国内のガイドラインはもちろん、これらの海外の法律についても海外と直接取引を行っていない中小企業であっても決して無視できるものではなく、取引先の大企業等を通じて間接的に影響を受ける可能性がありますので、注意が必要です。そこで以下においては、サプライチェーン上の人権保護を念頭に置いた国内のガイドラインおよび海外の法律のうちで代表的な例をいくつか紹介した上で、それらが中小企業にどのように関係してくるのかを説明します。なお、以下で取り上げる法令・ガイドラインは主要なものの例示であり、網羅的なリストを示したものではない点に留意ください。

1　ビジネスと人権に関する指導原則

第３章で述べたように、国連は2011年に、国家や企業が人権を尊重し、侵害を防ぐための国際的なガイドラインとして、ビジネスと人権に関する指導原則を策定しました。これを踏まえて、日本政府は、2020年10月にビジネスと人権に関する国内行動計画を策定し、2022年９月には、企業に求められる人権尊重の取組みについて解説することを目的として、責任あるサプライチェーン等における人権尊重のためのガイドラインを公表しました。

上記ガイドラインの公表を受け、2023年３月、経済産業省は、主に企業の実務担当者に対して、人権尊重の取組みの内容をより具体的かつ実務的な形で示すための資料として、責任あるサプライチェーン等における人権尊重のための実務参照資料を公表しました。

これらの内容は、第３章ないし第５章において説明したとおりです。各企業において、人権方針を策定し、人権デュー・ディリジェンスを行って人権に対する負の影響を除去・軽減し、発生した人権侵害については適切に救済を行うようにしてください。

これらのガイドラインは法的拘束力を有するものではありませんが、例えば、本年７月に改訂された「持続可能性に配慮した調達コード（第２版）」においては、公益社団法人2025年日本国際博覧会協会が調達するすべての物品・サービスおよびライセンス商品について、「国際的人権基準の遵守・尊重」や「強制労働の禁止」等の基準を満たすことが求められており、同ガイドラインに従った人権尊重の取組みを行うことは実質的には法令遵守事項と考えて対応した方がよいと考えられます。

2 英国現代奴隷法（2015年7月施行）

続いて海外の法規制に目を移しますと、サプライチェーン上の人権侵害に関し法的規律を設ける先駆けとなったものとして、2015年７月に施行された英国現代奴隷法が挙げられます。同法は、①英国において事業のすべてまたは一部を行っており、②商品やサービスを提供している営利団体等のうち、③全世界の年間売上高が3,600万ポンド（約66億円）以上の者に対し、事業年度ごとに、自身の事業およびサプライチェーンにおいて奴隷（強制労働を含む）や人身取引の根絶のために実施した対策についての声明の開示を義務付けています。英国を欧州進出のゲートウェイと位置付け、英国において事業活動を行ってきた中小企業も多くあるところ、日本を含めた年間売上高が3,600万ポンド以上ある場合には同法の規律が適用される可能性がありますので、比較的規模が大きい中小企業は注意が必要です。仮に同法が適用された場合、自社および自社のサプライチェーン上における強制労働の有無や強制労働を防ぐための対策等を開示しなければならないことになります。また、同法の直接の適用を受けないとしても安心はできません。ここでいう「奴隷」には、低賃金、不安定な雇用条件などによって事実上の自由を奪われているいわゆる経済的奴隷も含まれますので、上述した劣悪な環境で業務に従事させられている技能実習生がこれに該当する可能性があるのです。現在、サプライチェーン上に技能実習生が存在しないかを調査している大企業も多く、当該技能実習生の活動実態次第では、同法の対象となる強制労働と解されてしまう可能性もあります。そのため、もし取引先の大企業が、サプライチェーン上に技能実習生が存在している等、中小企業が開示した内容に何らかの懸念があると判断した場合には、最悪のケースでは取引を停止されてしまうリスクもありますので、中小企業にとっても決して対岸の火事ではありません。

3　米国関税法およびウイグル強制労働防止法（2022年6月施行）

米国に自社製品を輸出している中小企業は数多いと思います。米国においては、1930年関税法（通称「スムート・ホーリー法」）第307条が、外国において違法労働、強制労働、または制裁を伴う契約労働（「強制労働等」）によって生産・製造等されたすべての品目の米国への輸入を禁止しています。これを受けて、米国税関・国境警備局（ＣＢＰ）長官は、強制労働等によって生産・製造等された商品が輸入されている、または輸入される可能性があるという、決定的ではなくとも合理的な疑いのある情報を入手した場合には、全米各税関に対し、当該商品の輸入許可を保留する「違反商品保留命令（ＷＲＯ）」を発出できるものとされており、特に2019年ごろから、中国新疆ウイグル自治区を対象としたＷＲＯが多く発出されていた状況でした。

こうした動きを経て新たに設けられた法律が、2022年６月に施行された「ウイグル強制労働防止法（UFLPA）」です。同法は、①中国新疆ウイグル自治区で「一部または全部が採掘、生産、または製造された」、または、②同法において作成が求められているリスト（UFLPAリスト）に掲載された企業により生産された、すべての物品について、それが強制労働等を用いて作られたものと推定することで、輸入者がそれらの物品が強制労働等を用いて作られたものでないという「明確かつ説得力のある証拠」を示さない限り、米国への輸入を禁止するというものです。

UFLPAの施行により、米国へ輸出される品目の部品や原材料等のサプライヤーには、自社が同法を遵守しているとともに、自社製品のサプライチェーン上で強制労働等が用いられていないことを確約する誓約書へのサインが求められる例が増えており、米国に製品を輸出している中小企業はもちろん、それ以外の中小企業にとっても注意が必要となっています。

4 EU企業サステナビリティ・デュー・ディリジェンス指令案（2022年2月公表）

これまで述べてきたようなサプライチェーン上における人権侵害をめぐる国際的な法規制の動向を踏まえると、仮に直接的には海外との取引を行っていない中小企業であったとしても、自らの会社内はもちろん、取引先においても人権侵害がなされていないかを人権デュー・ディリジェンスにより確認しておくことが重要になります。

企業に人権デュー・ディリジェンスを義務付ける法令は、特に欧州各国を中心に制定が進んでおり、2017年3月施行のフランス企業注意義務法、2019年に公布されたオランダ児童労働デュー・ディリジェンス法、2023年1月に施行されたドイツサプライチェーン・デュー・ディリジェンス法などが有名ですが、EU全体においても、2022年2月に、自社および子会社のサプライチェーン上における人権・環境リスクに関する「サステナビリティ・デュー・ディリジェンス」を義務付ける指令案が欧州委員会により公表され、現在、審議が進められています。仮に同指令案が成立した場合には、EU加盟国政府（ドイツ、フランス、イタリア、スペインなど合計27カ国）に対して、同指令案に対応する国内法の制定等が義務付けられることとなり、EU加盟国のどこに輸出する場合であっても、人権デュー・ディリジェンスの実施が義務付けられることとなります。

欧州委員会により公表された案に基づきますと、対象となる企業は、従業員数やEU域内売上高、事業活動を行う産業によって決まることとなり、日本企業をはじめとするEU域外企業については、最低でもEU域内における純売上高が4,000万ユーロ（約62億8,600万円）以上あることが求められていますので、多くの中小企業は直接義務を負う対象とはならない可能性が高いと考えられますが、EU域内企業に製品・部品を供給している中小企業については、EU域内企業によるデュー・ディリジェンス実施への協力が求められる可能性がありますので、今後の法制化の進展に注視が必要です。

3 サプライヤーに関する自主的取組事項

これらの海外の法律が定める基準はあくまで最低限の要求事項であり、また、海外との取引を行っていない中小企業に対しては直接には適用されないケースも多いものと考えられます。しかしながら、このことは企業がこれらをまったく考慮しなくてもよいということを意味するものではなく、取引先の企業等から状況を尋ねられた際に根拠を持って返答することができるよう、自社内および自社のサプライチェーン上で人権侵害がなされていないかどうかにつき、人権デュー・ディリジェンスを実施して確認しておくことが推奨されます。こうした企業の自主的な取組みは、組織の成長、イノベーション、そして最終的には企業の持続可能性にも直結します。

また、人権デュー・ディリジェンスに加え、企業が自社のサプライチェーン上における人権侵害を防止するため、サプライヤーとの間における契約に「サステナビリティ条項」を盛り込むことも有効な手段の１つです。そこで以下においては、「サステナビリティ条項」の概要について説明します。

1 サステナビリティ条項

自社の取引先であるサプライヤーは外部の企業であり、現在の日本の法令においては、公序良俗違反を構成するような極端なケースを除いては、契約上の根拠がない限り、サプライヤーの社内等において人権侵害が行われていないかの情報を求めたり、調査を実施したりすること、あるいは、万が一人権侵害の懸念が払拭できない場合に既存の契約を解除したりすることは難しいものと考えられます。そのため、あらかじめサプライヤーとの契約において、それらを請求する根拠となる規定（サステナビリティ条項）

を盛り込んでおくことは、中小企業にとっても非常に重要となります。

その上で、その中身として具体的に何を盛り込むかについては、当該サプライヤーとの関係や両者の規模、取引の性質なども考慮した上で慎重に検討を行うことが必要となります。この点を検討するにあたって参考になる資料の例として、東京オリンピック・パラリンピック競技大会組織委員会が公表している「持続可能性に配慮した調達コード（第３版）」の中において示されている「サステナビリティ条項のモデル条項」があります。これは、同組織委員会と契約するサプライヤーやライセンシーに対し、自社のサプライチェーンにおいても調達コードが遵守されるよう、リスクの高さに応じた働きかけを行うことを推奨しており、その働きかけを確実にするためのツールの一例と位置付けられています。東京オリンピック・パラリンピックのサプライヤーに対するものであることから、主に一定規模以上の企業との間の契約が念頭に置かれているものと考えられますが、中小企業にとっても参考になる点があると思いますので、下記で紹介します。

サステナビリティ条項のモデル条項

第○条（持続可能性の配慮）

１（本条項の目的）

甲は、公益財団法人東京オリンピック・パラリンピック競技大会組織委員会が策定した「持続可能性に配慮した調達コード」（以下、「調達コード」という。）の遵守に取り組むことを誓約しているところ、甲及び乙は、調達物品等の製造・流通等における持続可能性の配慮を両者の共同の取組として推進するために、本条項に合意する。

２（調達コードの遵守）

乙は、甲が乙から調達する物品・サービスの製造・流通等に際して、調達コードの内容を確認し、その遵守に向けて必要な措置を講じる。

3（サプライチェーンへの働きかけ）

乙は、乙のサプライチェーンに対して、調達コード又はこれと同様の調達方針等の遵守を求めるなどの働きかけを行う。

4（発注企業による情報提供）

甲は、乙に対し、調達コードの遵守に取り組む上で有用な情報を提供するよう努める。

5（受注企業による報告）

乙は、甲の求めに応じて、甲に対し、調達コードの遵守やサプライチェーンへの働きかけの状況を報告する。

また、乙は、乙又は乙のサプライチェーンにおける調達コードの不遵守またはその疑いを生じ得る事実が判明した場合、甲に対し、速やかに報告する。

6（発注企業の調査権・監査権）

甲は、乙の調達コードの遵守状況を調査し、又は第三者による監査の受け入れを求めることができ、乙は、これに協力する。

また、乙は、甲の求めに応じて、乙のサプライチェーンに対し、調達コードの遵守状況を調査し、又は第三者による監査の受け入れを求める。

7（改善措置）

甲は、乙に調達コードの不遵守があることが判明した場合、乙に対し、改善措置を要求することができる。

また、乙は、乙のサプライチェーンにおける調達コードの不遵守が判明した場合、甲の求めに応じて、乙のサプライチェーンに対し、改善措置を要求する。

8（解除権）

甲は、前項の甲の乙に対する改善措置の要求にもかかわらず、乙が相当な期間内に調達コードの不遵守を是正せず、その結果調達コードの重大な不遵守が継続した場合、乙との間の調達契約を解除することができる。

9（損害賠償の免責）

甲が前項の規定により、乙との間の調達契約を解除した場合、乙に損害が生じたとしても、甲は何らこれを賠償ないし補償することを要しない。

出典：東京オリンピック・パラリンピック競技大会組織委員会「持続可能性に配慮した調達コード（第３版）」（2019年１月）52-56頁から引用
https://gtimg.tokyo2020.org/image/upload/production/frawe0ylimu0w1we4z3b.pdf

筆者がこれまで同様の条項に関して企業にアドバイスさせていただいた経験等も踏まえ、サステナビリティ条項の共通する特徴をいくつか説明しますと、第一に、サプライヤー自身の事業活動において人権侵害に関与していないことを誓約させるとともに、サプライヤーの取引先、つまり自社からみると二次サプライヤー以下の事業活動においても人権侵害がなされていないことをサプライヤーに表明保証させることが挙げられます。モデル条項においては第２項と第３項がこれに該当しますが、モデル条項の第３項では、あくまでサプライヤーに二次サプライヤー以下への働きかけの義務を課すにとどまっている点に留意が必要です。第二に、取引先のサプライチェーン上で人権侵害がなされていないことを自社が確認することができるよう、サプライヤーに情報提供の求めに応じる義務を課すとともに、必要に応じて自社が監査を行うことができる旨を定めることです。モデル条項においては、第４項から第６項までがこれに該当します。第三に、サプライヤーまたは二次サプライヤー以下において人権侵害が疑われる事情が生じた場合にはサプライヤーに改善措置を求めることができるようにするとともに、改善措置が確保できない場合やその確認ができない場合等には、自社に取引から離脱することができる解除権を付与することです。モデル条項においては、第７項から第９項までがこれに該当します。これにより、一度自社のサプライチェーン上で人権侵害が疑われる事情が発見され、その是正が確保できない場合には、速やかに自社がサプライチェーンを切り替えることが法的に可能となります。また、このほかにも、サプライヤーから調達した物品等の製造過程に強制労働が用いられていたことに伴い、輸入が差し止められたり、レピュテーションが毀損したりする等、自社に損害が発生した場合には、サプライヤーに対し損害賠償を求めることができる旨の条項を加えることなども考えられます。

こうしたサステナビリティ条項の活用にあたって大事なこととして、同条項はそれを活用して速やかに相手方との契約を解消することを目的としたものではない、という点があります。そもそもSDGsの観点から最も大切なことは、企業活動を通じて人権侵害が生じるリスクを可能な限り小さくしていくことであって、自社の短期的な損失を最小化することではありません。むしろ、取引先も含めた自社のサプライチェーン上における人権侵害を極力なくしていくことによって、中長期的にそれが社会からの自社に対する評価につながり、やがて自社の利益にもつながっていきます。この観点からは、サステナビリティ条項は、自社と自社のステークホルダーとの間における対話を促進するための１つの手段と位置付けられます。こうした条項が契約に盛り込まれていることによって、たとえ取引先の担当者が変わったとしても、継続的に相手方との間で人権侵害リスクを最小化するための対話を行っていくことが可能となります。このように、人権侵害リスクが発見された場合に直ちに契約を解除することは本来期待されることではなく、もし取引先等との間で対話を積み重ねてもそうした人権侵害リスクを解消できない場合に、自社が契約関係から離脱するための最後の手段として、サステナビリティ条項を位置付けていくことが大事であるといえます。

4　具体的取組事例の紹介

これまで法令遵守事項や自主的取組について述べてきましたが、実際にこれらをどのように実施したらよいのでしょうか。企業において具体的に取り組んだ事例をいくつか紹介しますので、ぜひ、参考にしていただければと思います。

1　児童労働に対して配慮された原料のみを使用している事例

日本企業が直接的に児童労働を用いることは想定しにくいですが、開発途上国においては現実に児童労働問題が存在します。中小企業の経営者のみなさまにとっては、製造ラインの原材料を国外から調達することが多いかと思いますが、間接的な方法で児童労働撲滅への活動に貢献することができます。

例えば、菓子製造販売会社では、チョコレートの製造の際に使用するカカカオ原料を購入する際、カカオ原料購入代金に「プレミアム」を上乗せして支払うことで児童労働の撤廃に努める農家に還元される仕組みを作りました。カカオ農家は、コートジボワールやガーナなどの西アフリカ諸国で多く生産されるところ、カカオの生産過程で、約156万人もの子どもによる児童労働が行われているとの調査結果があります（2020年、シカゴＮＯＲＣレポート）。これに対して、カカオを生産する農家に、「プレミアム」を上乗せして支払うことにより、カカオの生産過程で児童労働を発生させないための監視を義務付け、直接的な児童労働撤廃の支援をしています。さらに、間接的にも、カカオの生産者に対する収入としての還元、農業指導によるカカオの収穫量向上、生産環境への配慮などの支援を行うことで、結果的に児童労働が不要となる環境作りに貢献しています。

このような取組みは、まさにチョコレートの生産に欠かせない原材料であるカカオについて、安く仕入れることだけを考えて取引を行うのではなく、原材料を生産する地域の児童労働を許さないとする姿勢を貫いているものといえます。児童労働を行わせないための監視という直接的な取組みのみならず、生産者の環境整備や農業指導を行うことで、そもそも児童労働が不要となるような環境作りを行うという間接的な取組みも行っている点が大変参考になります。

2 技能実習生を適切に扱っている事例

機械部品の製造・組立事業会社では、ベトナム人の外国人技能実習生を積極的に採用することで企業が発展し、ベトナム工場設立に至った事例があります。

同社の従業員70名のうち、25名がベトナム人です（うち、18名が高度外国人材、7名が技能実習生）。「高度外国人材」とは、高度な知識や技能を有する人材を指し、技能実習生と比較して長期の在留資格を得られる場合があります。

同社では、技能実習生を積極的に採用してきましたが、技能実習生が3年で帰国してしまうという難点があったため、技能実習生とともに高度外国人材も採用するようにしました。これによって、高度外国人材が上司として指導してくれるため、技能実習生が日本で働くにあたり障壁となる語学力の問題が軽減されました。

一方で、まったく日本語が不要というわけではないため、会社の取組みとして、技能実習生に対して、週１回の日本語教室を開催するなどの人材育成を行っています。

3 大企業の事例

大企業においても、サプライチェーン上の人権課題の把握に努めています。サプライチェーンを構成する中小企業が成長・発展していくにあたり、大企業の動向を把握しておくことは必要不可欠であるといえます。

そこで、以下では、大企業の取組事例を紹介しますので参照していただければと思います。

(ア) サプライヤーのCSR取組状況の把握と改善に向けた取組みを行っている事例

サプライヤーにおけるＣＳＲ取組状況の把握と改善に向けた取組みとして、サプライヤーに対する定期的な監査を実施する方法が挙げられます。

大手スポーツブランドでは、ＣＳＲ調達規程を策定し、サプライヤーの工場を対象として、定期的なＣＳＲ監査を実施しています。具体的には、取引前における取組みとしては「ＣＳＲ誓約書」に署名を受けた上で事前監査を実施し、一定の評価基準をクリアした場合に取引を開始します。また、取引開始後については、３年に１度の定期的な監査を実施し、サプライヤーごとに是正計画報告や改善指導を行います。改善指導を行っても改善がなされないサプライヤーに対しては、取引を見直すなどの対応をとっています。

また、委託先の工場に部材や部品を納める二次・三次サプライヤーに対しても、現状把握・取引終了等の厳格な対応を行っています。

(イ)責任ある鉱物調達を実現するための活動・調査を行っている事例

大手プリント事業会社では、紛争地域、高リスク地域からの鉱物の調達における人権侵害を防止するために、対応指針や調査プログラムを策定した上で、その内容をサプライヤーと共有し、紛争鉱物調査を行っています。また、RMI（Responsible Mineral Initiative、責任ある鉱物イニシアチブ）やJEITA（一般社団法人電子情報技術産業協会）などの外部団体との連携も行いながら、幅広い対策によって「責任ある鉱物調達」の実現を目指しています。

JEITAのホームページには、責任ある鉱物調達のための解説や活動内容が掲載されており、大変参考になりますので参照ください。※1

5 中小企業のサプライヤーとの関係における人権問題への対応方法

1 サプライチェーンに関連する負の影響を発見し是正する

中小企業の経営において、人権に対する負の影響を発見し、それを是正することは、非常に重要な取組みです。これは、当該中小企業が直接的に人権侵害行為を行う危険がある場合のみならず、サプライチェーン全体を通して人権侵害行為の危険がある場合であっても同様であり、そのような場合に、中小企業は、是正措置をとるべき社会的責任があるものと考えられます。先に説明したとおり、サプライチェーン全体をみたときに、当該中小企業が、人権に対する負の影響を及ぼす会社と取引関係にあること自体が、当該中小企業の評価・評判を下げることになり、最終的に取引先として選ばれない会社となるリスクがあるのです。

そのようなリスクを防ぐためには、当該中小企業が、サプライヤーを通して人権に対する負の影響を発見するための取組みを継続的に行うことが大切です。

その際には、まずはサプライヤーとの適切な対話（面談、アンケート調査など）を通して、サプライチェーン上の人権侵害や人権に対する負の影響があるか否かについて適切な調査を行う必要があります。

次に、調査の結果、把握することができた人権に関する問題点に対して、速やかに適切な措置をとる必要があります（是正措置の通告、取引内容を見直すなど）。

このようなサプライヤーに対する調査・是正措置を行っていく上で、事前にガイドラインや行動規範・サステナビリティ条項を策定することは、それによって、その企業の方針や考え方について事前に周知することができることから、事前の準備として重要といえます。

また、サプライチェーン上のリスク管理のために、情報共有ネットワーク（Sedex、EcoVadis社等）を活用したり、外部団体に加盟したりすることは、他企業と連携したり、参考にしたりしながら人権に対する負の影響に対するリスク管理を行うことができるので、効果的です。

【第9章の本文中索引】

※1　https://home.jeita.or.jp/mineral/

☑ サプライヤーの人権に関するチェックリスト

サプライヤーに係る人権に対する負の影響を発見し、是正するプロセスを確実に実施するためのツールの１つとして、以下のチェックリストをぜひ活用ください。

あるべき姿	チェック項目
法令遵守事項	
【サプライチェーン上の人権侵害への適切な取組み】 **・ビジネスと人権に関する指導原則などを参照した人権侵害への適切な取組みを行うことにより、サプライヤーに関する人権を尊重する**	□サプライヤーに関する国際人権を尊重し、ステークホルダーとの面談、アンケートなど、ステークホルダーや関連事情に精通した者との適切な対話を行うことにより強制労働、児童労働、技能実習生の悪用、紛争鉱物の使用などの人権に対する負の影響を調査しているか □強制労働、児童労働、技能実習生の悪用、紛争鉱物の使用などに加担しているサプライヤーに対して働きかけを行うなど、人権に対する負の影響の防止・軽減を行っているか □人権に対する負の影響に対し、適切に対処しているか、また、随時、追跡評価をしているか □人権尊重への取組みについて、説明・情報開示ができているか

自主的取組事項

【サプライヤーとの契約段階の取組み】 ・サプライヤーとの契約を適切に締結し、運用することにより、サプライチェーンに関わるステークホルダーの人権を守る	□サプライヤーとの間で「サステナビリティ条項」を盛り込んだ契約を締結しているか □「サステナビリティ条項」では、サプライヤー（二次サプライヤー以下も含む）が人権侵害に関与していないことを誓約・保証させているか □「サステナビリティ条項」では、サプライヤーが人権侵害に関する情報提供の求めに応じる義務を課すとともに、必要に応じて自社が監査を行うことができる旨を定めているか □「サステナビリティ条項」では、サプライヤーに改善措置を求めることができるようにするとともに、改善措置が確保できない場合などには、自社に取引から離脱することができる解除権を付与しているか □問題のあるサプライヤーに対し、すぐに「サステナビリティ条項」の解除条項を適用して契約を打ち切るのではなく、対話を通じて、人権侵害を逓減させていく措置を講じているか

関連する法令はあくまで一例であり、業種や規模等により法規制の有無が異なります。また、法令のほか、条例等にも留意する必要があります。

Chapter 10

中小企業と公正な事業に関する人権

1 公正な事業に関するSDGsの目標・尊重されるべき人権

1 公正な事業の重要性

(ア) 公正な事業とは

企業が社会の中で存続し続けるためには、当該企業がその事業を公正に行っていくことが必要不可欠です。このことは国の内外を問わず当てはまりますし、企業の規模によって変わるものではないため、わが国の中小企業についても同様のことがいえます。事業に公正さを欠いた結果、当該企業が社会的な信頼を失って回復困難な業績悪化を招いたり、多額の損害賠償や制裁金の支払を余儀なくされたりすることがあります。さらには、役職員が処罰される事態に発展することもあります。もしそうした事態となってしまえば、財務的基盤が十分に確立されていない中小企業では、不公正な事業の結果として企業が被る損害に耐えることができず、企業の存続すら危うくする危機を招きかねません。中小企業であっても、経営者としては、事業を公正に行っていくことが大変重要な課題であることを常に意識する必要があります。

(イ) 公正な事業が問題となる主な場面

公正や不公正という概念は抽象的であり、法的評価にとどまらず社会的な評価の問題という面もあることから、事業者である読者のみなさまが、何が公正で何が不公正な事業であると評価されてしまうのかを判断するのは容易ではない場合もあります。反社会的な勢力との関わり、国内外の公務員に対する贈収賄、入札談合などが不公正であることは容易に判断できるでしょうが、これら以外にも事業の公正さを欠くのではないかとして実際に問題となる類型はさまざまです。それでも、例えば、ソフトウェアやコンテンツの違法コピー、個人情報の漏えい・紛失、商品形態の模倣や営業秘密の持ち出しなどは、不公正な事業の例として思い浮かぶでしょう。これらの例は、読者のみなさまの会社でも多かれ少なかれ直面している課題ではないでしょうか。いずれも、中小企業であっても積極的な対応や取組みが求められている課題だといってよいものばかりです。本章では、こうした課題に対する解決のヒントを考えていきます。

2 公正な事業に関するSDGsの目標とターゲット

1（イ）で挙げた公正さを欠くとされる類型のような課題を克服するため、公正な事業との関係でも、SDGsは図表10－1のような目標とターゲットを定めています。SDGsには企業が直面する課題を克服するための指標やヒントが盛り込まれているといってもよいわけですが、このことは公正な事業との関係でも同様です。公正な事業に関するSDGsの目標とターゲットを図表10－1にまとめましたので、確認してみてください。特に、SDGsの目標16「平和と公正をすべての人に」は、持続可能な開発を目指す前提としての公正で包括的な社会のあり方を問う内容となっています。

3 公正な事業に関して尊重されなければならない人権

事業の公正さを欠くということは、それによって不利益を被る誰かがい

図表10-1 公正な事業に関するSDGsの目標とターゲット

目標	ターゲット
12 つくる責任 つかう責任	12.7：国内の政策や優先事項に従って持続可能な公共調達の慣行を促進する。 12.a：開発途上国に対し、より持続可能な消費・生産形態の促進のための科学的・技術的能力の強化を支援する。
16 平和と公正を すべての人に	16.3：国家及び国際的なレベルでの法の支配を促進し、すべての人々に司法への平等なアクセスを提供する。 16.4：2030年までに、違法な資金及び武器の取引を大幅に減少させ、奪われた財産の回復及び返還を強化し、あらゆる形態の組織犯罪を根絶する。 16.5：あらゆる形態の汚職や贈賄を大幅に減少させる。 16.10：国内法規及び国際協定に従い、情報への公共アクセスを確保し、基本的自由を保障する。 16.b：持続可能な開発のための非差別的な法規及び政策を推進し、実施する。

るということです。そうした不利益は、消費者や取引先などに限らず、社会全体に及ぶこともあります。誰かの不利益といっても抽象的でイメージすることが難しいかもしれませんが、このことを人権という観点で考えてみることも有益です。事業を行うにあたって、不当な不利益を与えないように人権に目配りするという発想は、これからの中小企業経営者に求められる視点だということができます。国際人権規約や日本国憲法が規定している人権はさまざまありますが、不公正な事業によってどのような人権にどのような影響が及ぶのかという視点でみておきます。

（ア）国際人権として保障される人権への影響

国際人権規約で保障されている人権との関係では、例えば、ヘイトスピーチ等が行われると「私生活・名誉及び信用の尊重」（B規約第17条）が侵害されることになります。贈収賄やカルテルが行われてしまうと、平等な競争が阻害され、「法の下の平等」（B規約第26条）に反してしまうことになります。

(イ)日本国憲法上保障されている人権への影響

日本国憲法で保障される人権との関係では、例えば、情報漏えいやAIの不正利用が起きると「プライバシー権」（第13条）が侵害されてしまいます。贈収賄や過剰接待、またカルテルが行われてしまうと「法の下の平等」（第14条）が侵害されてしまいますし、ヘイトスピーチや炎上商法では、情報の受け手の「知る権利」（第21条で保障される表現の自由の一種です）が侵害されてしまいます。知的財産権の侵害によって「財産権」（第29条）が侵害されてしまいます。

4　公正な事業に関する人権を尊重する意義

企業活動を行うにあたって、公正な事業に関するSDGsの目標とターゲットの内容や、国際人権規約や日本国憲法が各種の人権を尊重する趣旨を理解し、これらを実現しようと努めることは、極めて重要です。多額の損害賠償や制裁金を課されたり役職員が処罰されたりする事態を避け、企業の存続・発展を図ることに直結するという理由だけでなく、国内外を問わず事業の公正さが確保・維持されることで、万人が公正な事業による利益を等しく享受することをも可能にします。

公正な社会の実現のためには、社会活動の多くを担う企業が事業を公正な形で行うことが重要であり、そうすることによって自社以外の企業や消費者や顧客といった個人の利益を守ることが可能になり、ひいては公正な社会を実現することにつながります。前述のとおり、SDGsの目標16「平和と公正をすべての人に」は、持続可能な開発を目指す前提としての公正で包括的な社会のあり方を問うものです。自由主義経済の下で企業の事業の公正を確保するためには、公正かつ自由な競争を確保することが不可欠です。そういった意味で、公正かつ自由な競争を確保することは、人権問題にも密接に関わっているといえます。

公正な事業に関する人権を尊重する意義は以上の点にあるといってよいでしょう。そして、このことは中小企業においても等しく当てはまる重要な意味を有しています。

2 公正な事業に関するSDGsコンプライアンス（法令遵守事項）

中小企業の事業を取り巻く課題を予防し、克服して、公正な事業環境を守るために、さまざまな法律が規定されています。中小企業の立場では、そうしたルールの内容を理解して遵守することが、まず最初に取り組むべき事柄であるといってよいでしょう。中小企業が直面することの多い不公正な事業形態の例を念頭に、それらについて中小企業が遵守すべき法律のうち、主要なものの概要について順に説明します。主に国内のルールについて順に確認していきます。

1 反社会的勢力の排除

(ア) 実際に問題となったケース

①2013年に四国の鉄道会社の社長が暴力団関係者と面識があることを誇示し株主を威圧したことで市からの補助金が停止され経営危機となったケース、②2021年に九州の設備工事会社など8社の代表者が暴力団関係

者と食事会を行っていたことで取引先から取引を停止され倒産したケース、最近では、③2023年に上場会社の社長が暴力団組長に金品を提供したことにより会社の経営状況が悪化したケースなど、企業の規模の大小を問わず、企業の役職員の反社会的な勢力との関わり合いが世間に明るみになり、企業の信用を失う例が後を絶ちません。

(イ) 暴力団排除条例

経済活動の中核を担う企業は、社会的な責任として、暴力団の資金源獲得活動を困難とするために、反社会的勢力との一切の関係遮断をすることが求められており、2009年10月の福岡県を皮切りに、その後1年半程度の間で日本全国の都道府県で、企業を含む一般市民に対して暴力団との一切の関係遮断とそのための措置を講ずることを求める暴力団排除条例が制定されています。現在では、フロント企業を隠れ蓑にして通常の企業と同じように事業活動を展開する反社会的勢力も存在しており、契約時には暴力団関係者とは気付かなかったということも少なくありません。暴力団関係者と関係がある企業となると、暴力団排除条例に違反したとして一定の場合は企業名が明らかになるほか、取引先からの契約の解除・損害賠償請求、金融機関による新規融資の停止・借入金の一括返済要求、官公庁から指名停止処分、信用の低下などを招くことになります。暴力団排除条例の内容を理解し、これを実践することは、中小企業が知らず知らずのうちに暴力団関係者とのトラブルに巻き込まれることを回避するために極めて有用です。

(ウ) 東京都暴力団排除条例とその内容

東京都暴力団排除条例を例にすると、中小企業には次のような対応が求められます。まず、暴力団関係者に対して利益供与を行うことは許されません（東京都暴力団排除条例第24条）。このことは、暴力団の威力を利用する目的で行う場合はもちろん、暴力団の活動を助長し、暴力団の運営に資することを知って金銭や利益を提供すること自体が違法であることを意味しますので、留意が必要です。

次に、契約時に相手方が暴力団関係者でないことを確認することが求められます(同条例第18条1項)。事業者が事業に関して締結する契約が「暴力団の活動を助長し、又は暴力団の運営に資することとなる疑いがあると認める場合」に、契約の相手方が暴力団関係者でないかを確認する義務（努力義務とされています）が課されています。努力義務ですから、確認を怠ったことが直ちに条例違反になるというわけではありません。そうはいっても、いったん取引を始めてしまった後に相手方が暴力団関係者であることが判明し、契約関係を解消することができないまま大きなトラブルになるケースが少なくありません。特に初めて取引する相手方の場合、トラブルを回避するために、相手方がどういう事業者なのかを十分に確認することは不可欠です。少なくとも、相手方の経営者との面談、事業所の訪問、業界の評判の確認、インターネットによる調査などは済ませましょう。その結果、取引を断念するのが賢明なケースもあるでしょう。悩ましい場合には、最寄りの警察署、公益財団法人暴力団追放運動推進都民センター（東京都の場合）などに相談して情報提供を得ることを検討しましょう。

次に、取引を開始するにあたって、取引の相手方が暴力団関係者と判明した場合には催告なく契約を解除できる旨の特約を契約書に定めておく必要があります(同条例第18条2項)。やはり努力義務とされているので、この特約がないからといって直ちに条例違反になったり、契約が無効になったりするわけではありません。しかし、取引に入ってしまった後に相手方が暴力団関係者であることが判明した場合に、直ちに関係を断つことができる手段としては極めて有効な特約です。この特約を契約書に盛り込むことを求めたとしても受入れを渋る取引先はあまり考えられないでしょうから（むしろ抵抗を示されるかどうかで相手方の素性を判断する指標とすることが可能になります)、この特約条項を定めるべきです。特約条項のサンプルは、各自治体や公益財団法人暴力団追放運動推進都民センターなどが公開しています[※1]。これらの例を自社の取引の実情に合わせて契約書に反映させることが肝要です。

2 贈収賄(公務員・みなし公務員との付き合い)

(ア)実際に問題となったケース

公務員に対する贈収賄事件も後を絶ちません。最近では、2023年に東京オリンピック・パラリンピックのスポンサー契約などに関して便宜を図ってもらう目的で、組織委員会の元理事(みなし公務員)に賄賂を提供した贈収賄事件で、紳士服大手、出版大手、広告会社、ぬいぐるみ販売会社の役職員が起訴され、これらの一部に対してすでに有罪判決が出ています。

贈収賄は国内での事業においてのみ問題とされるものではなく、国外での事業においても問題となります。この点、①2018年に火力発電システム会社がタイの港湾での資材荷揚げに関して現地公務員から現金を要求されて支払い、2019年9月13日に不正競争防止法違反で有罪判決を受けた事例や、②2017年にプラスチック製品メーカーがベトナム子会社の税金追徴を逃れようとして現地公務員に現金を渡したとして、2022年11月4日に不正競争防止法違反で有罪判決を受けた事例があります。また、③2018年4月30日に大手家電メーカーとその米国子会社が契約成立のために政府系航空会社の職員に賄賂を渡したことなどで米国FCPA違反で計2億8,000万ドル(約306億円)の制裁金を課された例などがあります。現在では、国内市場の縮小などにより、中小企業も生き残りをかけて海外進出をすることは珍しいことではなく、こういった外国公務員に対する贈収賄の事件が中小企業においても実際に起きていますので、決して無視できるものではありません。

(イ)贈収賄に関する具体的な規制

公務員に対する贈収賄は、公務員等の業務の適正な執行を阻害し、本来公務員によって実施されるべき人権保護のための行政サービスの提供を妨げるものであるとして、人権問題にも密接に関わっているとされています。SDGsの目標16「平和と公正をすべての人に」は、贈収賄の削減という目標自体を達成することが重要であるだけでなく、17のすべての目標を達成するための必要な条件であると認識されています。そのため、企業には、公務員に対する贈収賄、強要、その他の形態による腐敗を避けるだけでなく、腐敗に取り組む方針や具体的プログラムを定める責任があり、政府や国連機関、市民社会とともに、グローバル経済の透明性をより高めることが求められています[※2]。

わが国では、公務員に対する贈賄については、個人、企業の規模の大小を問わず、誰が行う場合でも、刑法で禁止されています(刑法第197条~第198条)。また、民間人であっても、みなし公務員に該当する場合、その者に対する贈賄が禁止されています。みなし公務員は、公務員の職務を代行していたり、業務の内容が公務に準ずる公益性や公共性を有しているからです。

みなし公務員は、法律で「公務に従事する職員とみなす」との規定がある組織や団体の役職員(例えば、日本銀行や国立大学の役職員、前述の東京オリンピック組織委員会の役職員など。この場合は刑法で処罰されます)のほか、「公務に従事する職員とみなす」との規定がなくとも、贈収賄の処罰が規定されている特別法の適用を受ける組織や団体の役職員も含まれます(例えば、日本たばこ(JT)の役職員や日本電信電話(NTT)の役職員、東京地下鉄(東京メトロ)の役職員、日本放送協会(NHK)の役員など。この場合は特別法で処罰されます)。

また、国内の公務員にとどまらず、外国公務員等に対する不正な利益供与も、不正競争防止法第18条で禁止されています。同第18条は、企業活動のグローバル化・ボーダーレス化の進展に伴い、海外での商取引が拡大している状況下で、海外市場での商取引の機会の獲得、維持を図るためには、商品やサービスの価格や品質による公正な競争が行われるべきであるとの認識の下で、価格や品質による公正な競争を阻害することとなる外国公務員への贈賄等による不公正な競争を禁止する目的で規定されたものです。違反した個人は５年以下の懲役（拘禁刑）または500万円以下の罰金、法人は３億円以下の罰金となります。外国公務員等には、外国の政府・地方公共団体の公務に従事する者のほか、上記みなし公務員で述べたように、民間事業者であっても外国公務員等にあたるとされる場合があるので、注意が必要です。

そのほかに、当該外国の公務員に対する贈賄行為を禁止する現地法が適用されることもあります。さらに、現地の法律のみならず、一定の関連性が認められる場合には、米国（Foreign Corrupt Practices Act）、英国（UK Bribery Act）など他国の腐敗防止関連の法律が域外適用される場合もあります。これらも、企業の規模の大小を問わず適用されるものですので、海外進出する中小企業は注意する必要があります。

3 入札談合・カルテル規制（公正かつ自由な競争の確保）

（ア）実際に問題となったケース

前述の東京オリンピック・パラリンピックでは、贈収賄のほかにも、テスト大会の計画立案などの業務委託、テスト大会の運営業務、本番大会の運営業務に関する契約について、多数の広告会社とイベント会社が、落札予定業者を決めて談合をしていたとして起訴されました。このような官公庁の入札での談合のほか、民間企業の取引において取引業者が共同して販売価格の引上げや引下げに応じないことを合意する価格カルテルなども、大企業、中小企業を問わず、毎年のように摘発されています。

(イ)入札談合・カルテルが規制される理由

前述のとおり、SDGsの目標16「平和と公正をすべての人に」は、持続可能な開発を目指す前提としての公正で包括的な社会のあり方を問うものです。公正な社会の実現のためには、上記②(ア)で説明した公務員の汚職・贈賄を防止するだけではなく、社会活動の多くを担う企業が事業を公正な形で行うことが重要であり、そうすることによって消費者の利益を守ることができ、ひいては公正な社会を実現することができると思われます。自由主義経済の下で企業の事業の公正を確保するためには、公正かつ自由な競争を確保することが不可欠です。そういった意味で、公正かつ自由な競争を確保することは、人権問題にも密接に関わっているといえます。

そして、公正かつ自由な競争を促進する目的で制定された法律として、独占禁止法があります。公正かつ自由な競争が確保されると、価格や品質面での競争が行われ、より安くより品質のよい商品やサービスが消費者に提供されることになり、消費者は、そのニーズに合った商品やサービスを選択することができます。このように、事業者間の公正かつ自由な競争によって、消費者の利益が確保されることになります。事業者も、消費者から自社の商品やサービスが選ばれることでより多くの利益を得ることができます。必ずしも事業者の規模の大小によってこの競争の優劣が決まるものではありません。

より安く、より品質のよい商品やサービスを提供するためには、資源を無駄なく効率的に利用することや、無駄な出費をなくし費用を最小化することが求められます。その際に、既存の技術のままでは限界があることから、より効率性を求める中で、新しい技術(イノベーション)を生み出すことにもつながります。

もっとも、企業が競争をするのではなく、お互いに話し合って競争を回避して自分たちに有利な価格で商品やサービスを提供することによって利益を得るという不公正な競争方法もあります。また、ライバル企業が必要な原材料を手に入りにくくするなどしてライバル企業を市場から追い出すことによって自社の利益を確保するという不公正な競争方法もあります。このような不公正な競争が行われた場合は、価格競争や品質競争が行われないため、資源を効率的に利用したり、費用を最小化したりしようとする努力が行われなくなり、また、新しい技術を生み出そうとするインセンティブも働かなくなり、消費者の利益を損なうことになります。

そこで、独占禁止法は、価格競争や品質競争といった公正かつ自由な競争を確保することを目的として、自由な競争の回避や競争の排除といった競争を歪めることになる行動を取り締まっています（独占禁止法や下請法については第8章で詳論していますので、参照してください）。

（ウ）入札談合・カルテルの禁止と違反した場合の効果

以下では、「不当な取引制限」として独占禁止法第3条後段で禁止されている「入札談合」と「カルテル」について説明します。

まず、「入札談合」は、国や地方公共団体などの公共工事や物品の公共調達に関する入札に際し、事前に、受注事業者や受注金額などを決めてしまう行為です。次に、「カルテル」は、事業者または業界団体の構成事業者が相互に連絡を取り合い、本来、各事業者が自主的に決めるべき商品の価格や販売・生産数量などを共同で取り決める行為です。国や地方公共団体による入札の場合にカルテルが行われると入札談合といわれますが、入札談合もカルテルの1つです。これらが行われると競争が阻害されるため、禁止されています。時々、発注者が国や地方公共団体の場合だけ処罰され、発注者が民間企業の場合には処罰されないとの勘違いをされている中小企業が見受けられますが、民間企業が発注者の場合にもカルテルとして禁止されますので、誤解のないようにしてください。

入札談合やカルテルを行った場合の効果（ペナルティ）ですが、まず、公正取引委員会では、違反行為をした者に対して、その違反行為を除くために必要な措置を命じます（排除措置命令）。排除措置命令の内容としては、入札談合やカルテルの合意を破棄し、今後同様の行為を行わないこと、従業員教育など再発防止策を実施すること、取引先へ通知することなどが一般的です。

さらに、入札談合やカルテルを行った企業に対して、行政上の措置として、課徴金が課されます。課徴金は、入札談合やカルテルを行っていた期間中（最長10年間）の対象商品または役務の売上額または購入額に、大企業は10%、中小企業は4%を掛けて計算されます。

また、入札談合やカルテルを行った企業に対して、被害者が民事上の責任を追及する方法としては、損害賠償の請求ができます。この場合、企業は故意・過失の有無を問わず責任を免れることができません。なお、企業が発注者などと締結する契約では、入札談合やカルテルが行われた場合には契約金額の一定割合（例えば10%）を違約金として支払わなければならない旨の違約金条項が規定されていることもあります。

公共入札で談合が行われた場合には、一定期間、入札資格が停止されます。

カルテルなどを行った企業や業界団体の役員に対しては、刑事上の罰則が定められています。

それ以外にも、独占禁止法に違反した企業として、世間に公表されることで、企業の信用を損なうことになります。

加えて、カルテルについては、商品やサービスが外国にも輸出されている場合には、仮にカルテル行為が日本国内でしか行われていなくとも、当該外国の競争法がこれらカルテル行為を行った日本の企業に適用される可能性があります（域外適用）。域外適用された場合は、巨額の制裁金が科されるだけでなく、企業の担当者が１年近く収監される可能性もあります（米国は必ず１名は収監する方針であり、当該従業員やその家族に大きな負担を強いることになります）。さらに、商品やサービスが輸出されていた各国でクラスアクション（集団訴訟）が提起され、長期間にわたってその対応を余儀なくされ、多額の弁護士費用と巨額の損害賠償または和解金の支払を余儀なくされることになります。これらに係る金額は数億円となるのが通常です。

以上みてきたように、入札談合やカルテルを行った場合に企業に課されるペナルティは非常に大きいものになります。

(エ) 中小企業が取り組むメリット

独占禁止法を遵守しない場合のペナルティ（デメリット）について説明してきましたが、デメリットを避けるためだけに独占禁止法を遵守しなければならないわけではありません。

独占禁止法を遵守することにより、企業は次のようなメリットを享受することができます。独占禁止法を遵守しながら、ライバル企業と競争するということは、前述のとおり、価格競争、品質競争を勝ち抜くということになります。この厳しい競争を通じて、より安く、より品質のよい商品やサービスを提供しようとすることで、企業は、資源を無駄なく効率的に利用したり、無駄な出費をなくし費用を最小化したりする工夫をするようになります。また、より効率性を求める中で、これまでにない新しい技術（イノベーション）を生み出そうとし、その結果、新しい技術を獲得することでより多くの消費者の支持を得ることになります。また、厳しい競争によって企業の体質がより強靭な筋肉質に変わり、多少の環境変化にも影響を受けず、持続的に存続する企業となることにもつながります。大企業と異なり、中小企業は人も資金も潤沢ではありませんが、大企業にはない、柔軟な組織と迅速な決断力、そして自由な発想で勝負することも可能ではないでしょうか。決して容易なことではないでしょうが、少なくとも読者のみなさまにはぜひ挑戦していただきたいです。

4 個人情報保護（個人情報の適切な利活用）

（ア）実際に問題となったケース

企業が顧客から取得した個人情報を漏えい・紛失する事故が多数発生しています。株式会社東京商工リサーチによると、2022年に上場企業とその子会社で、個人情報の漏えい・紛失事故を公表したのは150社、事故件数は165件、漏えいした個人情報は592万7,052人分とのことであり、年々増加傾向にあるとのことです。漏えいの原因の5割超がウイルス感染・不正アクセスということなので、上場企業に限らず、中小企業においてもかなりの件数の漏えい事故が起きているものと思われます。

（イ）個人情報保護法の目的と内容

企業経営において、氏名、住所、携帯電話番号、メールアドレス、商品購入利益などをはじめとする個人情報の収集やその活用が重要であることは、いうまでもないでしょう。収集した情報を分析し、その結果をマーケティンに活かすなどの手法は、どの中小企業であっても少なからず取り入れているはずです。個人情報の集積度合いが他社との競争力の違いを決定付ける業種も少なくありません。しかし、今日の情報通信技術の発展は、収集して管理することができる情報の種類や量を飛躍的に増大させ、国内だけにとどまらない国際的な情報流通を容易なものにしました。この変化に伴って、情報が不適切に取り扱われて漏えいした結果、個人の嗜好やプライバシーに関する情報が明らかにされたり、信用情報が拡散されたりして、個人が経済的または精神的な損害を被る危険が増しています。不正アクセス、従業員による電子メールの誤送信、電子機器や記録媒体の不適切な廃棄方法などが原因で、個人情報を含むデータを紛失したり漏えいさせたりする事態が生じることも決して珍しくないというのが現状です。

こうした現状を踏まえ、2003年（平成15年）に「個人情報の保護に関する法律」（個人情報保護法）が制定され、その後数度の改正を経て、現在に至っています。この法律は、事業者との関係では、デジタル社会の進展に伴い個人情報の利用が著しく拡大していることから、個人情報の適正な取扱いに関し、個人情報を取り扱う事業者等の特性に応じて遵守すべき義務等を定めるとともに、個人情報の有用性に配慮しつつ、個人の権利利益を保護することを目的として制定されたものです（第1条、第3条）。具体的には、まず個人情報取扱事業者の責務として、「個人情報」を定義し（第2条）、事業者による個人情報の取扱いを規律することで（第4章）、個人情報が安心・安全に流通する環境を作ろうとしています。規律の具体的な内容としては、取扱いにあたっての利用目的の特定（第17条）、利用目的による制限（第18条）、個人情報の適正な取得（第20条）、取得に際しての利用目的の通知等（第21条）、データ内容の正確性の確保等（第22条）、安全管理措置義務（第23条）、従業者に対する監督義務（第24条）、委託先に対する監督義務（第25条）、第三者提供の制限（第27条）、外国にある第三者への提供の制限（第28条）、第三者提供に係る記録の作成等（第29条）、第三者提供を受ける際の確認等（第30条）、保有個人データに関する事項の公表等（第32条）、開示（第33条）、訂正等（第34条）、利用停止等（第35条）、理由の説明（第36条）、開示手続（第37条）、事前請求（第39条）、苦情処理（第40条）、匿名加工情報の作成等（第41条）が定められています。また、匿名加工情報取扱事業者の義務として、匿名加工情報の提供（第44条）、識別行為の禁止（第45条）、安全管理措置等（第46条）が定められています。

この法律は基本的に事業規模の大小にかかわらず適用されることになりますから、中小企業者も遵守する必要があります（平成27年改正法前までは、個人情報データベース等に含まれる個人情報によって識別される特定の個人の数の合計が、5,000以下の場合、個人情報取扱事業者としての義務等が課せられませんでしたが、今では5,000人以下の場合でも個人情報取扱事業者としての義務を負いますので注意が必要です)。法律の規律に反した場合には、罰則規定が適用される可能性がありますし(同法第8章)、情報漏えいを生じさせたことなどを理由に損害賠償請求や訴訟提起などを受けるリスクを念頭に置く必要があります。また、集積した情報の不適正な利活用が原因で、企業イメージの著しい低下を招き、取引先の撤退、投資の引上げ、事業成績への深刻なダメージ等を引き起こす危険もあります。そのため、例えば安全管理措置義務(第23条)については、多くの中小企業者は、経済産業省が公表しているガイドラインなどに従って対処しているのが実情でしょう。

(ウ)中小企業が取り組むメリット

中小企業者は、個人情報保護法が定める規律を遵守することに困難を感じる場合も少なくないかもしれませんが、それでもこれを遵守することで得られる利益に着目しておく必要はあります。この法律は、個人情報に該当するかどうかの判断を明確に示しているので、法律に従った取扱方法を定める必要がある情報と中小企業者が独自の取扱方法を定めて対応できる情報との区別が容易になり、後者の場合には躊躇なく情報の利活用をすることができるようになります。個人情報保護法による法規制は、上述したように個人情報の有用性に配慮しつつ個人の権利利益を保護するためのものであるため、情報を提供したり収集されたりする顧客や個人の人権尊重に資するものですが、それは同時に、有用な個人情報の安全・安心な利活用を可能にするものであり、経営者側にもメリットとなるのです。中小企業者の個々の試みが「個人情報の適正かつ効果的な活用が新たな産業の創出並びに活力ある経済社会及び豊かな国民生活の実現に資する」ことになり(第1条)、公正な事業活動の実現につながるといってよいでしょう(なお、EUでは「GDPR(General Data Protection Regulation:一般データ保護規則)」が2018年5月から施行されています。この法はEU域内の個人データ保護を規定する法ですが、EU域内の事業者だけでなくEU域外の事業者にも適用されることに留意が必要です。もっとも、上記の個人情報保護法と同様に、経営者はこの規律を遵守することでメリットも得られると考えてよいでしょう）。

中小企業者としては、①自社が個人情報保護法の対象に該当する事業者か否かの確認、②自社が収集している情報の内容とこれが個人情報保護法にいう「個人情報」にあたるのかの確認、③法令上要求されるルールに従って同意の取得・目的外使用の禁止・開示手続等を定めた個人情報管理規程の制定と公表などが必要になります。しかし、これらにとどまらず、絶えず、個人情報の利用状況や提供先（外国の第三者への提供も含みます）を確認し、万が一の漏えい等の事態に備えて報告・本人通知の手順を整備するなどの自主的な取組みが必要になるでしょう。日常の取引において契約書に個人情報保護に関する規定を明記するよう目配りすることは、比較的容易な取組み方法の一例といえるでしょう。

5 知的財産権（知的創造に関わる活動と戦略、違法コピー、商品形態の模倣、営業秘密）

（ア）知的創造に関わる活動と戦略

事業活動においては、個人や企業など他者の知的財産権を侵害することのないように注意をすることが重要です。

知的財産権は、技術やブランドに裏打ちされた、財産権の１つですが、目に見えない権利であるため、一朝一夕に築き上げることは難しい一方、容易に毀損されてしまうという危うさも兼ね備えています。例えば、①ソフトウェアの利用規約に反して複数台のPCにソフトウェアをインストールする行為、②高級ブランドの製品デザインを真似して商品を製造する行為、③転職時に会社の営業秘密を不正に持ち出す行為、そして④他者の特許技術を用いて製品の製造を行う行為等は、他者の知的財産権を侵害する行為にあたります。そして、中小企業であっても知的財産権を保有することが当たり前になっている昨今、他者の知的財産権を侵害しないようにしなければならないことにも、企業規模は関係ありません。

あらためて、知的財産権の中身を確認すると、知的財産基本法第２条２項では、「特許権、実用新案権、育成者権、意匠権、著作権、商標権、その他の知的財産に関して法令により定められた権利又は法律上保護される利益に係る権利」と定義されています。そして、知的財産権は、原則として、当該知的財産権を保有する権利者しか実施することができません。もし、権利者以外の者が、実施許諾（ライセンス）等を受けずに実施した場合には、権利者から差止めや損害賠償の請求を受けてしまいます（例えば、特許法第100条１項は、特許権者は、自己の特許権を侵害する者またはそのおそれがある者に対し、侵害の停止や予防を請求することができることを定めています）。

では、どうやって他者の知的財産権を知るのでしょうか。

著作権を除き、特許権をはじめとする特許庁に登録される知的財産権は公開されているため、誰でも調べることができます（例えば、日本の特許庁の検索システムがあります[※3]）。そのため、他者の知的財産権と自社の事業とを比較することで、他者の知的財産権を侵害していないかどうかを確認することができます（自社の事業に関連する他者の知的財産権を探すことは容易なことではないため、知財専門家のサポートを得ることも有用です）。

そして、もし他者の知的財産権を侵害していることに気が付いた場合には、差止請求や損害賠償請求を受けるなど、事業存続に重大な影響を及ぼすことになりかねないため、早急な対応が必要となります。具体的には、知的財産権を侵害しないように、事業そのものを修正する必要があります。また、当該知的財産権に関して実施許諾を受けることも考えられます。もちろん当該知的財産権が有効に存在していることが前提となるため、当該知的財産権が無効である場合には、これら対応を行う必要はありません。そのため、まずは当該知的財産権の有効性についての確認も必要となります。

また、従業員が業務上行った発明や創作については、職務発明（特許法第35条）や職務著作（著作権法第15条）として、会社に帰属することが、雇用契約や就業規則等で定められていることも珍しくありません。このような場合には、会社は従業員に対して適切な対価・報酬の支払を行うことが不可欠となります。

このように、他者の知的財産権を保護しつつ事業活動を行うことは、既存の知的財産権を回避し、乗り越え、新たなイノベーションを生み出すきっかけとなるという意味で、自社の技術力を高める絶好の機会でもありますし、そのような従業員の知的創造活動を評価することには、従業員のモチベーションアップによる事業の活性化・高効率化をもたらすというメリットもあります。他者の知的財産権を侵害しないようにするという守りの知財活動だけでなく、自社のイノベーションの源泉である従業員に対する適切な評価と研究開発投資を行い、他者の知的財産権を回避しつつ、いかに自社の事業のバリューアップを狙った知財ポートフォリオを構築し、循環させることができるかという攻めの知財戦略が、持続可能な開発にも寄与するのです。本書の読者であるみなさまには、ぜひこの攻めの知財戦略を目指していただきたいと願っています。

(イ) 違法コピー

中小企業であっても、事業活動に用いられるソフトウェアやコンテンツについて、違法にコピーがなされたことにより、数千万円以上の損害賠償義務が認められるケースも珍しくありません。従業員が数十名程度の企業であっても、社内の違法コピーを防止する体制整備が不十分であったことにより、代表者の損害賠償責任が認められた裁判例[※4]もあります。

ソフトウェアは、本来、著作権者から許諾された範囲でのみ利用することができるものです。パッケージを購入してインストールするタイプのソフトウェアだけでなく、SaaS[※5]形式で、IDごとにライセンス（著作権者からの許諾）が与えられるようなタイプのソフトウェアもあるため、本来ユーザーごとに発行されるIDを従業員間で使い回してしまうようなケースは、著作権者から許諾された範囲を逸脱する行為として、損害賠償義務や刑事責任を問われかねません。

（ウ）商品形態の模倣

製品の外観デザインを真似するなど、商品形態の模倣により、販売行為の差止めや損害賠償義務を負う事例も少なくありません。ファッション用品だけでなく、生活雑貨や家具など、対象もさまざまですし、模倣された製品が必ずしも著名ブランド品とも限らないため、中小企業間で紛争に発展するケースも珍しくありません。

（エ）営業秘密

同業他社からの転職時に、転職前の就業先から不正に営業秘密を持ち出し、刑事罰を受けた事例もあります。転職者による違法行為ですが、転職者を受け入れる企業において過失が認められる場合には、その企業が損害賠償義務を負うケースもあります。

3　公正な事業に関する自主的取組事項

これまで述べたように、企業の事業を取り巻く課題を克服して、公正な事業環境を守るために、さまざまな法律が規定されています。しかしながら、法律が定める基準はあくまで最低限の要求であり、企業がより大きな社会的影響を持つためには、これらを超えた活動が必要です。企業の自主的な取組みは、法的義務を果たすことだけでなく、組織の成長、イノベーション、そして最終的には企業の持続可能性に直結します。中小企業の立場であっても、こうした活動に自主的に取り組む姿勢が重要であり、社会から期待されているといってよいでしょう。以下ではいくつかその例を紹介しましょう。

1 コンプライアンスプログラムの導入（独占禁止法）

独占禁止法、特に入札談合やカルテルを未然に防ぐ方法として、以下のようなコンプライアンスプログラムを導入することが考えられます。

まず、①入札談合やカルテルに関与する可能性が高い役職員（具体的には営業担当者と経営上層部）に対して、どのような行為が入札談合やカルテル行為として禁止されているかの研修を行います。次に、②入札談合やカルテルは競合他社とのやり取りによって生じることから、競合他社との接触に関するルールを取り決め、その徹底を促します。具体的には、競合他社との接触については事前承認および結果報告を義務付け、その手続に法務担当者が関与する形にします。また、競合他社との接触の中で入札談合やカルテル行為となりそうな場合は、すぐにその場を退出し、直ちに会社に報告するなどのルールを決めることが考えられます。また、③入札談合やカルテル行為のおそれがある行為を見聞きした場合に利用できる、会社への通報ホットラインを設け、会社がリニエンシー制度（事業者が入札談合やカルテルなどを公正取引委員会に対し自主的に申告した場合は一定の条件を満たすことで課徴金が減免されたり刑事告発を免れたりする制度）を利用できるようにすることも考えられます。また、④入札談合やカルテル行為はいかなる場合も許されないという会社としての姿勢を経営上層部は示し、違反した者に対しては懲戒処分を行うことを明確にしておくことが考えられます。また、そのほかに、⑤当局の調査が入った場合の対応もコンプライアンスプログラムの内容として定めることがあります。

大企業では、上記のすべてを網羅したコンプライアンスプログラムを備えることが多いと思いますが、中小企業の場合でも、違反した場合の企業に与える影響を考えると実施した方がよいものになります。なお、①について、中小企業向けに経済産業省が作成・公表している冊子を利用することが考えられます[※6]。

なお、公務員への贈賄、特に外国公務員に対する贈賄については違反した場合に企業が被る損害が大きいため、海外での取引がある企業においては、同様の内容の腐敗防止用のコンプライアンスプログラムを策定する企業もあります。以上の内容をぜひ参考に自社の実情にあったプログラムの策定を検討していただきたいと思います。

2 企業広告と誹謗中傷等の防止

(ア) 企業広告における課題

企業広告は自社や自社の製品・サービスを対外的にアピールするための有用な手段ですが、表現方法に公正さを欠いてしまうと対外的な信頼を失い、ブランド価値の低下を招く危険も内包しています。いわゆる「おとり広告」などをはじめとして消費者庁が2022年度に広告における不当表示などを理由に実施した措置命令は41件あり、課徴金納付命令制度が開始された2016年度から2022年度までの7年間に命じられた課徴金の総額は38億円を超えています。

広告やPR関連のトラブルとしては、①ファッション通販会社が公式ツイッターアカウントで行った連続ツイートがジェンダーバイアスを助長するとして批判を浴びたケース、②「カミングアウトデー」に企業が公式アカウントから行ったツイートが批判を浴びたケース、③公共施設に掲出されたアニメ広告の性的表現や新聞社が掲載した全面広告における未成年者を用いた表現が問題とされたケース、④「給与や待遇にこだわりのある人とは働きたくない」という投稿や社長の個人的ツイートが批判を浴びたケースなど、ジェンダー表現や企業の経営者・従業員の言動を契機とした炎上事例がみられます。企業の社会的責任を認識しながら企業広告における公正さを確保することは、企業の規模の大小を問わず、重要な課題となっているといってよいでしょう。

(イ)法規制を先取りした取組みの必要性

景品表示法や薬機法などの消費者保護を念頭に置いた法的規制を除くと、わが国では企業広告を対象とする法規制は行われていません。しかし、だからといって無制約な広告活動が許されているわけではありません。もちろん、企業活動において、事業目的、業種や業態、規模等にかかわらず、広い意味での広告を利用して自社の製品・サービス等を周知・宣伝することは必要不可欠です。こうした企業広告については、日本国憲法上も、表現の自由（第21条）や経済活動の自由という意味で財産権（第29条）の一環として保障されています。民主主義社会においては、企業広告の手段による自由な経済活動を行う権利が保障されていることになります。しかしながら、憲法上保障されるといってもそれは決して無制約ではなく、他の個人や企業を誹謗中傷する広告や、差別する意図・内容の広告が許されるわけではありません。このことは、上述した国際人権規約（社会権規約）第17条1項が「何人も、…（中略）…名誉及び信用を不法に攻撃されない。」と規定し、わが国の憲法が「公共の福祉」を根拠とする一定の制約の存在を認めていること（第12条、第13条、第29条2項）にもみてとることができます。上述したように、わが国では企業広告を対象とする法規制は行われていないのが現状です。しかしながら、誹謗中傷や差別を伴う広告は、民法上の不法行為を構成して損害賠償請求を受ける可能性があります。また、デジタル表現や通信技術の発展により、企業広告の手法は多岐にわたるようになりました。そのため、法的規制では対応が後追いがちになり不十分であることが、共通の認識となっています。そこで、法規制に代えて、あるいはこれを先取りして、業界団体による自主的な規制の取組みが展開され、これによって公正な事業環境を育む努力が重ねられてきました。中小企業経営者としても、技術革新による変化のスピードに独自に対応していく必要があります。たとえ意図したものでなくとも、受け止め方によっては人種差別、女性差別、障がい者差別、LGBTへの配慮を欠いた表現と評価されてしまう可能性があることを十分に認識し、自社の広告活動が、他の個人や企業を誹謗中傷したり、差別する内容となってはいないか、あるいはそのように受け止められる可能性のある表現等が用いられていないかについて、常に目配りする必要があるでしょう。そのための自主的な取組みとして、SNSやホームページなどをも含めた情報発信について、社内に規程や委員会を設置したり、専門家にアドバイスを求めるなどして差別や誹謗中傷のない企業広告となるよう努めている例も少なくありません。

(ウ) ヘイトスピーチの排除

なお、いわゆるヘイトスピーチ解消法（「本邦外出身者に対する不当な差別的言動の解消に向けた取組の推進に関する法律」）が制定され、2016年6月に施行されています。この法律の目的は「本邦の域外にある国又は地域の出身であることを理由として、適法に居住するその出身者又はその子孫を、我が国の地域社会から排除することを煽《せん》動する不当な差別的言動」によって、その出身者や子孫が多大な苦痛を強いられ、当該地域社会に深刻な亀裂を生じさせていることから、そうした差別的言動は許されないことを宣言し、これを人権教育や人権啓発などを通じて周知・解消に向けた取組みを推進することにあります（前文、第1条）。罰則規定は定められていませんが、企業や企業の従業員らがヘイトスピーチに加担し、あるいは加担したかのように受け止められる事態となれば、前述したように損害賠償請求を受けるなどの事態に陥る危険があります。ヘイトスピーチと評価されるような表現活動についてはこれを保護する価値を見いだせないというのが現代の共通の認識となっていることを念頭に、中小企業経営者は、自社の従業員に対して人権教育や啓発を行うなどの自主的な取組みが期待されているのです。

3 AIの開発時・利用時における注意

（ア）AI利用と公正な事業

テクノロジーの発達は事業活動のあらゆる面に影響を与えています。その1つの例として、近時AI技術の導入などが盛んですが、他方で、そうした新しい技術の導入を見合わせる動きもみられます。例えば、AIの学習に利用したデータに偏りがあったことから、AIを利用することにより人種差別をもたらしてしまう懸念があるとして、技術導入が中止されたケースがあります。公正な事業の実現という課題を念頭に置いた新しい潮流といえるでしょう。こうした新しい潮流への対応は、中小企業にも求められることです。

（イ）AIに関する規制等

2019年5月22日、OECDは人工知能（AI）に関する国際的な政策についての理事会勧告を採択しました。同勧告では、AIについて、①人々と地球環境に利益をもたらすものであること、②法の支配、人権、民主主義の価値、多様性を尊重するように設計され、人的介入ができるようにすること、③透明性を確保し責任ある情報開示がなされること、④健全で安定した安全な方法で機能させ、起こり得るリスクを常に評価、管理すること、⑤AI開発等に携わる組織および個人は、上記①〜④にのっとり、AIの正常化に責任を負うこと、の合計5つの原則が採択されました。同勧告は、法的拘束力を持つものではありませんが、人々にAIに関わる技能を身に付けさせることやAIの報告監督義務を国際的かつ産業部門横断的に実施できるよう協力し合うことが、各国政府に対して提言されています。

また、2021年4月21日、欧州委員会は、AI規則案を策定し、2023年6月14日に、欧州議会で採択されました。同規則は、AIをカテゴリー別に分類し、リスクレベルに応じた規制を行うものです。

日本においては、今のところ（2023年10月現在）、AIの開発、運営および利活用についてAIの性質に応じた特別な法規制はありませんが、今後、法制化の議論が活発化し、各種ガイドライン等が充実していくものと思われます（内閣府知的財産戦略推進事務局に設置された「AI時代の知的財産権検討会」においては、2023年10月4日以降、生成AIと知的財産権等との関係をめぐる懸念やリスクに対し、法的課題の整理、対応等についての議論がなされています）。2023年7月28日には、東京商工会議所が「中小企業のための『生成AI』活用入門ガイド」を公開し、生成AIの活用シーンや注意点を中小企業向けにわかりやすくまとめているので、参考になります。

（ウ）AIと秘密情報

AIは、大量のデータを読み込み、学習して開発（利用するたびに自動的に開発される機械学習も含みます）されるものであるところ、その学習には、知的財産権以外にも、当事者間の契約によって利用範囲や開示範囲が限定される知的財産が取り込まれるおそれがあります。例えば、取引の相手方から開示を受けた秘密情報について、開示を受けた目的以外で利用することや許諾を受けた範囲外の人に対して開示することが、取引の相手方との間で締結した秘密保持契約によって制限されるようなシーンにおいて、当該秘密情報をAIの開発や利用に用いられてしまうような場合です。秘密保持契約に違反してしまうと、同契約上規定されている制裁を受けるほか、同契約に基づく債務不履行責任を問われ、損害賠償の請求を受けてしまうこともあるため、AIの開発や利用に用いることのできるデータかどうかの確認は重要となります（もちろん、取引相手との契約締結時には、知的財産権だけでなく、データなどの知的財産についても、契約上の取扱いや契約締結後の管理について定めておくことが重要ですし、締結した契約内容に従って、データなどの知的財産が取り扱われるよう日々の契約履行状況のチェックも重要です）。

（エ）AIと倫理

　また、AIの開発に用いられるデータの種類や量、AI処理のパラメータの設定次第では、AIによるデータ分析成果をコントロールすることができてしまいます。その結果として、AIをきっかけとした差別やプライバシー侵害が起こり、AI利用者が、AIやAI開発者によって、合理的な意思決定を阻害されるおそれがあります。

　AI開発者に、具体的利用シーンにおける人権侵害のおそれを排除する高い倫理観が求められるのと同時に、AI利用者にも、機械学習やAIの倫理観醸成の観点から、人権侵害のおそれを排除する高い倫理観が求められるのです。

4 具体的取組事例の紹介

これまで法的遵守事項や自主的取組について述べてきましたが、実際にこれらをどのように実施したらよいのでしょうか。企業において具体的に取り組んだ事例を紹介しますので、ぜひ、参考にしていただけたらと思います。

1 オフィス向けスチール製品の製造・販売等をしている会社がコンプライアンスの推進と情報開示に取り組んでいる事例

この企業は、SDGsの目標16に関する取組みとして、コンプライアンス教育の実施・充実や、EUのGDPR対応を内容とする個人情報保護の徹底、CSR調達ガイドラインの浸透活動、ステークホルダー・ダイアログ[※7]実施を通じた適正な情報開示とステークホルダーとの対話を推進しています。

2 紙やプラスチックの代替となる石灰石を主原料とした新素材を開発製造している会社が、専任者を置いている事例

この会社では、本来の事業でSDGsに取り組むにとどまらず、あえて専任のサステナビリティ推進者を置いて、ESG・SDGsに関する社員向けレクチャーや自社のバリューチェーンとSDGsの関係性のマッピング（ポジティブインパクトとネガティブインパクトの両側面からの分析）等を行い、新製品開発等に取り組むためのイノベーションのヒントとしてSDGsを活用しています。

5　中小企業の公正な事業に関する人権問題への対応方法

中小企業の運営において、人権に対する負の影響を発見し、それを是正することは非常に重要な取組みです。これは、当該中小企業が直接的に人権侵害行為を行う危険がある場合のみならず、事業に公正さを欠いた結果として人権侵害をもたらす危険がある場合でも同様です。そのような場合に、中小企業には是正措置をとるべき社会的責任があるものと考えられます。本章の冒頭で述べたように、事業に公正さを欠いた結果、当該企業が社会的な信頼を失って回復困難な業績悪化を招いたり、多額の損害賠償や制裁金の支払を強いられたりすることにより、企業の存続すら危うくする危機を迎えることになりかねません。

そうしたリスクを防ぐためには、当該企業が、事業の公正さを欠くことによって人権に与える負の影響を発見し、これを是正する取組みを継続的に行うことが大切です。

【第10章の本文中索引】

※1 公益財団法人暴力団追放運動推進都民センターによるサンプル
https://boutsui-tokyo.com/wp-content/uploads/kakuyaku.pdf
大阪府警察本部によるサンプル：暴力団排除条項の記載例／大阪府警本部 (osaka.lg.jp)

※2 法務省人権擁護局・公益財団法人人権教育啓発推進センター「今企業に求められる『ビジネスと人権』への対応（詳細版）『ビジネスと人権に関する調査研究』報告書」36頁、日本経済団体連合会「人権を尊重する経営のためのハンドブック」57頁。

※3 J-PlatPat
https：//www.j-platpat.inpit.go.jp

※4 大阪地判平成15.10.23、平成14年（ワ）第8848号「損害賠償等請求事件」など。

※5 Software as a Serviceの略称。インターネット回線を介してクラウド上のソフトウェアを自身が操作する端末上で利用することのできるサービス。

※6 例えば、経済産業省作成の中小企業向け独占禁止法の手引き『えっ!? これってカルテルなの??』

※7 企業がステークホルダーの意見を経営に反映するために、さまざまなステークホルダーを集めて開催する双方向の対話のこと。主に、さまざまな利害関係を代弁する有識者（大学教授、専門機関の代表、弁護士、公認会計士など）と企業の担当者との対話として実施される。

☑ 公正な事業に関するチェックリスト

公正な事業に係る人権に対する負の影響を発見し、是正するプロセスを確実に実施するためのツールの１つとして、以下のチェックリストをぜひ活用ください。

あるべき姿	チェック項目
法令遵守事項	
【反社会的勢力対策】 **・反社会的勢力との一切の関係を遮断するための対策を適切に行うことにより、自社を守ることに加え、これら勢力による人権侵害が行われることのない社会を形成することに寄与する**	□理由のいかんを問わず、自社と反社会的勢力との結び付きを一切断つことを宣言し、徹底した取組みを行っているか □反社会的勢力に対して利益供与を行うことがないようチェックする仕組みを取り入れているか □契約時に相手方が反社会的勢力ではないことを確認しているか □取引先との契約書にはいわゆる反社条項（解除条項）を盛り込んでいるか
【贈収賄】 **・贈収賄を認めないことにより、公務員によって実施されるべき人権保護のための行政サービスの適正・公正・公平な提供を確保し、不当な人権侵害のない社会を形成することに寄与する**	□法令等で規制されている内容やこれまでの事例を把握し、国内外における贈収賄禁止の徹底に努めているか □接待交際費の利用時に公務員・みなし公務員にあたるか否かのチェックを行っているか □必要な研修および教育を定期的かつ継続的に実施しているか □内部通報制度等を活用して課題の把握と早期是正が期待できる体制となっているか

【入札談合・カルテル】 **・入札談合やカルテルを認めないことにより、公正かつ自由な競争を確保し、より安くより品質のよい商品・サービスの提供を通じて、消費者の支持を得て、持続的に存続する会社となる**	□法令等で規制されている内容やこれまでの事例を把握し、入札談合やカルテルの排除に努めているか □入札談合やカルテルに関する従業員教育を徹底しているか □内部通報制度等を活用して課題の把握と早期是正が期待できる体制となっているか □競争事業者との接触に関するルールなどコンプライアンスプログラムの導入を進めているか
【個人情報保護】 **・ステークホルダーの個人情報を適切に管理することにより、そのプライバシー権をはじめとする人権を守る**	□法令等で規制されている内容やこれまでの事例を把握し、情報セキュリティ対策の強化・徹底に努めているか □情報管理規程を策定しているか □漏えい等の事態に備えた報告・通知の手順等について整備しているか □取り交わす契約書に個人情報保護に関する規定を盛り込んでいるか □情報を社外に持ち出す際の留意点等必要な研修および教育を実施しているか □使用済みのパソコン等の電子機器を廃棄する場合に、各種情報の消去等を徹底しているか
【知的財産の保護】 **・知的財産権を適切に保護することにより、権利者の人権を守る**	□法令等で規制されている内容やこれまでの事例を把握し、知的財産の保護に努めているか □海賊版ソフトウェア（違法コピー）の利用をしない、ソフトウェアの利用規約に反しないなど、第三者のソフトウェアを利用する際の留意点等必要な研修および教育を実施しているか □商品やサービス等の発売前に他者の知的財産を侵害していないかどうか確認する仕組み・体制を整えているか □営業秘密の管理を行っているか □外部から知的財産侵害の申入れを受けた場合の対処について体制を整えているか □職務発明等を会社帰属とする場合、従業員に対価・報酬の支払を行う仕組みを取り入れているか

自主的取組事項	
【企業広告】 **・企業広告の適正化に取り組むことにより、関連するステークホルダーの人権への負の影響を防止・軽減する**	□企業広告の適正化に積極的に取り組んでいるか □SNSやホームページなどによる情報発信について、社内に規程や委員会を設置しているか □差別・不平等を生じさせる情報発信が行われないように従業員に対する研修や教育を実施しているか □広告やPR関連のトラブルが発生した際の対処について体制が整えられているか
【AIの利用】 **・AI利用の推進にあたってそのリスクを踏まえた対応をすることにより、関連するステークホルダーの人権への負の影響を防止・軽減する**	□AIの利用によって起こり得るリスクを評価・管理する体制を整えているか

関連する法令はあくまで一例であり、業種や規模等により法規制の有無が異なります。また、法令のほか、条例等にも留意する必要があります。

Chapter 11

中小企業と環境・地域社会

1 環境に関するSDGsの目標・尊重されるべき人権

1 環境に関する世界と日本の課題

(ア) 地球規模の環境問題

世界全体では、産業革命以降、主に先進国における企業の経済活動により、有害物質による空気や水、土壌の汚染、オゾン層の破壊、温室効果ガスによる気候変動、プラスチックごみによる海洋汚染、森林伐採等による生態系の破壊など、地球規模の環境問題が生じています。また、日本においても、明治期以降から公害問題は存在し、高度経済成長期においては、四大公害病といわれる深刻な公害問題も起こりました。

これは、企業や国が経済的な豊かさを優先するあまり、従業員や周辺の住民の健康、生活環境を軽視したことによるものです。

企業は、周辺地域、地球の環境が維持されてこそ、持続可能な経済活動を継続することができます。地球規模の環境問題は、待ったなしの課題です。日本における421万企業のうち、99.7%は中小企業ですから、大企業だけでなく、中小企業が環境問題に取り組まなければ、地球規模の課題を解決することはできません。法律違反をしてはならないこと、環境に関する法律に従って事業活動を行わなければならないことは当然ですが、法律で規制されないことについても、積極的に環境問題に取り組み、環境に配慮した経営を行う必要があります。

これまでの大量生産・大量消費型の経済社会活動により、気候変動問題、天然資源の枯渇、大規模な資源採取による生物多様性の破壊など、地球環境は悪化の一途をたどっています。世界の人類が消費している資源の量が1年間に地球が再生できる資源の量を上回る日（その年の生物資源を使い果たす日）のことを「アースオーバーシュートデー」といいますが、2023年の世界平均は8月2日、日本は5月6日です。すなわち、日本人は、その年の5月7日以降は、未来の資源を切り崩している状態です。世界中の人が日本人と同じ生活をしたとしたら、地球は2.8個必要ともいわれています。地球を存続させるためには、持続可能な形で資源を利用する「循環経済」（サーキュラーエコノミー）への移行を目指すことが必須です※1。サーキュラーエコノミーへの移行は、企業の事業活動の持続可能性を高めるため、新たな競争力の源泉となる可能性を秘めており、現に新たなビジネスモデルの台頭が国内外で進んでいます。中小企業においても、サーキュラーエコノミーを目指した事業活動を行う必要があります。

(イ)温室効果ガスによる地球温暖化

(a)危機的な状況

現状を上回る温暖化対策をとらない場合、2100年には地球の平均気温は、2000年頃と比べて最大で4.8℃上昇するといわれています。この場合、2100年の8月の東京の最高気温は43℃、1年間の熱中症による死亡者は1万5,000人ともいわれています※2。地球温暖化により、海面水位は2100年までに1.1m上昇すると予測され、豪雨・洪水など異常気象による自然災害の増加、サンゴ礁や北極の海氷などが消滅、マラリアなど熱帯の感染症の拡大、農作物の生産高の減少による食料危機、生物多様性の損失、などのリスクがあります。日本は世界で5番目の温室効果ガスの排出国で、その割合は世界全体の約3%を占め、その排出の約8割は企業・地方公共団体です。日本企業の99.7%を占める中小企業が排出削減に取り組まなければ、地球温暖化を食い止めることはできません。

(b)パリ協定と日本の目標

2015年12月に採択されたパリ協定※3では、

① 世界の平均気温上昇を産業革命以前に比べて2℃より十分低く保ち、1.5℃に抑える努力をする

② そのため、できるかぎり早く世界の温室効果ガス排出量をピークアウトし、21世紀後半には、温室効果ガス排出量と（森林などによる）吸収量のバランスをとる

ことを目標として掲げ、その他各国が5年ごとに削減目標を自主的に作成・提出すること等が合意されています。パリ協定は、途上国を含むすべての参加国に、排出削減の努力を求める枠組みであるという点において、画期的な枠組みであるといわれています。

パリ協定の採択を受けて、日本政府は、2021年10月22日閣議決定により、中期目標として、2030年度の温室効果ガスの排出を2013年度の水準から46%削減すること、2050年のネットゼロ（カーボンニュートラル）を目標として掲げています※4。これらの目標は、中小企業の取組みなくしては、実現は不可能です。

(ウ)その他の深刻な環境問題

(a)プラスチックごみの問題

世界のプラスチックの生産量は、過去50年で20倍に拡大し、現在、年間で3.8億tが生産されています。海に流れ出るプラスチックごみは世界全体で1年間で800万tともいわれています。このまま海のプラスチックごみが増えていけば、2050年には、海の中で海洋生物よりもプラスチックごみの方が多くなるともいわれています。

また、プラスチックは、細かく砕けると、マイクロプラスチックとなり、

長い時間海を漂いますが、魚がこれを食べてしまうことにより、有害物質が魚に取り込まれ、さらには、人間がその魚を食べてしまうことになります。日本は、米国に次いで世界で２番目にプラスチックの廃棄量が多い国です。中小企業は、プラスチックの代替素材の活用、プラスチックの再利用、プラスチック容器包装の廃止など、日本全体でプラスチックの使用を減らす取組みを行う必要があります。

(b) 食品ロスの問題

食品ロスとは、まだ食べられるのに廃棄される食品のことをいい、世界で生産された食品の約３分の１が食べ残しや売れ残りで捨てられています。日本の食品ロスは、年間で523万ｔといわれています。これは、東京ドーム５杯分とほぼ同じ量です。１人当たりでは、１年間で約48㎏の廃棄量で、毎日お茶碗１杯分の食べ物を棄てているのと同じです。規格外食材の活用、製造時におけるロスの削減、容器包装の工夫等による賞味期限の延長、需要に合った販売の促進など、中小企業においても取組みが求められています。

(c) 大量衣類廃棄の問題

世界第２位の環境汚染産業と指摘されるアパレル業界は、服１着を製造するのにペットボトル約255本分のCO2（25.5㎏）を排出し、浴槽約11杯分の水（約2,300ℓ）を必要とします。ファストファッションが台頭したことにより、１年間で新規供給量の約９割が手離され、さらにそのうちの約6割以上が廃棄されています。1年間1回も着用されない洋服が1人当たり25着もあるともいわれています。

企業は、適量生産・適量購入・循環利用に取組み、生産工程で廃棄される繊維を少なくすること、消費者に長く着てもらうために色落ちしにくい染色技術やほつれにくい縫製技術などの開発、リサイクルを想定し再利用しやすい素材選びや分解しやすいデザイン、さらにはモノマテリアル（単一素材）での商品開発などを行う必要があります。

2 環境問題へ取り組むことのメリット

(ア)製品、サービスの消費者に対する訴求力を高める

近年、「エシカル消費」(倫理的消費)(詳細は本書第7章ほか)の考え方が浸透しつつあります。人権、環境問題に意識した製品やサービスがますます選ばれる傾向にあり、これらに配慮した製品やサービスを提供することにより、他社との差異化を図ることができます。

(イ)採用、雇用における優位性確保

ミレニアル世代やZ世代は、企業の環境への取組み、製品やサービスが環境を意識したものであるかどうか、高い関心を持っています。例えば、デロイトトーマツによる調査[※5]によれば、日本の約40%のZ・ミレニアル世代が「気候変動は取り返しがつかないほど深刻」と認識しています。積極的に環境問題へ取り組み、環境を意識した製品やサービスを提供することは企業イメージのアップにつながります。また、積極的に環境問題に取り組んだり、環境を意識した製品、サービスを提供することにより、採用時において優秀な人材を確保し、また、継続した雇用関係を維持することにつながります。

(ウ)取引先、金融機関からの評価

特に温室効果ガスの削減との関係では、サプライチェーン排出量のスコープ3[※6]との関係で、自社の温室効果ガスの排出を抑えることは、他社のスコープ3排出量を減少させることになり、ひいては、選ばれる取引先となることにつながります。また、中小企業においてもESG投資(環境=Environment・社会=Social・ガバナンス=Governance)を受けることで、有利な条件で資金調達ができる可能性が高まります。地方銀行や信用金庫の規模においても、グリーンボンドやサステナビリティボンドな

どの投融資を組成しています。

3 環境に関するSDGsの目標とターゲット

以上に述べたような内外の課題を克服するため、SDGsは次のような目標とターゲットを定めています。

日本は、SDGsの達成度評価において、特に、環境関連分野の目標である12、13、14、15については、重要な課題（Major Challenges）として位置付けられています[※7]。

これらの課題について、国家全体で取り組むためには、国や地方公共団体、大企業だけでなく、中小企業も重要な課題として積極的に取り組む必要があります。重要な課題であるということは、改善の伸びしろが大きいともいえます。目標12、13、14、15については、各100～350兆円程度の市場規模があるとも試算されています（デロイトトーマツSDGs各目標の市場規模試算結果（2017）、詳細は第2章図表2－5を参照）。環境分野における技術革新、イノベーション、企業努力により、ビジネスチャンスが生まれる可能性が大いにあります。また、現在は自主的な取組みの促進にとどまることであっても、今後、法規制が新たに設けられる余地が大いにあることを意識して、取り組む必要があります。

図表 11-1　環境に関するSDGsの目標とターゲット

目標	ターゲット
7 エネルギーをみんなに そしてクリーンに	7.2：2030年までに、世界のエネルギーミックスにおける再生可能エネルギーの割合を大幅に拡大させる。 7.3：2030年までに、世界全体のエネルギー効率の改善率を倍増させる。

11 住み続けられるまちづくりを	11.6：2030年までに、大気の質および一般ならびにその他の廃棄物の管理に特別な注意を払うことによるものを含め、都市の一人当たりの環境上の悪影響を軽減する。
12 つくる責任 つかう責任	12.3：2030年までに小売・消費レベルにおける世界全体の一人当たりの食料の廃棄を半減させ、収穫後損失などの生産・サプライチェーンにおける食品ロスを減少させる。 12.4：2020年までに、合意された国際的な枠組みに従い、製品のライフサイクルを通じ、環境上適正な化学物質やすべての廃棄物の管理を実現し、人の健康や環境への悪影響を最小化するため、化学物質や廃棄物の大気、水、土壌への放出を大幅に削減する。 12.5：2030年までに、廃棄物の発生防止、削減、再生利用および再利用により、廃棄物の発生を大幅に削減する。
13 気候変動に具体的な対策を	13.1：すべての国々において、気候関連災害や自然災害に対する強靭性（レジリエンス）および適応の能力を強化する。
14 海の豊かさを守ろう	14.1：2025年までに、海洋ごみや富栄養化を含む、特に陸上活動による汚染など、あらゆる種類の海洋汚染を防止し、大幅に削減する。 14.2：2020年までに、海洋及び沿岸の生態系に関する重大な悪影響を回避するため、強靭性（レジリエンス）の強化などによる持続的な管理と保護を行い、健全で生産的な海洋を実現するため、海洋及び沿岸の生態系の回復のための取組を行う。 14.3：あらゆるレベルでの科学的協力の促進などを通じて、海洋酸性化の影響を最小限化し、対処する。

15 陸の豊かさも守ろう	15.1：2020年までに、国際協定の下での義務に則って、森林、湿地、山地及び乾燥地をはじめとする陸域生態系と内陸淡水生態系及びそれらのサービスの保全、回復及び持続可能な利用を確保する。 15.2：2020年までに、あらゆる種類の森林の持続可能な経営の実施を促進し、森林減少を阻止し、劣化した森林を回復し、世界全体で新規植林及び再植林を大幅に増加させる。

4 環境・地域社会に関して尊重されなければならない人権

(ア)国際人権として保障されるもの

特定の環境を享受することを人権として定めたものはありませんが、自然環境に関連するものとして、以下を内容とする規定があります。

(a)国際人権規約(A規約)

国際人権規約Ａ規約の第11条では、相当な食糧、衣類および住居を内容とする相当な生活水準についてのならびに生活条件の不断の改善についてのすべての者の権利を認める旨規定しています。また、第12条1項では、すべての者が到達可能な最高水準の身体および精神の健康を享受する権利を有することを認めることが規定されています。

(b)国際人権規約(B規約)

国際人権規約Ｂ規約の第6条では、すべての人間は、生命に対する固有の権利を有する。この権利は、法律によって保護される。何人も、恣意的にその生命を奪われない旨定められています。

(イ)日本国憲法上保障されるもの

「環境権」の明文の規定はありませんが、第13条において、「すべて国民は、個人として尊重される」旨規定されていること、第25条において「すべて国民は、健康で文化的な最低限度の生活を営む権利を有する」旨規定されていることが環境に関する人権の根拠となります。

5 環境に関する人権を尊重する意義

人の健康の保護と生活環境の保全は、当然に保証されるべき人権です。環境を害するということは、今この世の中に生きている現在世代の人権を害するとともに、その地球を受け継ぐ将来世代の人権も侵害することになります。私たちは、現在の世代だけでなく将来の世代のためにも環境を保護し改善する義務を負っています。

SDGsの17の目標を「生物・環境圏」「社会圏」「経済圏」の3つの階層を視覚化したウェディングケーキモデルにおいて、環境に関する目標の多くは、第一階層（生物・環境圏）としてすべてのSDGsの土台となっています。「水」「気候」「海」「森」といった自然環境を守ることが、人間の生活や経済活動に必要不可欠であるということを示しています。

2 環境に関するSDGsコンプライアンス（法令遵守事項）

1 環境規制の基本となる環境基本法

日本においては、深刻な公害問題を背景に、1967年に公害対策基本法が制定され、その公害対策基本法を引き継ぐべく、1993年に環境基本法が制定されました。環境基本法では、環境保全について、現在および将来の世代の人間の環境の恵沢の享受と継承、環境への負荷の少ない持続的発展が可能な社会の構築等、国際的協調による地球環境保全の積極的推進という基本理念が明記され、国、地方公共団体、事業者および国民の責務が定められています。事業者は、基本理念にのっとり、その事業活動を行うにあたって、ばい煙、汚水、廃棄物等の処理その他の公害を防止し、または自然環境を適正に保全するために必要な措置を講ずる責務、環境の保全上の支障を防止するため、物の製造等の事業活動を行うにあたって、当該製品その他の物が廃棄物となった場合にその適正な処理が図られるように必要な措置を講ずる責務を有することなどが定められています。また、物の製造等の事業活動を行うにあたって、製品その他の物が使用されまたは廃棄されることによる環境への負荷の低減に資するように努めるとともに、その事業活動において、再生資源その他の環境への負荷の低減に資する原材料、役務等を利用するように努めなければならないことが規定されています。

企業が法律上遵守すべき環境に関する主な規制としては、以下があります。詳細については、弁護士等専門家に相談の上、適切な助言を受けてください。

2 廃棄物の管理、処理に関する法規制、リサイクルに関する法規制

(ア)廃棄物の処理及び清掃に関する法律(廃棄物処理法)

事業者は、事業活動によって生じた廃棄物について処理責任を持ち、廃棄物の再生利用や減量化に努めるとともに、生産した製品が廃棄物となった場合を踏まえ、処理が困難とならないようにするための措置を講ずるこ

とされています。

(a)廃棄物の適正処理

事業活動によって排出される廃棄物は、法令で定められた20種類の産業廃棄物、爆発性、毒性等を有する特別管理産業廃棄物、これらにあてはまらない一般廃棄物の事業系ごみがあります[※8]。事業者は、その廃棄物が最終処分されるまで適正な処理を行わなくてはなりません。

(b)廃棄物の処理を委託する場合

排出事業者が産業廃棄物の運搬または処理を第三者に委託する場合には、政令で定める基準に従わなければなりません。処理業者・収集運搬業者の許可の種類を確認し、産業廃棄物の最終処分が終了するまでの一連の処理が適正に行われるために必要な措置を講ずるように努めなければなりません（同法第12条1項、2項、5項、6項)。これらの違反については罰則規定もあり、無許可の処理業者への委託は、行為者、法人ともに1,000万円以下の罰金、または行為者個人に対して5年以下の懲役が科され、もしくはこれらが併科される可能性があります。

(c)委任契約、マニフェストの交付義務

産業廃棄物の運搬・処理を第三者に委託する際には、法的記載事項を含む委任契約を締結する必要があります。また、排出事業者は、産業廃棄物の引渡しと同時に、記載事項と様式が法令で定められたマニフェスト（産業廃棄物管理票）を廃棄物の種類ごとに交付しなければなりません（同法第12条の3)。さらに、交付時の控えや処理業者から返送された伝票を5年間保存しなくてはなりません。マニフェストに虚偽記載を行うと、1年以下の懲役または100万円以下の罰金が科せられる可能性があります。

(イ)リサイクルに関する法律

2000年に日本における循環型社会の形成を推進する基本的な枠組みとなる法律である循環型社会形成推進基本法が公布されました。その後、容器包装に係る分別収集及び再商品化の促進等に関する法律（容器包装リサイクル法）、使用済小型電子機器等の再資源化の促進に関する法律（小型家電リサイクル法）、資源の有効な利用の促進に関する法律（資源有効利用促進法）、プラスチックに係る資源循環の促進等に関する法律（プラスチック資源循環法）などが定められています。

容器包装リサイクル法では、「容器包装廃棄物」に該当する場合、容器の製造・容器や包装の利用を行った事業者は、ガラス製容器、紙製容器包装、ペットボトル、プラスチックボトル製容器包装について、再商品化することが義務付けられています。さらに指定される小売業に属する事業を行う者（指定容器包装利用事業者）については、容器包装の使用原単位の低減に関する目標を定めることと、これを達成するための取組みを計画的に行うことが求められるほか、一定量以上の容器包装を扱う「容器包装多量利用事業者」は、定期報告書の提出が求められています。

プラスチック資源循環法では、国がプラスチックに係る資源循環の促進等を計画的に推進するために「基本方針」を策定し、プラスチックを扱う事業者は指針に沿って製品の設計や製造をすることが求められます。また、飲食店やコンビニエンスストアで提供される使い捨てのプラスチックカトラリー（ワンウェイプラスチック）を削減するための提供事業者が取り組むべき判断基準が策定されています。ワンウェイプラスチックを年間5ｔ以上扱う事業者については、利用量の削減等の対策が義務付けられています。その他、自主回収や再資源化についてのルールが定められています。

3　有害化学物質の管理に関する法規制

有害物質の管理や、排出の規制に関する法律として、化学物質の審査及び製造等の規制に関する法律（化審法）、特定化学物質の環境への排出量の把握等及び管理の改善の促進に関する法律（ＰＲＴＲ法）、特定有害廃棄物等の輸出入等の規制に関する法律（バーゼル法）、毒物及び劇物取締法（毒劇法）、ダイオキシン類対策特別措置法等があります。

事業者は、法令等で規制されている有害化学物質を把握し、使用量の削減および適切な使用に努める必要があり、一定の情報提供義務も負っています。

化審法は、人の健康を損なうおそれまたは動植物の生息・生育に支障を及ぼすおそれがある化学物質による環境の汚染を防止することを目的とする法律で、新たに製造・輸入される化学物質に対する事前審査制度、製造・輸入数量の把握（事後届出）、有害性情報の報告等に基づくリスク評価、学物質の性状等（分解性、蓄積性、毒性、環境中での残留状況）に応じた規制および措置等が規定されています。

PRTR法では、特定化学物質を含有する製品を譲渡・提供する際にはSDS（安全データシート）を事前に提供する義務があります。また、経済産業大臣は、必要な限度において、事業者に対し、その対象となる化学物質の性状および取扱いに関する情報の提供に関し報告させることができ、報告をしなかったり、虚偽の報告をした者は、20万円以下の過料に処する罰則もあります。

4 大気汚染防止、空気に関する法規制

大気の汚染を防止するための法律として、大気汚染防止法、悪臭防止法、また、地球の大気中のオゾン層を保護するための法律として、特定物質等の規制等によるオゾン層の保護に関する法律（オゾン層保護法）があります。

事業者は、ばい煙、揮発性有機化合物および粉じん、水銀等を排出することを制限され、有害大気汚染物質対策の実施を推進することが義務付けられています。また、事業者は、工場等から排出する臭気を規制基準内に

とどめる必要があります。

5 水質汚染防止に関する法規制

水質汚染の防止に関する法律として、水質汚濁防止法、湖沼水質保全特別措置法などがあります。

6 土壌汚染防止に関する法規制

土壌汚染防止に関する法律として、土壌汚染対策法があります。土地の所有者等は、①有害物質使用特定施設の使用を廃止したとき（同法第３条）②一定規模以上の土地の形質の変更の届出の際に、土壌汚染のおそれがあると都道府県知事等が認めるとき（同法第４条）、③土壌汚染により健康被害が生ずるおそれがあると都道府県知事等が認めるとき（同法第５条）等には、当該土地の土壌の特定有害物質による汚染の状況について調査する義務があります。

また、土壌の汚染状態が基準を超過する場合は、都道府県知事は、汚染の摂取経路があり、健康被害が生ずるおそれがあるため、汚染の除去等の措置が必要な区域（要措置区域）、または汚染の摂取経路がなく、健康被害が生ずるおそれがないため、汚染の除去等の措置が不要な区域（形質変更時要届出区域）の指定を行います。土地の所有者等は、汚染除去等計画に従い、土壌汚染の除去、封じ込め等の汚染の除去のための措置をとる必要があります。

要措置区域等内から汚染土壌を搬出する場合には、事前の届出義務があります。このほか、汚染土壌の運搬は、運搬基準の遵守と管理票の交付・保存義務があります。さらに、汚染土壌を要措置区域等外へ搬出する者は、原則として、その汚染土壌の処理を汚染土壌処理業者に委託しなければならないと定められています。汚染土壌処理業者とは、汚染土壌の処理を業として営む者をいい、営業にあたっては、都道府県知事等の許可が必要です。

7 地球温暖化対策の推進に関する法規制（地球温暖化対策推進法）

地球温暖化対策推進法では、すべての事業者に対し、温室効果ガスの削減のための努力義務を定めています（第5条、第23条、第24条）。また、温室効果ガスの種類を「エネルギー起源二酸化炭素」と「エネルギー起源二酸化炭素以外の温室効果ガス」とに区別しています。「エネルギー起源二酸化炭素」はすべての事業所のエネルギー使用量合計が年間1,500kℓ以上となる「特定事業所排出者」と特定旅客輸送事業者や特定荷主などの「特定輸送排出者」が対象となり、また、「エネルギー起源二酸化炭素以外の温室効果ガス」は温室効果ガスの種類ごとにすべての事業所の排出量合計が、二酸化炭素の換算で3,000t以上かつ、事業者全体で常時使用する従業員の数が21人以上という要件を満たす「特定事業所排出者」が対象となります。これらの対象者は、毎年、対象となる温室効果ガスの排出量を報告する義務があります。排出量の報告をしない、または虚偽の報告をした場合には、20万円以下の過料が科せられる可能性があります。

8 騒音・振動防止に関する法規制

騒音や振動を規制する法律として、振動規制法、騒音規制法があります。特定の工場等を設置する事業者、建設作業を行う事業者は、発生する騒音や振動を規制基準以下に抑える必要があります。

3　環境・地域社会との関係での自主的取組事項

1 自主的取組事項の重要性

環境・地域社会との関係での自主的取組事項は、法令遵守事項と同様に重要です。特に、「脱炭素経営」は、すべての企業にとって必要な取組みとなります。気候変動により、日本においても、大雨による洪水等の被害が頻繁に起きるようになり、生命、健康、住居、食料、教育等といった基本的な人権が脅威にさらされています。気候変動は、単なる「環境」の問題ではなく、人権の観点からすべての企業が取り組む必要があります。

また、大企業は、持続可能な社会を実現するために人権を尊重し、環境に配慮した目標を掲げ、さまざまな取組みを行っていますが、それだけでなく、取引先の中小企業に対しても、特に温室効果ガスの削減については、サプライチェーンとして排出量の算出調査の対象とするなど、サプライチェーン全体を通じた取組みを求めています。そのため、中小企業も他人事ではありません。

日本政府も「グリーン成長戦略」を表明し、従来の発想を転換して、経済と環境の好循環を作っていく産業政策を掲げています。中小企業を含むすべての企業が脱炭素経営をはじめとする環境分野に取り組む必要があります。

2 取組みによるメリット

中小企業が環境分野に取り組むメリットはどのようなものでしょうか。例えば、脱炭素経営との関係でいいますと、中小企業が脱炭素経営を行うメリットとして、次の点が挙げられます。

①優位性の構築・イメージアップ

②光熱費・燃料費の低減

③知名度や認知度向上による売上増加

④社員のモチベーション・人材獲得力向上

⑤好条件での資金調達

このように、脱炭素経営の取組みは、近年多くの中小企業が抱える人手不足や価格高騰の問題等の対策にもつながることがわかります。積極的な取組みにより、社会課題に正面から取り組むことで、選ばれる企業となり、大きなビジネスチャンスになりますし、さらには取組みの過程でさまざまな体制が整うことによってガバナンスも強化され、持続可能な企業になれることが、中小企業にとって大きなメリットとなります。

3 自主的取組として行うべき事項

自主的取組として行うべき事項としては、例えば、以下のような取組みが考えられます。

（ア）CO2等の温室効果ガスの削減

気候変動への対応のうち、地球温暖化の進行を緩和させる対策として、CO2等の温室効果ガス排出を減らす対策（排出量の削減）、森林等のCO2吸収作業の保全や強化をする対策（吸収量の増大）があります。中小企業で取り組みやすいのは、排出量の削減に向けた取組みです。具体的には、社用車に環境配慮型車両を導入する、省エネ対策を行う、再生可能エネルギーを利用する等、さまざまな対策があります。

(イ)環境に配慮した製品設計等

前述のとおり、消費者のエシカル消費に対する意識が高まり、市場環境が変わってきている以上、低価格、高品質であればよいということではなく、環境に配慮した製品設計を行うことが求められます。具体的には、天然由来の成分や素材で作られている製品、リサイクルが可能な素材で作られている製品等です。

また、循環型社会[※9]の実現に向けて、原材料の調達、製造、販売、消費、廃棄までのサプライチェーン上のあらゆる段階で、環境に負荷を与えていないか、という点も意識する必要があります。

(ウ)環境に配慮した製品の購入等

環境に配慮した取組みは、製造業だけでなく、サービス業等でも行うことができます。自社で環境に配慮した製品の開発を行うことができなかったとしても、環境に配慮した製品を購入することも、環境に配慮した取組みとなります。国等による環境物品等の調達の推進等に関する法律（グリーン購入法）第5条では、「事業者及び国民は、物品を購入し、若しくは借り受け、又は役務の提供を受ける場合には、できる限り環境物品等を選択するよう努めるものとする」と規定されており、事業者も環境への負荷の低減に資する原材料等を利用した製品を選択するように求められています。環境に配慮した製品か否かを判断する際には、環境認証マークの有無が1つの参考になります。その他、ペーパーレス化を行う、使い捨て製品（紙コップ等）をできる限り使用しない、分別廃棄を徹底する等、廃棄物の抑制・リサイクル・適正処理等を行う観点からも、身近なところでさまざまなことを行うことができます。

(エ)地域社会貢献

企業における社会貢献への注目度は年々上がっています。社会貢献の手段としては、資金上の支援、物的支援、人的支援がありますが、これらを行うことは、単に企業のイメージアップが期待できるというだけでなく、顧客や従業員に選ばれ続ける持続可能な企業へとつながります。地域のボランティア活動に積極的に参加する等、経営資源の少ない中小企業であっても、できることはたくさんあります。

また、地域の強みとなる産地の技術、農林水産物、観光資源の地域資源を活用して商品やサービスの開発や生産を行い、需要の開拓を行うことは、地域の活性化、雇用創出にもつながり、それに取り組む企業だけでなく、地域社会や住民にとっても、大きなメリットとなります。

(オ)中小企業が自主的取組を行う際の視点

このように、中小企業が環境・地域社会との関係での自主的取組として行う事項はたくさんありますし、身近なところから取り組めることもあります。これらの取組みは一過性のものではなく、持続的に行うことが求められます。経営層からの指示で従業員が無理矢理やらされているという環境下では長続きしません。従業員一人ひとりが自主性を持って積極的に取り組めるように進めていく必要があります。

そのため、中小企業は、今ある社会課題を意識しながら、「やるべきこと」を実行することも大事ですが、SDGsのどの目標に貢献しているのかを意識し、従業員との対話を繰り返しながら、特に「やりたい」ことを実行していくことも重要です。

4 具体的な取組事例の紹介

ここでは、中小企業における具体的な取組事例をいくつか紹介します。

1 印刷会社A社の事例

印刷会社のＡ社は、本業を通じたＳＤＧｓ達成に取り組んでいます。印刷用インキは、石油系溶剤0%を使い、印刷紙は違法伐採による紙でないことを証明する認証紙を使用することで、環境や人の身体にも優しい環境印刷を行っています。持続可能な調達に関心の高い大手企業、外資系企業等との新規取引先が増加し、売上増加にもつながっています。

また、印刷事業により排出される年間の温室効果ガス（CO2）を算定し、その全量をカーボン・オフセット（打ち消し活動）し、地球温暖化対策に貢献しています。特に近年、サプライチェーン排出量の算定、削減が求められ、サプライチェーン全体の排出量（スコープ3）の算定、削減が求められる動きが高まる中、同社では、顧客がCO2ゼロ印刷を選択することにより、スコープ3の削減実績になることを説明しています。今まさに大企業などの大きな関心事であるサプライチェーン排出量に関して、その対策ができることを正面から応えている企業といえます。

2 繊維製品の染色加工を行うB社の事例

タオルをはじめ、繊維製品を染色加工する会社です。エネルギーを多消費するボイラーが数多く存在する染色業界で、いち早く重油ボイラーから100%天然ガスボイラーへ転換することによりCO2排出量を約4割削減する等、環境に関する積極的な取組みを行っています。

特筆すべきは、ごみとなっていたものを商品へと一変させた取組みです。タオルの染色、乾燥の過程で乾燥機のフィルターに付着する大量の綿ぼこりをこれまでは廃棄していました。しかし、綿ぼこりの燃えやすい性質に着目し、綿ぼこりを集めてキャンプ用の着火剤として商品化して販売したところ、人気商品となりました。廃棄物の削減だけでなく、売上増加にもつながった事例として、注目されています。

3 農産物等の加工、販売に関する業務を行うC社の事例

日本料理に添えられる木の葉や野の花等の「つまもの」と呼ばれる植物を栽培し、販売する「葉っぱビジネス」（農業ビジネス）を展開しています。「葉っぱ」という地域資源を発掘し、活用した事例として有名な会社ですが、地域住民による参画を促進し、高齢者や女性が活躍しているビジネスとしても注目されています。

この地域は、日本で初めてゼロ・ウェイスト宣言（ごみを出さないような生産と消費のシステムを構築）をした場所としても有名で、大量生産・大量消費・大量廃棄を行う社会から循環型社会への転換を促し、持続可能な社会の実現に向けた取組みをいち早く行っています。

5 中小企業と環境･地域社会との関係における人権問題への対応方法

1 環境問題への取組み

環境問題は、一企業のみの取組みで抜本的な解決ができるものではありません。しかし、気候変動の問題でいえば、2023年7月27日、国連のアントニオ・グテーレス事務総長が「地球温暖化の時代は終わり、地球沸騰化の時代が到来した」と警告する等、待ったなしの状況です。現時点で気候変動対策に特効薬はなく、将来あるべき姿から対策を考える（バックキャスティング）とともに、今できる具体的な対策をどんどん行わなければなりません。環境に配慮した製品を開発する等、事業活動と直接結び付く活動はもちろんのこと、事業活動と直接結び付かない活動であっても、環境や地域社会への貢献をすることができますし、それによって企業価値を高めることができます。

そのために行うべきことは、経営層が自社としてSDGsに取り組む宣言を行い、社内全員で共有した後、従業員、地域住民等のステークホルダーとの対話を重ねていくことが重要です。よく話し合い、実行、検証等を繰り返し行うことです。

2 脱炭素経営に向けた具体的な取組み

環境省の「中小規模事業者向けの脱炭素経営導入ハンドブック[※10]」によれば、脱炭素経営に向けて、①知る（情報の収集、方針の検討）、②測る（CO2排出量の算定、削減ターゲットの特定）、③減らす（削減計画の策定、削減対策の実行）の3つのステップがあることが説明されています。

まずは自社のCO2排出量の見える化（可視化）を行うことが重要です。一例として、日本商工会議所「CO2チェックシート[※11]」を活用し、算出することが考えられます。

また、外部のリソースを積極的に活用することも重要です。例えば、中小機構では、「カーボンニュートラルオンライン相談窓口[※12]」があります。カーボンニュートラルや脱炭素に関して、ウェブ会議システムで全国どこからでも、無料で何度でも相談でき、経験豊富な専門家によるアドバイスを得ることができます。

近年では、金融機関もSDGsへの貢献をする企業を後押しする制度として、取組みが行われたことによる金利の優遇等（サステナビリティ・リンク・ローン等）もありますが、金融機関の関連会社等がSDGsへの取組みを達成するためのコンサルティングを提供しているところもあります。中小企業は、金融機関との連携を緊密に図りながら、財務面のみならず、非財務面を強化していくことも考えられます。

脱炭素経営のポイントは、環境省の「グリーン・バリューチェーンプラットフォーム[※13]」をはじめ、インターネット上でもさまざまな情報が紹介されていますので、それらの情報を参考にしながら、自社にできることを考え、実践してみてください。

【第11章の本文中索引】

※1　サーキュラーエコノミーとは、従来の3R（リデュース、リユース、リサイクル）の取組みに加え、資源投入量・消費量を抑えつつ、ストックを有効活用しながら、サービス化等を通じて付加価値を生み出す経済活動であり、資源・製品の価値の最大化、資源消費の最小化、廃棄物の発生抑止等を目指すもの。
「令和5年版　環境・循環型社会・生物多様性白書」第1部・第2章・第2節。
https://www.env.go.jp/policy/hakusyo/r03/html/hj21010202.html

※2　「2100年 未来の天気予報」（環境省　2019年7月8日）
https://www.env.go.jp/press/107008.html

※3　第21回気候変動枠組条約締約国会議が開催されたフランスのパリで採択された2020年以降の気候変動問題に関する国際的な枠組み。1997年に採択された京都議定書の後継。

※4　「パリ協定に基づく 成長戦略としての長期戦略」（令和3年10月22日　閣議決定）
https://www.mofa.go.jp/mofaj/files/100285601.pdf

※5　「Z・ミレニアル世代年次調査2022 予測不可能な未来を見据えるZ・ミレニアル世代のキーワードとは？」（デロイトトーマツグループ 2022年8月）
https://www2.deloitte.com/content/dam/Deloitte/jp/Documents/about-deloitte/about-deloitte-japan/jp-group-genzmillennialsurvey-2022.pdf

※6　スコープ3は、製品の原材料調達から製造、販売、消費、廃棄に至るまでの過程において排出される温室効果ガスの量（サプライチェーン排出量）を指し、スコープ1（自社での直接排出量）・スコープ2（自社での間接排出量）以外の部分「その他の間接排出量」をいう。

※7　国際的な研究組織「持続可能な開発ソリューション・ネットワーク」（SDSN）は毎年世界各国のSDGsの達成度を評価した報告書「Sustainable Development Report」を発表している。

※8　土砂、土砂に準ずるもの、有価物等、一定のものは廃棄物から除外されている。

※9　大量生産・大量消費・大量廃棄型の社会に代わるものとして提示された概念で、天然資源の消費が抑制され、環境への負荷ができる限り低減された社会のこと。

※10　「中小規模事業者向けの脱炭素経営導入ハンドブック」（環境省）4頁。
https://www.env.go.jp/earth/ondanka/supply_chain/gvc/files/guide/chusho_datsutansodounyu_handbook.pdf

※11　「CO2 チェックシート」（日本商工会議所）
https://eco.jcci.or.jp/checksheet

※12　「カーボンニュートラルに関する相談」（独立行政法人 中小企業基盤整備機構）
https://www.smrj.go.jp/sme/consulting/sdgs/favgos000001to2v.html
なお、ここでは、中小企業等が自らの取組みを確認する「カーボンニュートラル実現に向けたチェックシート」も紹介されている。

※13　「グリーン・バリューチェーンプラットフォーム」（環境省）
https://www.env.go.jp/earth/ondanka/supply_chain/gvc/

環境・地域社会に関するチェックリスト

環境・地域社会に係る人権に対する負の影響を発見し、是正するプロセスを確実に実施するためのツールの１つとして、以下のチェックリストをぜひ活用ください。

あるべき姿	チェック項目
法令遵守事項	
自社に関連する法令等の把握 ・環境関連法令等を把握し、その対応を行うことにより、関連するステークホルダーの人権への負の影響を防止・軽減する	□行政庁、業界団体、弁護士、コンサルタント等に確認しながら、自社に関連する環境法令を確認し、把握し、遵守しているか □法令による規制事項を把握した後、法令遵守のための具体的業務や活動の計画を策定した上で、対策を行っているか
廃棄物、リサイクル ・廃棄物の管理・処理を適切に行い、また削減に努めることにより、関連するステークホルダーの人権への負の影響を防止・軽減する	□排出事業者責任を理解し、廃棄物か否かについて、法令等を都度確認しながら検討しているか □廃棄物の種類・量など現状を把握して、削減のための計画を策定しているか □委託契約書の作成、マニュフェストの運用等、産業廃棄物処理に関して必要とされる書類を作成し、適切に運用しているか □廃棄物の削減・循環型社会の実現のため、適量生産・適量購入・循環利用に取り組んでいるか

自主的取組事項	
温室効果ガス **・自社の温室効果ガスの排出量を把握し、脱炭素経営を進めることにより、関連するステークホルダーの人権への負の影響を防止・軽減する**	□算定ツールなどを利用して温室効果ガス排出量を把握し、削減の計画を策定した上で、削減に向けた取組みを行っているか □社用車において、環境配慮型車両を導入しているか □カーボン・オフセットに取り組んでいる商品やサービスを優先的に購入または使用しているか
社会貢献活動 **・寄付、ボランティア等を含む、社会貢献活動に積極的に取り組むことにより、関連するステークホルダーのウエルビーイングに貢献する**	□地域の次世代を担う人材との交流・育成機会の提供を行っているか □地域のボランティア活動、防災活動などに積極的に参加し、協力や支援を行っているか
地域資源の積極的利用 **・地域資源の積極的利用（地産地消、地産外商）を行うことにより、関連するステークホルダーのウエルビーイングに貢献する**	□地域の原材料を優先的に利用しているか □地域の雇用活性に取り組んでいるか

関連する法令はあくまで一例であり、施設や規模等により法規制の有無が異なります。また、法令のほか、条例等にも留意する必要があります。

Chapter 12

中小企業における ガバナンス

1 ガバナンスとSDGsの目標・尊重されるべき人権

1 ガバナンスに関する中小企業の課題

(ア)ガバナンスとは

コーポレートガバナンス（以下「ガバナンス」）という用語はあまり馴染みがない言葉かもしれませんが、中小企業経営者のみなさまも経営においてしっかり理解しておくべき大切な事項です。

ガバナンスとは、会社が、株主をはじめ顧客・従業員・地域社会等の立場を踏まえた上で、透明・公正かつ迅速・果断な意思決定を行うための仕組みのことをいいます。

OECDの報告書（2015年）によると、ガバナンスの目的は「経済効率性、持続可能な成長と金融の安定的な運用をサポートしていくためのシステムであり、それによって外部からの投資を安定的に受けることや、経営活動の全般を支援しつつ、株主を含む様々なステークホルダーが公正にかつ共に成長していく社会を支えていくこと」であるとされています。

すなわちガバナンスは、企業活動に関わるステークホルダー全体の利益を公正に保護することが必要とされていますので、本書のテーマであるステークホルダーのサステナビリティを実現する大前提をなす重要な事項であり、SDGs等の人権尊重に資する組織体制への取組みを意味しています。

また、株式会社東京証券取引所が公表している「コーポレートガバナンスコード～会社の持続的な成長と中長期的な企業価値の向上のために～」の5つの基本原則の中にも「株主以外のステークホルダーとの適切な協議」が含まれており、ガバナンスが多様なステークホルダーの利益保護を目的とするものであることが表れています。したがって、中小企業経営においてもしっかり取り組む必要があるのです[※1]。

(イ) 中小企業のガバナンス状況

近時、中古車販売会社が保険金の不正請求を常習的に行っていたことが注目を浴びました。同社は、会社法上の要件を満たす取締役会が開催されていなかったため、内部統制のあり方について検討や意思決定がなされたことがなく、取締役会議事録も作成されていなかったようです。これに対して、同社の特別調査委員会による調査報告書は、社長の強大なリーダーシップで会社の規模や業績を拡大してきた事実はあるにせよ、健全な発展のためには、取締役会を開催して取締役間で忌憚ない活発な議論を行い、かつ、その経過を議事録に記録して、事後的に決定されたことについての検討が可能なようにしておく必要があるなど、意思決定プロセスを透明化することが不可欠であることなどを指摘しています。

これは大企業の不祥事でしたが、中小企業においても対岸の火事ではありません。中小企業にも図表12－1にあるようにさまざまなガバナンス上の課題があります。

(ウ) 中小企業におけるガバナンス不備の影響

中小企業におけるガバナンスの不備は、さまざまな悪影響を中小企業にもたらすことになります。

図表12－1に即して説明していきましょう。

図表12-1 中小企業のガバナンス上の課題

①不透明な意思決定	経営者または主要な取締役が単独で大きな意思決定をする傾向があり、そのプロセスが他の関係者に透明でないことがある
②縁故主義	親族や知人が経営に関与するケースが多く、これが公平な意思決定を阻害していることがある
③意思決定機構の形骸化	取締役会や株主総会が開催されないか形骸化していることがある
④権限濫用阻止が困難	上記事情が相まって一部の権限者の権限濫用の抑制が困難な状況になっていることがある
⑤文書化・記録化の不備	書面による契約や決定の文書化が不十分で、後にトラブルの原因となっていることがある

①代表者が単独で不透明な意思決定を繰り返していると、従業員や取引先からの信頼を失い、人材が流出したり、取引先が変更される可能性があります。また、②縁故主義による意思決定は、能力よりも人脈が評価されることになり、親族が重要なポジションに就いているが、能力が不足している場合等には、企業全体のパフォーマンスが低下してしまいます。③意思決定機構が形骸化していたり、④権限濫用阻止が困難な状況の下では、財務や業務の不正やリスクが未発見・未管理となり、後で大きな損失を招く可能性があります。⑤文書化と記録化の不備については、書面による契約が不十分であると、後で契約違反や紛争が起きたときに証拠が不足し、企業に不利な状況に至ってしまうことがあり得ます。例えば、取引先との間で口頭でのみ納品条件を決定していた場合、納品遅延や品質の問題が発生した際に、どちらが責任を負うのかが不明確になり、紛争に発展して敗訴リスクを負う可能性が出てきてしまいます。

以上のような問題が生じた場合、企業は信頼性の低下、業績の悪化、法的リスクの増大など、多方面でデメリットを被る可能性があります。特に中小企業の場合、それらの影響は致命的であることも多いです。だからこそ、このようなリスクを軽減するために、中小企業経営においても健全なガバナンス体制の確立が不可欠なのです。

2 ガバナンスに関するSDGsの目標とターゲット

図表12-2 ガバナンスに関するSDGsの目標とターゲット

目標	ターゲット
16 平和と公正をすべての人に 16 平和と公正をすべての人に	16.5：あらゆる形態の汚職や贈賄を大幅に減少させる。 16.7：あらゆるレベルにおいて、対応的、包摂的、参加型及び代表的な意思決定を確保する。

ターゲット16.5は、あらゆる形態の汚職等を減少させることを求めており、これは中小企業においても適切なガバナンスを求めていることを意味します。また、ターゲット16.7は、ステークホルダーの利益保護を目的として、会社の経営陣による適切な意思決定を志向するガバナンスの取組みを求めています。

3 中小企業がガバナンスに取り組む意義

第11章まではSDGsやビジネスと人権の実施方法、個別のステークホルダーに関する法令遵守や自主的取組について述べてきましたが、いかに素晴らしい計画ができ上がったとしても、それを実行する仕組みや組織体制ができていなければ、前述のような弊害が発生して、早晩、その取組みは頓挫してしまうことでしょう。

中小企業においても、パーパスや人権方針等を組織全体に浸透させ、社員一人ひとりが理解・納得し、自らの志や想いと重ね合わせて行動に落とし込むことで、はじめて人権尊重やイノベーションの取組みは意味をなします（第4章）。このように行動に落とし込むことを会社組織全体の制度面から考えたとき、従業員においては、日々の業務の中でコンプライアンスや人権尊重の取組みを反映した業務マニュアルや規程の整備等が必要であり、取締役等の役員においては、違法行為を抑止するための監視・監督のための機関設計等が必要になります。このような観点から、中小企業における組織体制の整備はSDGsコンプライアンスを実現していくベースとなる重要な要素であるといえます。

ビジネスと人権に関する指導原則でも、企業は人権尊重責任を果たす旨のコミットメントをすることが求められているところ（第4章）、これは「企業全体にこれを定着させるために必要な事業方針及び手続のなかに反映されている」ことが求められています。

国連のPRI（責任投資原則）において要請されている「ESG投資」はよく知られていますが、この「G」に該当するのがガバナンスです。現在では投資判断においてガバナンスは重要視されるポイントになっています（第1章）。それは、ガバナンス体制が盤石であってこそ、企業が中長期的成長を果たすことができ投資適格が認められるからです。

前述のとおり、ガバナンスはステークホルダーの利益の最大化を目的とするものですので、その取組みは必然的にSDGsやビジネスと人権に関する指導原則の実施等に貢献することになります。中小企業においても組織体制を十分に整備して、公正かつ透明な経営を目指すなら、持続的な成長と中長期的な企業価値の向上を果たし、「人が集まり選ばれる」会社への成長が約束されていくことになるのです。

4 中小企業におけるガバナンスのあり方

人権尊重のために企業が構築すべきガバナンスの内容は、具体的にはどのようなものでしょうか。人権デュー・ディリジェンスのガイドラインの1つである「責任ある企業行動のためのOECDデュー・ディリジェンスガイダンス」（以下「OECDガイダンス」）は、人権方針をその企業の経営監督機関および経営システムに組み込み、それが通常の事業プロセスの一部として実施されるようにする必要があるとしています。

その具体的な行動としては、方針の実施にあたり、その責任の適切な部署への割当て、デュー・ディリジェンスのための情報の収集およびその共有等のための社内伝達ルートの構築、社内の部署間の連携、社内インセンティブの設定、問題点を提起できるような苦情処理手続の設置、方針違反への対応または是正措置を実施するためのプロセスの構築などが挙げられています。要するに企業内の部署間の役割分担や連携のための仕組み作りをすべきことが示されています。

しかし、中小企業においてこれだけのことを行うことは困難であるため、中小企業でも対応可能なガバナンスのあり方を検討する必要があります。

前述した中小企業における課題をみると、要するに、

① 意思決定機構を実質的に機能させ、公正さと透明性を保つこと
② 一部の権限者の権限濫用を防止すること
③ 契約や決定を文書化・記録化すること

という3点に重点を置いて対策を講じていくことが適切でしょう。

そして、ここでも本書の提案する法令遵守と自主的取組事項を区別して対応することが妥当です。具体的には、ガバナンスに関して法令が要求している最低限の組織体制（多くは会社法で定められているもの）を構築していることがスタートラインであり、その上に、SDGs等の取組みにおいて要求されているガバナンス体制に取り組んでいくというステップを経る

ことが実態に即していると考えられます。

2 ガバナンスに関する法令遵守事項

1 意思決定機構を実質的に機能させる

（ア）意思決定機構におけるプレーヤーの役割

多くの中小企業では、会社組織の意思決定機構が機能不全に陥っているように思われます。そこで、まずは、意思決定機構のプレーヤーがどのような役割を果たしているのかをおさらいすることから始めましょう。

すべての株式会社には、その運営・管理機関として、株主総会と、株主総会で選任された取締役が置かれます。

株主総会は、会社の構成員である株主が会社の根幹に関わるような重要事項を意思決定する機関であるのに対して、取締役は、業務執行の意思決定および業務執行を担当します。取締役が３名以上の場合、取締役会を設置することが可能であり、取締役会が設置された場合、取締役会が会社の業務執行に関する意思決定をします。

また、一定の場合に設置が義務付けられますが、監査役または監査役会を置くことも可能です。監査役または監査役会は、取締役の職務執行を監査する役割を持ちます。

他に会計参与や委員会設置会社など、株式会社の機関構成はさまざま考えられますが、ここでは、中小企業において比較的見受けられる、株主総会、取締役会および監査役という機関設計を念頭に置きたいと思います。

その基本的な機関設計を前提として各機関の個別の役割をあらためて説

図表 12-3　取締役会設置会社の機関設計例

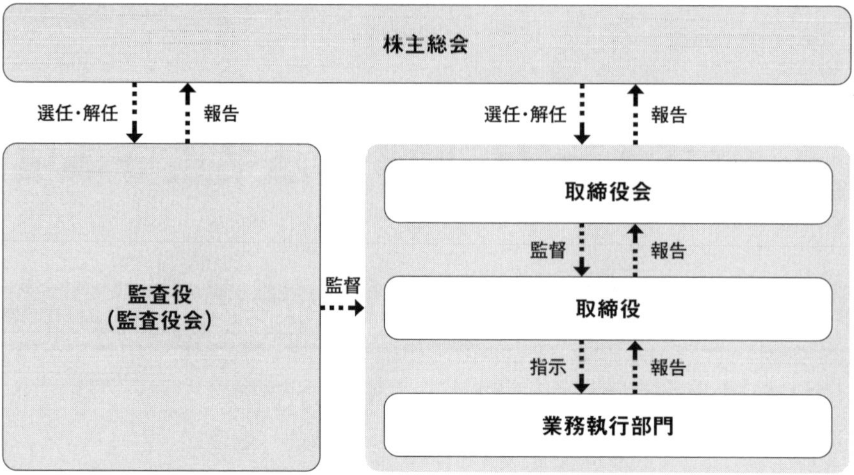

明すると（図表12－3参照）、まず株主総会は、会社の根幹に関わるような重要事項を意思決定するとともに、取締役の選任権や解任権等を通じて取締役等の業務執行を監視します。取締役会は、業務執行の意思決定をするとともに、取締役等の職務執行に違法な点がないか監視する役割を有します。その取締役会の構成員である取締役は、執行機関として、取締役会の決定事項に基づき具体的に職務を執行します。これに対して、監査役は、取締役の職務執行に違法な点が生じないよう、取締役会等を通じ、取締役等の職務執行を監視します。

（イ）株主総会開催の重要性

企業は毎事業年度終了後一定の時期に株主総会を開催することが義務付けられています。株主総会では企業の根幹に関わるような重要事項の意思決定をしますが、株主の適正な意思決定のため、企業は株主に対して株主総会前に目的事項等を通知しなければなりません。

ところが、多くの中小企業では株主総会をまったく開催しないか、開催したとしても特定の株主にしか招集通知を出していないということがよくあります。これでは、会社の所有者である株主の意向が、企業の根幹に関わるような重要事項についてすら反映されないことになり、重要なステークホルダーである株主の権利が害されることになります。

そして、株主総会が不開催だったり、一部の株主に招集手続がなされなかった場合には、反対株主によって株主総会決議の効力が争われるというリスクがあります。

中小企業でもいわゆるファミリー企業のように親や兄弟などの親族が株式を保有していることはよくありますが[※2]、実質的に経営に関与していないからといって株主総会の手続をないがしろにしていると、仲違いをきっかけにその他の株主が結束して株主総会の効力が否定されることがあります。

例えば、下記事例のように、X社の創業者である父が逝去したことを契機に、相続人である子A、子B、子Cが、父が残した会社であることを理由に兄弟全員でその株を分けようと、法定相続分に従って子Aが34%、子

【事例】

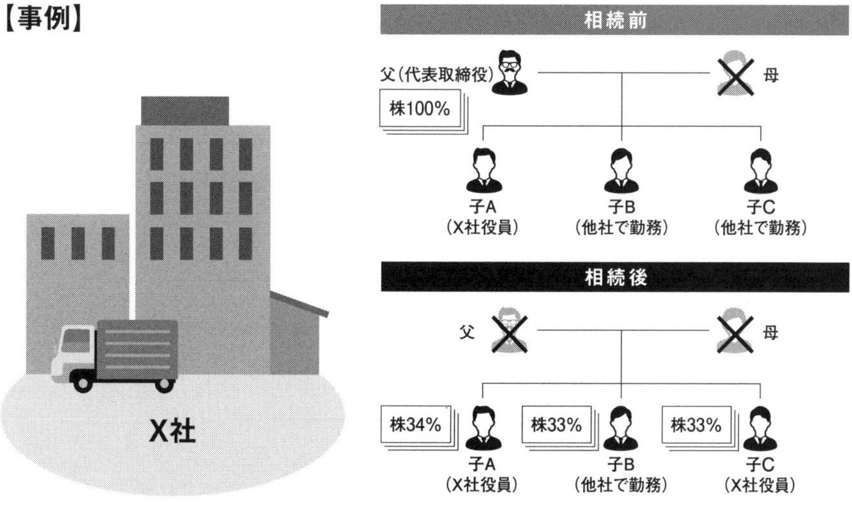

Bが33%、子Cが33%の株式を取得したような場合です。子Aは後継者として、また子Cが相続を契機に、それぞれX社の役員として経営に参画し、売上を順調に伸ばしていきました。その間、兄弟仲は悪くなかったので、株主総会招集通知を送付せず、株主総会を開催していませんでした。ところが、経営方針の違いで子Aと子Cが対立するようになりました。子Bは子Aの耳を傾けない姿勢に嫌気がさし、子Cの味方となって子AをX社から追い出すことを画策し始めた結果、子Bおよび子Cは株主総会を開催していないことを理由に株主総会決議が不存在であるため、子Aの役員報酬の返還および子Aが取締役ではないなどと主張するに至りました。

その主張の是非は最終的には具体的な経緯等に基づき判断されるものの、このような紛争は些細なことから生じてしまい、最終的には代表者が会社から追い出されるような事態にも発展してしまいます。

株主総会の招集通知をきちんと発することは、中小企業においては軽視されていることが多いのですが、現実には、それを引き金に多くの紛争が発生しています。そうなると、会社の従業員において嫌気がさして退職してしまったり、取引先や金融機関からの信頼を失って企業倒産にまで至るということもあり得ます。適式な招集手続を行って、すべての株主に必要な情報を開示して株主総会を開催し、対話によって経営方針等の理解を得ることが重要です。

(ウ) 取締役会開催の重要性

取締役会を置いている会社の場合、取締役会は、業務執行の決定、取締役の職務執行の監督や代表取締役の選定・解職など、企業経営上の重要事項を決議します。取締役会の目的は、取締役個々の判断ではなく、取締役会という合議体での議論を経て、決議による意思決定をもって経営判断を行う点にあります。「三人寄れば文殊の知恵」という諺がありますが、たった1人の知識や経験に基づく判断よりも複数人の知見ないし個性が掛け合わさることで、より適切な経営がなされることを狙ったものです。

このような重要な意義があることから、取締役は取締役会に執務状況を3カ月に1回以上は報告することが義務付けられており、最低でも年に4回は取締役会を開催しなければならないことになっています。

ところが、取締役会が設置されていながらこれを開催しないか、開催しても十分に審議をしていない中小企業が少なくありません。

取締役会が開催されないと、取締役間でのコミュニケーションが不足することから、意思決定プロセスに透明性が欠けることになります。また、株主から責任追及されることもあり得ます。

取締役会決議が必要であるにもかかわらずそれを経ずに行われた行為の効力は、会社内では無効となります。他社との取引等の対外的行為も無効となるか否かをめぐって、取引先と熾烈な争いとなってしまうこともあります。会社だけでなく、重要なステークホルダーである取引先にも甚大な損害を与えることにもなりかねません。取締役会を適式に開催して十分に審議して決議をしていくことが極めて重要なのです。

2 一部の権限者の権限濫用を防止する

中小企業においても、代表取締役等の一部の権限者が権限濫用することにより会社に重大な損害を与え、株主や取引先の利益を棄損する事態に発展することが少なくありません。したがって、このような取締役の権限を抑制することがガバナンス上重要となります。

取締役は、3カ月に1回以上、自己の職務執行の状況を取締役会に報告する必要があり、取締役会では取締役の報告等を踏まえて職務執行を監督し、職務執行に関する意思決定をします。これに対して、監査役は、取締役の職務執行を監督するため、取締役会に出席をして必要に応じて意見を述べなければなりません。

また、取締役は取締役会の構成員として、他の取締役に対する監視監督義務を負います。この義務に違反して他の取締役の不適正な職務執行を阻止しなかった場合には、たとえその取締役がその業務に直接タッチしていなかったとしても、株式会社が被った損害を賠償する義務が生じることがあります。そして、この義務は、取締役会に上程されていなかった事項について不正行為が行われた場合にも負うことがありますし、同族会社によくみられる名前だけ取締役となっている名目取締役も負わされることがあるという厳格なものです。

取締役に就任した以上は、会社の隅々までしっかりと監視監督して株主をはじめとするステークホルダーの利益を棄損することのないよう十分に注意していただきたいところです。

3 文書化・記録化する

(ア)各種議事録の作成

株主総会および取締役会が開催された場合には、その議事録を作成して一定期間保存をすることが義務付けられています。しかし、現実には、中小企業では、株主総会や取締役会が開催されたとしても、議事録が作成されないか、作成されたとしても「一同異議なく承認可決」程度しか書いてないことが結構あります。

議事録には、決議内容や判断過程等を記載することで、意思決定の透明性を保ち、その妥当性等を事後的に検証する重要な役割があります。また、株主や取引先等からの不当な言いがかりや訴訟に対する防御方法として、企業利益を守る重要な手段となります。議事録そのものを作成しないと、そのような不当な言いがかりや訴訟に対して十分な反論ができず、役員が損害賠償責任等を負う可能性が高まってしまいます。

さらに注意が必要なのが、議事録を作成したとしても、正確に作成されていない場合です。例えば、取締役会の決議に参加した取締役が議事録に異議をとどめない場合、その決議に賛成したものと推定されるため、議事録に反対意見の記載がないと、その取締役は決議に賛成したものとして当該決議に関する責任を負う可能性があります。そのため、自らの責任を果たしたことを明確にするためにも、議事録は正確に作成するべきです。

議事録の作成は軽視されがちなのですが、以上に述べたような重要な機能がありますし、ステークホルダーとの対話の貴重な一手段ともなり得るものです。面倒そうにみえるひとつひとつのことを丁寧に進めていく姿勢こそが、公正かつ透明な経営を実現して、人権侵害等を防止し、持続的な成長と中長期的な企業価値の向上に向けた第一歩になります。

(イ)各種規程・契約書等の整備

以上のほか、社内秩序を維持し、リスクを防止するには、規程や契約をしっかりと書面に落とし込み、全社で共有していくことが重要です。

例えば、ほとんどの企業では労働者を雇用していると思いますが、雇用の際には、賃金、労働時間その他の労働条件を明示した労働条件通知書を作成し、書面を交付等する義務があります。また、常時10人以上の労働者を使用する使用者は、就業規則を作成し、届け出ることが義務付けられています。

ところが、中小企業の中には、労働条件通知書を交付しないか、法定の記載事項が欠けていたり曖昧であったりするケースや、就業規則の内容が労働者に開示されていなかったり、就業条件に変更があってもそれが就業規則に反映されていなかったりするケース等により、後日、労使間で深刻なトラブルに発展する事案が後を絶ちません。

このような状況では、企業の重要なステークホルダーである従業員の人権を侵害することになり、重要な人材が企業から離れていってしまうことになりかねません。

中小企業では、法律によって最低限の作成が求められている契約書や規程については、明確に文書として作成し、関係当事者に周知徹底させていくことがガバナンス上重要です。労働者との関係でいえば、上記の労働条件通知書や就業規則のほか、安全衛生規程、セクハラ・パワハラ防止方針、ソーシャルメディア利用規程等があります。順次定めて従業員に周知していきましょう。

4 従業員による違法行為の防止

従業員の違法行為によって関係ステークホルダーの人権を侵害してしまい、それに伴って企業の信用が大きく失墜してしまった例は、ニュース報道で頻繁に耳にされていると思います。図表12－4に、従業員による違法行為の例とその影響について整理しています。いかに甚大な影響があるかを理解していただけると思います。中小企業において従業員の違法行為が発覚した場合、大口取引が打ち切られる、融資がストップするなど、経営存続の危機に発展する可能性があります。

従業員の違法行為を防止すること自体は、法律で企業に義務付けられているものではありませんが、図表12－4からも明らかなように、従業員によって違法行為が行われてしまえば、これを企業の責任と捉えられてしまいます。SDGsコンプライアンスを実現するために従業員の違法行為を防止することを企業経営上の法的義務と捉えて対応すべきです。そのため、本書では、従業員による違法行為の防止を法令遵守事項として整理をします。

そして、従業員の違法行為を防止するために、自社内の違法行為のリスクの特定、評価等に基づき、ハード面としてIIA（内部監査人協会）による「3ラインモデル」（①統治機関、②経営管理者、③内部監査の役割と相互の関係性を示したものです）などを参考にして組織体制等の整備、ソフト面として従業員研修・教育等を通じて従業員の自主性を高め、違法行為

図表12-4 従業員による違法行為の例とその影響

SNS	SNSはとても便利な反面、その使い方によっては人権を容易に侵害する手段です。従業員の投稿1つでステークホルダーの信用を失う可能性もあるからこそ、企業として適切な組織体制整備や従業員教育等を積極的に検討して推進するべきです。 ◆ 有名ホテルの従業員が、有名人の来店情報を無断でSNSに掲載したことがありました。従業員本人は何気なく投稿をしてしまったのでしょうが、これは顧客のプライバシーを侵害するもので、決して許されるものではありません。 ◆ 大手企業の従業員が、個人のアカウントで特定の国籍の人々を排斥する差別的内容の投稿をしました。その投稿内容は人権を侵害するもので瞬く間に炎上する事態に発展したため、企業は、当該従業員の投稿を容認するものではないとしてこれを謝罪し、適切な対応を講じるとともに従業員教育を徹底する旨を公表しました。
キックバック	キックバックを不透明な取引として、一律禁止することを公表している企業も多くあります。例えば、イオンモール株式会社の「持続可能な取引のためのガイドライン策定」において、「すべての事業活動において、贈収賄行為、キックバックや利益供与、記録や物証や証言の偽造、改ざんおよび隠蔽などの倫理に反する行為について断じて行わないこと。」と定められています。 キックバックは、不透明な取引であって、商品・サービスの質が劣化して、欠陥のある製品の製造等、重大な事故に発展する可能性や法人税法違反や所得税法違反等によって公共サービスの停止や縮小につながるおそれもあります。従業員によるキックバックは、取引先の信用を低下させ、今後の取引が停止されることが当然に起こる行為といえ、また、消費者にとって違法行為に加担する企業という印象を抱かせ、企業の商品購入や取引を敬遠する機運が高まる可能性も十分にあります。

飲酒運転	アルコール等の影響で正常な運転が困難な状態で自動車を走行させて人を死傷させた場合、危険運転致死傷罪として、人を死亡させた者は1年以上の有期懲役、負傷させた者は15年以下の懲役に処されます。重大な人権侵害に直結する飲酒運転は決して許されないというのが一般常識です。企業は従業員の働きを通じて利益を享受している以上、従業員が勝手に行ったなどという言い訳は許されず、企業の責任として追及されてしまいます。「炎上」することは、企業の信用失墜、さらに他の従業員の士気低下による離職の可能性など、今まで築き上げてきたものが一瞬で失われる可能性があります。 ◆　数年前、業務時間中に飲酒運転していた従業員が複数の児童を死傷させた交通事故が生じたところ、従業員の勤務する企業のみならず、その企業と同じ読み方をする無関係の企業にまで苦情の電話が殺到するなど、飲酒運転および企業の管理責任に対する批判が高まり、「炎上」してしまいました。
危険ドラッグ	危険ドラッグとは、大麻や麻薬、覚醒剤などと同じ成分が含まれており、人の身体、健康を損なわせるおそれがある薬物をいい、その所持や使用は違法となる場合があります。危険ドラッグの危険性は、使用者の身体、健康を害することに加えて、幻覚や異常な興奮状態を生じさせる点にあり、それによって現に死傷事故が起きています。 危険ドラッグの入手や使用は業務とは本来関係しないことでしょうが、危険ドラッグによる人権侵害およびそれによるリスクは、飲酒運転と同様ですので、決して許さないというメッセージを発出することは重要です。

に対する意識を醸成するなど企業の実情に即して個別具体的に対応策を検討するべきです。対応策の例としては、①違法行為に対する牽制機能を強化するために管理部門を新設して、一定額以上の取引は管理部門の承認を要する、一定額以上の取引は担当者による詳細な説明を要する等のルールを策定すること、また、②具体的な事案を示しながら当該行為が「違法」であることを強く強調する研修会を定期的に実施すること、当該違法行為に関与した者に懲罰を与えて違法行為を決して許さないという企業のメッセージを強く発信することなどが考えられます。

他方で、企業が従業員の私生活に対して必要以上に監視を強めると、従業員のプライバシー侵害になってしまうことも考えられます。違法行為を容認するような風潮を防止すべく、コンプライアンスを遵守する組織風土を作っていくことが必要なのであって、従業員の監視自体が目的ではないということに注意する必要があります。

3 ガバナンスに関する自主的取組事項

指導原則16では人権方針を全社的に定着させることを求めており、これは組織体制が整備されていることが前提となっています。また、指導原則19では、人権デュー・ディリジェンスを通じて負の影響を特定した場合、その影響を防止または軽減するために、その影響評価の結論を関連する全社内部門とプロセスに組み入れることを求めています。

このように組織体制を整備すること、すなわちガバナンス体制の構築、整備は、SDGs等の人権尊重の取組みを実施する際の不可欠な要素といえ、その取組みによって公平かつ透明な経営、ひいては人権侵害等の防止、企業の持続的な成長および中長期的な企業価値の向上が実現されます。

もっとも、中小企業は大企業に比べて経営資源が乏しいことが多く、ガバナンス体制の構築、整備に一定の限界があることも事実です。

そのことを踏まえつつ、以下において、中小企業における人権侵害等の防止および企業の持続的な成長等に寄与するガバナンス体制の構築、整備に関する自主的取組事項についていくつか紹介します。人権侵害等を防止して持続的な成長を目指すために、自社のガバナンス体制の構築、整備を検討するにあたって、参考にしてください[※3]。

1 素朴な疑問や異論を言いやすい企業風土

組織体制を整備した上で、パーパス等を組織全体に浸透させることで、はじめて人権尊重等の取組みが意味をなすことは、説明したとおりですが、本節では一点だけ説明したいと思います。それは、ガバナンス体制を自律的に機能させるには、パーパス等の浸透に加え、素朴な疑問や異論を言いやすい企業風土を醸成することが重要であるということです。

いわゆる企業不祥事の原因として、企業理念の不浸透に加えて、経営層等にモノを言えない企業風土などが頻繁に挙げられます。例えば、三菱自動車工業株式会社の第三者委員会作成の2016年8月1日付「燃費不正問題に関する調査報告書」では、「自動車開発に関する理念」が共有されていなかったことを不祥事発生の最大の原因であると指摘しつつ、性能実験部ができないことを「できない」と言うことが容易ではない部署になっていたことも原因の1つに挙げています。十分な情報を円滑に伝達させ、相互監視システムで人権侵害等を未然に防止するまたは軽減するためには、お互い率直に意見を述べられる環境であることが必要不可欠であるということです。

そのため、経営層が率先して役員や従業員と対話をして、相手の理解に努めるべきです。現に人権侵害等が発生またはその疑いがあった場合、企業にとって耳が痛いことでも真摯に受け止めて、法令や規程等に基づき誠実に対応をして是正しようとする姿勢が必要です。日ごろの企業の活動を背景に、素朴な疑問や異論を言いやすい企業風土を醸成することが可能となります。また、こうした企業風土の醸成は企業の成長にも貢献します。中小企業庁の「2023年版中小企業白書・小規模企業白書の概要」では、事業承継を契機として経営理念・ビジョンの共有や社内の風通しをよくするなどの取組みを通じて従業員の自主性が高まった企業は、自主性が高まっていない企業に比して、売上高年平均成長率の水準が「高」または「やや高」と回答する割合が高い傾向にあると指摘しています。

中小企業は、大企業に比べて、迅速な意思決定、社内コミュニケーションの容易さ、経営の柔軟性等の面で大きな強みを持つと思います。そのため、中小企業こそ、その強みを活かし、素朴な疑問や異論を言いやすい企業風土を醸成しやすいと考えられます。そのような風土を醸成して、人権侵害等を防止し、企業としての持続的な成長を目指し、イノベーションを生み出していきましょう。

2 ダイバーシティの推進

ダイバーシティ推進の観点は、ガバナンス体制を自律的に機能させるために有益な視点です。

例えば、昨今、役員として女性を登用する会社が多くなってきていますが、女性役員登用の効果に関して、経済産業省通商政策局アジア太平洋地域協力推進室による「Good Practices on Gender Diversity in Corporate Leadership for Growth（日本語版）」は、以下のメカニズムによって、取締役会が有効に機能し、ガバナンス機能の向上につながり、ひいては企業価値が向上することを指摘しています。

①　健全なガバナンス体制の構築

男性役員とは異なる視点の発言が期待され、議論のテーブルに新しい視点や意見をもたらし、議論が活性化し、これまでにない意思決定に至ると考えられ、結果として適切な意思決定を行うことが可能になります。

②　ダイバーシティとインクルージョンの推進体制の構築

女性役員がダイバーシティの積極的な推進者やサポーターとなり、社内にその活動を定着できるように働きかけることが期待できます。その結果、持続的な効果を企業にもたらすことが可能となります。

③　KPI（重要業績評価指標）の目標設定と公表

ダイバーシティに関するKPIを事業に関連付けて設定し、定期的に役員レベルでモニタリングすることにより、継続的な取組みとすることが可能となります。ステークホルダーに対する説明責任を果たし、ESGに関心を持つ投資家に対してアピールすることが可能となります。

④　社会的責任

企業は、女性のみならず、障がい者やマイノリティーの雇用など、地域社会からの要請に基づき企業活動を営む社会的責任があるところ、コミュニケーション能力に長けている女性役員が、その役割として社会的責任を担うことで、レピュテーション向上にも貢献できます。

このようにダイバーシティの推進は自律的なガバナンス体制の整備に有益であって、SDGsの目標5や目標8の実現にも寄与します。

ところが、日本の中小企業では女性活躍推進がなかなか進んでいないのが現実です。日本商工会議所および東京商工会議所が2022年に行った調査では、71.6%の中小企業が「女性の活躍を推進しているが、課題がある」と回答し、女性役員の比率は、48.1%の中小企業が「0%」、13.9%の中小企業が「0%超〜10%」、女性管理職の比率は、43.2%の中小企業が「0%」、28.4%の中小企業が「0%超〜10%」と回答するなど、女性活躍推進に向けてさらに改善する余地がある状況です。

そのような状況だからこそ、中小企業において女性役員の登用等ダイバーシティを推進することに意義があります。専門性に強みを持つ中小企業にとって、新しい視点や意見が加わることは、ガバナンス体制を強化し、イノベーションを生み出す絶好の機会といえます。

3 内部通報・苦情処理メカニズムの整備

ガバナンス体制を自律的に機能させることができたとしても、人権侵害等をすべて防ぐことは不可能であって、どうしても人権侵害等またはその疑いが生じることがあります。

そのため、ビジネスと人権に関する指導原則の実施プロセスの中には「救済」の項目があり、実際に人権侵害が起きてしまった場合のフォローが要請されていますが、内部通報・苦情処理メカニズムはまさにこのプロセスに該当する取組みです。

内部通報制度は、企業の不正行為またはその疑いを発見した役員や従業員など社内の人間が、企業が設けた通報窓口にその旨を通報する制度です。通報があった際には、企業が内部通報規程に基づき必要な調査を実施して、その調査結果に基づき必要な是正措置と再発防止策等を講じるものです。

消費者庁の「平成28年度民間事業者における内部通報制度の実態調査報告書」によれば、内部通報制度を導入している事業者における職場内の不正を発見する端緒は、「従業員等からの内部通報（通報窓口や管理職等への通報）」が最も高く58.8%でした。この調査結果から明らかなように、内部通報制度の設置と適切な運用は、人権侵害等を早期に発見して、企業の自浄作用をもってその人権侵害等を是正して、企業価値の維持・向上に寄与するために大変有益な手段といえます。

そして、人権侵害等の可能性は、大企業のみならず、中小企業にも等しく生じるため、中小企業においても内部通報制度の整備を積極的に検討するべきでしょう。内部通報制度の整備・運用にあたって、消費者庁の「公益通報者保護法を踏まえた内部通報制度の整備・運用に関する民間事業者向けガイドライン」が参考になりますので、活用ください。また、従業員等の公益通報を理由に企業が行う解雇その他の不利益な取扱いを禁止する法律として、公益通報者保護法があります。同法は、一定の要件で企業、行政機関または報道機関等に通報した場合に保護されることを規定します。内部通報制度は、同法に基づき整備されますが、同法とは通報者、通報対象事実、通報先の範囲等に違いが生じる傾向にあります。こちらも内部通報制度の整備・運用の参考になります。

もっとも、内部通報制度が適切に運用されなければ、制度が信用されず、誰も通報しない事態になってしまいます。ここで、中小企業によっては、人的資源に限界があるため、自社内に内部通報窓口を設置することが難しい場合もあるでしょう。そのような場合は、外部の通報窓口を弁護士に依頼することも有効です。

いわゆる不祥事事例は、ガバナンス体制が機能せず、見逃された不正等が火種になって大きな問題に発展してしまったものです。大きな問題に発展する前に、内部通報制度を通じて早期に不正等を発見して是正措置等を講じることは、企業価値の維持・向上に大いに資するでしょう。

苦情処理メカニズムの設置も重要です。これについては第5章を参照ください。

4　事業の継続性に関する取組み

コンプライアンス軽視が会社の存立を危うくする事態を招くことがあることは、すでに述べたとおりですが、会社の持続可能な存続のため、自主的取組事項としても会社の組織体制の整備に取り組むことは重要です。

代表的な例としては、事業承継に関する取組みが挙げられます。日本の中小企業の経営者は高齢化が進んでおり、このまま何もしないで多くの企業が経営者の引退により廃業を迎えてしまえば、日本経済に大きな打撃になるという問題意識は、かなり前から指摘されているところです。経営者にとっては自分事として捉えにくい問題ですが、決して先送りしてよい問題ではありません。厚生労働省の推計によると、2020年の62歳以上の高齢者の6人に1人は認知症であるとされています。もし経営者が認知症になって意思無能力に陥った場合、経営判断ができないのはもちろんのこと、すべての法律行為は無効となります。そうなると、株主総会を開いて他の役員を選任することも、株式を譲渡することもできず、会社は完全な機能不全に陥ります。その場合、成年後見人を選任するしかなくなりますが、後見人は財産の維持保全を主目的として活動するため、会社の存続に協力してくれるとは限りません。要するに、その時になってからでは手遅れなのです。また、事業承継をして若い経営者に交代した場合、新規事業に積極的に挑戦して会社の生産性が向上したり、金融機関や取引先からの信頼が高まったりするなどのプラスの効果があることも指摘されています。会社組織のサステナビリティの観点から、ぜひとも取り組むべき課題であるといえます。事業承継に関連するガイドラインは多岐にわたりますが、代表的なものとしては中小企業庁の定める「事業承継ガイドライン（第3版）」があります。

同じく会社組織の持続可能性の観点からは、事業継続計画（BCP）の取組みも重要です。新型コロナウイルス感染拡大による社会の混乱は記憶に新しいですが、自然災害やサイバー攻撃などの会社の事業継続に大きな支障をもたらすイレギュラーな事態の発生は、以前よりも脅威を増しているといえます。こうした事態に直面した際にどのように事業を継続していくかをあらかじめ定めておくための取組みが、BCPになります。代表的なものとしては、内閣府が定める「事業継続ガイドライン－あらゆる危機的事象を乗り越えるための戦略と対応－」があります。また、内閣官房国土強靱化推進室が定めた『国土強靱化貢献団体の承認に関するガイドライン』に基づき、事業承継に関する取組みを積極的に行っている事業者に対して国土強靱化貢献団体認証（レジリエンス認証）を付与する制度があります。

4　中小企業による具体的取組事例の紹介

1　紛争を契機にガバナンスの見直しに取り組んだ事例

ある不動産仲介業の中小企業では、従業員の解雇をめぐるトラブルになったことをきっかけに弁護士と顧問契約を締結し、ガバナンスの改善に取り組みました。その結果、①創業以来手を付けていなかった就業規則の見直しを行い、労働時間の規律や管理が適正になされることで、従業員の労働環境の改善、②従業員や取締役への研修を計画的に実施することでコンプライアンスを意識する組織風土の醸成、③取締役会や株主総会の適法な実施および議事録作成の遵守による実質化が実現しました。このように、ガバナンスの取組みを契機としてさまざまな面から人権尊重の取組みが進展したということができます。

2　経営の透明性を高めた事例

製造業を営む中小企業において、トップダウン経営の影響のため社長が社員から一歩距離を置かれてしまい、社員の声が届かない状態でした。社長自身、このままでは経営判断を誤ると危惧し、経営の透明性を高めて社員との信頼関係を構築に取り組むこととしました。具体的には、無記名でのアンケートを導入して、その結果を社員に開示し、経営陣と社員との溝を埋めるよう対話を繰り返しました。また、決算書、月次の決算数値、取締役会の資料、議事録、さらには役員報酬など情報開示を通じて、経営の透明性を高めました。

その結果、社員は、経営陣を信じるようになり、社員の主体性を生み出し、さらにこれが社外の信頼獲得の要因になり、売上高および従業員数が軒並み増加しました。

3 企業理念の浸透等に取り組んだ事例

情報サービス業を営む中小企業において、前社長である創業者の存在感が大きかったため、会議等で企業としての理念等を社員に浸透させ、社員に行動するための判断軸を提供しました。また、規定類の整備の一環として人事評価基準を見直し、さらに、中期計画策定にあたって社員を議論に参画させるなど、社員の当事者意識を醸成させ、風通しのよい企業風土が作り上げられました。

この取組みによって、事業発展のために必要なことが明確になり、社員の自主性が高まって、業績が順調に伸びました。

4 相互監視システムの強化に努めた事例

製造業を営む企業において、監査役による厳格な適法性監査を実施しています。また、ダイバーシティの拡充に努めつつ、取締役会の監督機能を強化するため、取締役会の諮問機関として社外取締役を委員長としてガバナンス委員会を設置しました。

このような取組みは、それぞれの機関における監視機能を担保、強化することができ、透明・公正かつ迅速・果断な意思決定に資するものです。

5 外部のリソースの活用

以上の具体的な取組事例以外に、中小企業向けのSDGsに関するガバナンスの実践方法が紹介されているものに、環境省の「すべての企業が持続的に発展するために－持続可能な開発目標（SDGs）活用ガイド－（第2版）」があります。ここでは、PDCAサイクルの考え方に乗せて取組手順を紹介しており、中小企業でも取組みやすい内容となっています。

また、中小企業庁の「2023年版中小企業白書・小規模企業白書の概要」において、経営者の戦略を実行するための組織の構築について項目が設けられ、経営の透明性を高める取組みと経営者からの権限移譲の取組み、さらにはエクイティ・ファイナンスの活用を目的としたガバナンスの構築・強化について言及され、具体的事例が紹介されています。また、これを受けて策定された中小企業庁の「中小エクイティ・ファイナンス活用に向けたガバナンス・ガイダンス」では、エクイティ・ファイナンスの活用を目的としたガバナンスの構築・強化の具体的な取組内容が紹介されています。

このような例を参考にガバナンスの構築・強化を実践していただければと思いますが、これらは主に取締役が複数名いるなど一定の規模の中小企業を想定しています。これに対して、規模の小さな中小企業においては、経営に関与しているのが社長だけということも珍しくありません。そのような会社においては、本来分散されるべき意思決定機能、執行機能、監督機能がすべて社長に帰属している状態であり、これはガバナンスの観点からは望ましくありません。このような会社では自社のリソースに限りがあるので、外部の専門家の活用をより積極的に検討する必要があります。規模が小さいということは、新たな取組みに着手する余裕がない、リソースが足りないという観点からは弱みということになりますが、他方で、事業環境が急速に変化する中で、経営者の意思決定を組織全体に迅速に浸透させ、機動的に組織を変えていくことができるという点においては強みともなり得ます[※4]。コンプライアンスをはじめとする人権尊重の取組みについても、経営者の意識の変革によって比較的容易に効果を得ることができるといえるでしょう。足りないリソースは外部の人材をうまく活用しながら、サステナビリティの取組みに挑戦していただければと思います。

6 弁護士の活用

さて、本書においても度々言及されていますが、コンプライアンスに関しては弁護士をぜひ活用していただきたいと思います。コンプライアンスは、扱う対象が法律である点はもちろんのこと、その目的が紛争等のリスク防止であり、ひいては人権侵害等の防止につながるものである点をみても、それに関するアドバイスができる専門家は弁護士のほかにはいません。さらに、前述のとおり、弁護士は会社の機関設計をはじめとしたガバナンスの面で最も効果的な対応をすることができます。顧問弁護士として助言を求めることもできますし、より積極的に取締役や監査役などの立場でガバナンス構築への関与を依頼することもできます。

SDGsの目標17は「パートナーシップで目標を達成しよう」ですが、こうした外部の専門家と連携して自社のコンプライアンスを確立することもまた、SDGsの取組みそのものであるということができます。

【第12章の本文中索引】

※1　『経営学の入門』(具滋承編著、法律文化社、2022年)
※2　会社法制定以前は会社設立のために資本金の額や株主数に下限が定められていたこともあり、特に古い会社では複数の株主が存在するということがよくみられる。
※3　中小企業におけるガバナンスの取組みに関して、中小企業庁の「中小エクイティ・ファイナンス活用に向けたガバナンス・ガイダンス」も参考になるので、こちらも確認願いたい。
※4　前述の中小企業庁「中小エクイティ・ファイナンス活用に向けたガバナンス・ガイダンス」でも、このような観点から中小企業が積極的にガバナンスに取り組むことを推奨している。

☑ ガバナンスに関するチェックリスト

ガバナンスに係る人権に対する負の影響を発見し、是正するプロセスを確実に実施するためのツールの1つとして、以下のチェックリストをぜひ活用ください。

あるべき姿	チェック項目
法令遵守事項	
【意思決定機構】 **・会社の意思決定機構である株主総会、取締役会が適式に開催されて実質的に機能することにより、株主をはじめとするステークホルダーの人権に対する負の影響を防止・軽減する**	□取締役会が3カ月に1回以上開催されているか □取締役会の招集手続、決議方法を法令の規定に従い適式に実施しているか □株主総会が年に1回以上開催されているか □株主総会の招集手続、決議方法を法令の規定に従い適式に実施しているか
【権限濫用の防止】 **・一部権限者の権限濫用を防止するための法令事項を遵守することにより、株主をはじめとするステークホルダーの人権に対する負の影響を防止・軽減する**	□取締役が3カ月に1回以上、自己の職務状況を取締役会に報告しているか □各々の取締役が取締役会での報告事項を踏まえて職務執行の監督をしているか □取締役会において実質的な職務執行の意思決定がなされているか □監査役が選任され、取締役会に出席しているか
【文書化・記録化】 **・規程や契約書を適時に適切に作成することにより、透明性を保ち、関係するステークホルダーの人権に対する負の影響を防止・軽減する**	□取締役会において、事後的に検証可能な内容の議事録が作成されているか □株主総会において、事後的に検証可能な内容の議事録が作成されているか □反対の意見を表示した取締役の意見が議事録に記載されているか □就業規則等の規程や契約書が適時に適切な内容で作成されているか

【従業員による違法行為の防止】 **・法令遵守の考え方が社内に十分浸透し、体制・仕組みを整備することにより、関係するステークホルダーの人権に対する負の影響を防止・軽減する**	□自社内の違法行為のリスクの特定、評価を行っているか □違法行為抑止のための組織体制やルールの整備（組織部門を設置して一定の取引については承認や説明が必要とするなど）が行われているか □具体的な事案（SNSトラブル、キックバック、社員による飲酒運転、危険ドラッグ、賭けマージャン等）を示しながら、当該行為が違法であることを強調する研修会を定期的に行っているか □違法行為に関与した者に対して懲罰を与えているか □法令順守（コンプライアンス）の重要性を全社員に向けて発信しているか
自主的取組事項	
【企業風土】 **・役員、従業員同士が率直な意見を言い合える環境を形成することにより、相互監視システムが実質的に機能している**	□パーパスや企業理念を浸透させるための取組みをしているか □素朴な疑問や異論を言いやすい企業風土を醸成する取組みをしているか
【内部通報窓口】 **・内部通報窓口が適切に運用されることにより、関係するステークホルダーの人権に発生した負の影響を除去するための体制を構築している**	□内部通報制度規程を策定しているか □社内に代表取締役以外の内部通報窓口を設置しているか □社外に内部通報窓口を設置しているか □通報された事案に関係する者を、その通報に関する調査や是正の業務から排除する仕組みが作られているか □通報を理由とする不利益な取扱いの防止に関する措置がとられているか □内部通報対応に関する研修がなされているか

【ダイバーシティの推進】 **・ダイバーシティとインクルージョンを推進し、企業経営における意思決定をより適切に行うことを通じて、関係するステークホルダーの人権に対する負の影響を防止・軽減する**	□女性役員を登用しているか □ダイバーシティとインクルージョンの推進体制を構築しているか □ダイバーシティに関するKPIを設定し、公表しているか □障がい者やマイノリティーの雇用に取り組んでいるか
【事業承継】 **・高齢の経営者が引退した後の事業継続に関する計画を策定・運用し、経営の安定化を図ることにより、従業員や取引先をはじめ、関連するステークホルダーの人権に対する負の影響を防止・軽減する**	□事業承継計画を策定しているか □後継者（親族、従業員等）が決まっているか □後継者候補のリスキングに取り組んでいるか □事業承継に向けた会社の課題整理および体制整備（磨き上げ）に取り組んでいるか □後継者がいない場合、事業の第三者への売却に向けて計画を立てているか
【事業継続】 **・事故や災害などの発生に伴う事業中断を想定した戦略を立案し、万一の場合にもできる限り経営が安定するよう準備し、従業員や取引先をはじめ、関連するステークホルダーの人権に対する負の影響を防止・軽減する**	□事業継続計画（BCP）を策定しているか □BCPに基づいて定期的な訓練の実施しているか □レジリエンス認証を取得しているか

関連する法令はあくまで一例であり、業種や規模等により法規制の有無が異なります。また、法令のほか、条例等にも留意する必要があります。

Chapter 13

SDGsでさらなるイノベーションを起こす

1 イノベーションとSDGs

1 中小企業がイノベーションを起こすことの重要性

ここからはいよいよSDGsイノベーションの起こし方について説明しましょう。SDGsイノベーションは、第4章で述べた企業のありたい姿、すなわちパーパスが出発点となります。それを前提として、第5章で述べたSDGコンパスのステップ2「優先課題の決定」、ステップ3「目標設定」およびステップ4「経営への統合」の各過程を実施することを意味します。

わが国の中小企業は日本経済の根幹を支え、多くの雇用を生み出しています。中小企業がイノベーションを巻き起こしていくことは、社会全体によき変革を起こして人々の幸福（ウエルビーング）を高めていくことにつながります。他方、イノベーションを起こすことにより、中小企業は、「競合他社が提供できない価値の創出により、価格決定力を持つ」ことができ、中小企業自身の利益稼得のチャンスにつながること等は、これまで述べてきたとおりです。

昨今は、新型コロナウイルス感染症のまん延やウクライナへの軍事侵攻、円安や物価高、消費者の価値観の多様化など、経営環境は不透明さを増しています。そして、経営者の高齢化や人手不足、新型コロナ融資の元本返済開始など、足元でも経営が厳しくなっている企業も多くなってきています。

このような状況下で、自らが生き残りをかけ、雇用を維持していくためにも、イノベーションを起こしていくことが必要であるといえます。

それでは、本書のテーマとなっているSDGsイノベーションを、中小企業において起こすためにはどうすればよいのでしょうか。以下では、まず、そもそもイノベーションとは何を指すのか、その考え方から確認していきます。

2 イノベーションとは

イノベーションとは、一般に、物事の「新機軸」「新結合」「新しい切り口」「新しい捉え方」「新しい活用法」（を創造する行為）のことを指します。単に新しい技術の発明だけではなく、新しいアイデアから、社会的意義のある新たな価値を創造し、社会的に大きな変化をもたらす自律的な人・組織・社会の幅広い変革を意味します。換言すれば、それまでのモノ・仕組みなどに対してまったく新しい技術や考え方を取り入れて、新たな価値を生み出して社会的に大きな変化を起こすことを指します。

このイノベーションという言葉の生みの親は、ヨーゼフ・A・シュムペーターという学者です。彼は、イノベーションは非連続的な発展を意味し、「郵便馬車をいくら連続的に加えても、それによってけっして鉄道をうることはできないであろう」と述べています[※1]。

また、シュムペーターは、イノベーションは「新結合」の遂行と定義し、5つの場合（新しい財貨、新しい生産方法、新しい販路の開拓、新しい供給源の獲得、新しい組織の実現）を挙げています[※2]。ここで彼は、イノベーションをまったく新しいものから生まれてくるというより、既存の生産手段などを利用して行われるものであると論じています[※3]。イノベーションは、既存の要素を組み合わせることで生み出されてくるものといえます。

以上を総合すると、イノベーションとは、既存の経営資源（有形無形を問わず）を新しい発想で組み合わせた、非連続的な発展と定義できるでしょう。

そして、シュムペーターも「経済における革新は、新しい欲望がまず消費者の間に自発的に現われ、その圧力によって生産機構の方向が変えられるというふうにおこなわれるのではなく…（略）…新しい欲望が生産の側から消費者に教え込まれ、したがってイニシアティブは生産の側にあるというふうにおこなわれるのがつねである[※4]」と述べているように、消費者のニーズや価値観、社会の方向性やあるべき姿を前提としつつも、中小企業の側から主体的に、自らの活動を通じて、社会や生活のあり方やありたい姿を提示することこそが、イノベーションのあり方であるといえます。

2 SDGsがイノベーションにとって重要であること

イノベーションを起こして社会に貢献していくためには、足元で自社の強みやよきDNAを理解し、自社が活躍すべき機会を見いだしていきながら、これらをベースにして、経営理念、存在意義（パーパス）を掲げていくことが大切です。

SDGsの17の目標と169のターゲットは、経済、社会、環境の各分野での課題の解決を包括的に取り組むためのフレームワークを提供するものです。イノベーションとは、社会にある課題を解決していくことと密接に関連するため、SDGsがイノベーションの重要な指針となることは間違いありません。

そして、SDGsを宣言した持続可能な開発のための2030アジェンダも

「世界を持続的かつ強靱（レジリエント）な道筋に移行させるために緊急に必要な、大胆かつ変革的な手段をとることに決意している」（前文）と「大胆かつ変革的な手段」の重要性を説いています。SDGs自体が「大胆かつ変革的な手段」すなわちイノベーションを内包しているのです。

そして、近時は「ビジネスと人権」がクローズアップされるようになり、人権に配慮したビジネスへの取り組み、企業の信用やブランド力、透明性を高め、顧客の信頼やロイヤルティを得ることにつながり、人手不足の中で有為な人材を獲得・登用する上でも重要となってきます。

その意味でも、SDGsが掲げる17の目標と169のターゲットは、中小企業がイノベーションを起こしていく上で、大いなるヒントを与えてくれるでしょう。以下では、イノベーションを起こす上での具体的な分析手法について述べます。

3　自社の経営状況および経営資源の分析

1　総論

SDGsを活かしてイノベーション（非連続的な新結合）を持続的に起こしていくためには、まず自社の置かれた状況や自社が何を持っているか（経営資源）を客観的に分析することが第一歩です。

そこで、まずは下記のSWOT分析、事業価値を高める経営レポートの作成を行いましょう。

（ア）SWOT分析

企業の分析として定番なのがSWOT分析です。

SWOT分析とは、自社の内部環境と外部環境を、強み（Strength）、弱み（Weakness）、機会（Opportunity）、脅威（Threat）として洗い出して分析する手法です。強みと弱みは内部環境、機会と脅威は外部環境となります。

SWOT分析においては、各々の要素を洗い出した上で、内部環境・外部環境から1つずつ要素を抽出して掛け合わせて方向性を導き出す、クロスSWOT分析が有用です（図表13－1）。

図表 13-1 クロスSWOT分析の表の例（中堅広告代理店の例）

		機会	脅威
		＊各媒体との強い人脈から紹介が来ている。 ＊各企業が広告費を削減し、中堅の広告代理店が新規受注できるチャンスが増えている。	＊紙媒体の発行部数減少に広告が減少している。
強み		**強みを活用して機会を取り込むためには**	**強みで脅威を回避・克服するためには**
	＊各種媒体に口座を持っており、特に鉄道系雑誌が強い。 ＊親身で小回りの利くサービスの評価が高い。	＊鉄道系雑誌での広告のニーズがある大企業向けに、当該企業の特性に合った提案を増やしていく。	＊紙媒体の優位性をアピールするために、営業マンの提案力を向上させる。
弱み		**弱みで機会を取りこぼさないためには**	**弱みで脅威が生じないようにするには**
	＊ウェブ、インターネットに強い人材が不足している。	＊雑誌・新聞・テレビ・ラジオ・交通広告とインターネットとのメディアミックス提案をしていく。	＊インターネットに強い人材を採用する。 ＊インターネットに関する社内研修を充実させる。

(イ)事業価値を高める経営レポート

次に、SWOT分析をベースとしながらも、中小企業基盤整備機構が監修している「事業価値を高める経営レポート」を活用するのもよいでしょう[※5]。

このレポートの特徴は、自社の3つの知的資産である「人的資産」(社員のノウハウ、技能、経験、モチベーション、経営者の能力など)「構造資産」(システム、ブランド力、もうかる仕組みなど)「関係資産」(販路、顧客・金融機関などとの関係など)が何であるか、どのように活用しているかを分析項目に挙げている点です。この知的資産の分析が、自社の強みの認識につながっていくという意味で重要です。

(ウ)強みと機会を掛け合わせ

以上の分析を行う中で、イノベーションを起こすには、強みと機会を掛け合わせること(強みを活用して機会を取り込むにはどうすればよいか)が最も重要となります。

そこで、まず強みを分析するにあたって、何に留意すべきでしょうか。

2 自社の強みを認識する

(ア)強みに集中することの大切さ

中小企業がイノベーションを起こす上で最も大切なことは「強みに集中」することです。

経営学の泰斗ピーター・F・ドラッカーは「成果をあげるには、人の強みを生かさなければならない。弱みからは何も生まれない。」という明言を残していますが、さまざまな面でリソースが限られている中小企業としても、非連続的な新結合であるイノベーションを生み出すためには、強み(他

図表 13-2 事業価値を高める経営レポート

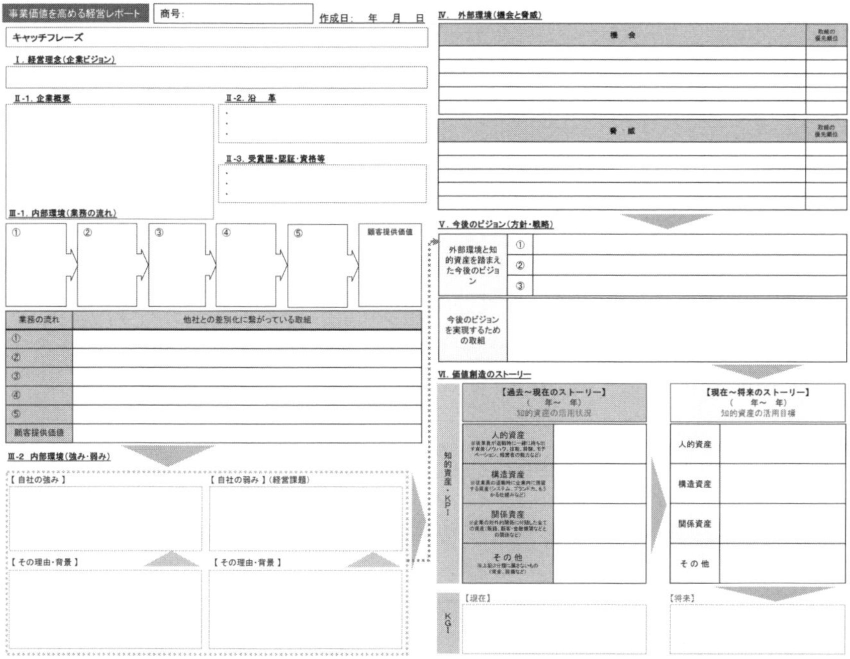

出典：中小企業基盤整備機構　「事業価値を高める経営レポート・作成フォーマット」から引用

社との差別化要因）に集中していくべきでしょう。

（イ）分析のフレームワーク

自社の何が強みかを分析しやすくするために、フレームワーク（思考の枠組み）を利用することが有用です。4C分析と4P分析が有名です。

4C分析とは、顧客が商品サービス購入に至るまでに影響を与える次の4つの要素を顧客目線で考えるものです。

・顧客価値（Customer Value）　・利便性（Convenience）

・コスト（Cost）　・コミュニケーション（Communication）

4P分析とは、顧客ニーズに対応した商品サービスを提供するために、影響を与える次の4つの要素を企業目線で考えるものです。

・製品（Product）　・価格（Price）
・流通（Place）　　・販促（Promotion）

（ウ）他社との差別化要因の発見

フレームワークを参考に、自社の具体的な業務の流れに即して、何が強み（他社との差別化要因）なのかを発見していくことになります。

その際、事業価値を高める経営レポートをベースにして、自社の経営理念（社訓、社是など）、沿革（歴史）、実績（受賞歴など）・認証・資格を書き出し、業務の流れ・フローを洗い出して、自社が顧客のために果たしている機能・役割を棚卸ししていくのがよいでしょう。

（エ）知的資産（無形資産）の重要性

その過程で押さえてほしいのは、自社の知的資産（無形資産）が何であるか、どのように活用されているかです。

知的資産（無形資産）とは、前述のように、「人的資産」（社員のノウハウ、技能、経験、モチベーション、経営者の能力など）「構造資産」（システム、ブランド力、信用、儲かる仕組み、ビジネスモデル、企業文化など）「関係資産」（販路、商圏、顧客・取引先・金融機関などとの継続的な関係など）に分けられます。

以上の分析も、自社の役員・社員はもちろんのこと、顧問の士業や専門家などの信頼できる第三者も巻き込んで行っていくと、より深い成果を上げられるでしょう。

3　機会を見いだしていく

それでは、以上の強みと掛け合わせるべき「機会」の検討にあたって留意すべき点、参考にすべきSDGs分野の課題、解決事例について述べます。

(ア)分析のフレームワーク

PEST分析という4つの視点からの分析手法が有用です。

P：政治（Politics）

E：経済（Economy）

S：社会（Society）

T：技術（Technology）

特に、経済、社会というのは、SDGsと密接に関連しています。

(イ)SDGsを活かしていく

自社のイノベーションの機会を見いだしていくためには、経済、社会、環境の各分野において課題解決の普遍的な目標として提示されているSDGsを手掛かりとしていくべきでしょう。

ここで、各目標ごとに、わが国において、中小企業にとっては機会となり得る、解決すべき深刻な課題および取組事例を以下で、いくつか挙げていきます[※6]。以上のような「機会」を見いだしていく上での参考にしていただければ幸いです。

いずれも、SDGsを活かした非連続的な新結合たるイノベーションといえるものであり、自社の身近なところからSDGsの実現に抜本的に取り組んだ結果、社内の意識も向上し、社外からもポジティブな評価がされるようになったとの声が寄せられています。

目標 1　貧困をなくそう

課題例	解決例
●地域社会によっては、大半の人より経済的に貧しい状態である「相対的貧困」が7人に1人もいる場合がある。 ●家庭が貧しい結果、子どもに十分な教育を受けさせられず、子どもが成人しても安定した仕事に就くことができなくなり、「貧困の連鎖」に陥ってしまう問題がある。	●子どもの健全な発育への貢献・食材の廃棄防止のため、取引先の子ども食堂へ余剰商品や賞味期限の近い商品を無償提供した（食品卸業）。 ●SDGsの達成に寄与するファンドの立ち上げや、マイクロファイナンスへの投資を実施した（投資業）。

目標 2　飢餓をゼロに

課題例	解決例
●わが国は食料自給率が38%と低いため、もし海外で戦争や災害が発生すると食料不足に陥るおそれがあるという構造的な課題がある。 ●ファーストフードなどによる栄養の偏りにより、肥満が深刻な問題となっている。心臓病や糖尿病の原因にもなっている。	●メーカーとしてパンの安定的な供給を目指し、輸入製品ではなく国産小麦の使用比率を向上させた（製造販売業）。 ●毎日の食事の栄養バランスを向上させる製品の供給、栄養バランスのよいメニューの提案等を行った（食品製造販売業）。

目標 3　すべての人に健康と福祉を

課題例	解決例
●わが国の死因の約半分が、三大生活習慣病（がん・心疾患・脳血管疾患）となっている。 ●2018年の日本人の「平均寿命」は男性が81.25歳、女性が87.32歳であるのに対し、「健康寿命」は男性で72.14歳、女性で74.79歳となっており、平均寿命と10歳ほど開きがあるため、寝たきり・認知症が増えているという問題がある。 ●わが国は少子高齢化が進んでおり、介護・年金制度など、高齢者が生き生きと過ごせる社会の実現と、働く若い世代の負担の増加のバランスを確保していくことが課題である。	●高齢者向け健康セミナーの定期開催に取り組み、地域住民の健康増進に努めるとともに、信頼関係の構築、強化につなげた。これによりTV、新聞等のメディアに取り上げられ、自社の社会的認知度の向上にもつながった（小売業）。 ●健康に貢献する商品の研究・開発への取組み、健康に貢献する商品の販売・配送を行った（食料品製造販売業）。

目標4 質の高い教育をみんなに

課題例	解決例
●障がいによる不登校の生徒が増加している。 ●体験学習の機会に格差がある。 ●海外の文化や考えを理解し国際的に活躍するための教育が不足している。	●聴覚や発達の障がいを持った子ども等を主な対象に、義務教育をカバーする映像授業に字幕を追加し、無料でインターネット上に公開した(NPO法人)。 ●植物の育て方のレクチャーやワークショップを開催した(植栽管理業)。 ●自動車リサイクルに関する知識や技術を体系的に学べる教育訓練センターを開設し、国内および海外からの技術訓練希望者の受入れを実施した。また、JICAや各国政府と連携し、行政官や起業家向けに自動車リサイクル研修や技術指導などを実施した(自動車リサイクル業)。

目標5 ジェンダー平等を実現しよう

課題例	解決例
●女性は男性より社会進出に遅れがある。女性の管理職が少なく、非正規雇用も女性が多いことから収入も少ない。 ●育児や家事が女性(母親)に偏っている。 ●アンコンシャス・バイアス(無意識の偏見)が根強く存在する。	●ワーク・ライフ・バランスとダイバーシティ経営を推進し、女性の営業職や管理職への登用を開始した。例えば、新たに育児休業を取得する際には取得経験のある女性社員が取得者をサポートする体制とした。多様な人財の活用により、組織そのものの感性・価値観の多様化へつなげるとともに、より複雑化する社会ニーズへ対応できるようにした(化粧品製造販売業)。 ●SDGsのテーマに沿ったイベント(対談など)を定期的に開催し、女性が中心に集まるコミュニティを運営することにより、女性のメディア露出や講師起用などを生じさせ、女性の活躍領域を拡大させた(ドローン事業・クラウドファンディング事業)。

参考:『SDGs 17 の目標取組事例集』(東京弁護士会 中小企業法律支援センター SDGsプロジェクト・チーム編)
https://www.toben.or.jp/know/iinkai/chusho/pdf/sdgs_17jireishu.pdf

目標6　安全な水とトイレを世界中に

課題例	解決例
●水道管などの老朽化と交換に係るコスト増、水道代金の値上がりが問題である。 ●近時増加している大規模災害時における飲料水確保に課題がある。 ●工業排水、生活排水により河川が汚染されている。	●上下水道がいらない完全循環型のトイレを開発した（トイレの開発・製造・設置業）。 ●慢性的な水不足が続く地域や、災害時に急に水の供給が止まった地域に飲料水の供給を行うことができるよう、空気から水を作る製水機を開発・製造し、国内外の水不足に悩む地域に提供した（電気工事業）。 ●酸化防止剤や着色料、香料、合成界面活性剤を一切含まない無添加石けんを製造・販売した。地道な啓発活動、環境に対する消費者意識の高まりが相まって、同社商品のよさが理解されるようになり、売上は右肩上がりになった（石けんの製造販売業）。

目標7　エネルギーをみんなに　そしてクリーンに

課題例	解決例
●わが国の1人当たり電力消費は世界第4位にもかかわらず、エネルギー自給率は11.8%にとどまる。OECD加盟国35カ国中最下位に近い。ほとんどの資源は海外からの輸入に頼っており、供給が国際情勢に大きく左右される状況にある。 ●今のわが国はエネルギー源を石油・石炭・LNG（液化天然ガス）等の化石燃料に依存しており、温室効果ガスを多く排出し、環境にも大きな負荷をかけている。 ●わが国の再生可能エネルギーの比率は2019年時点で18.5%にとどまる。この比率を上げるための施策や省エネルギーへの取組み強化が必要である。	●産業廃棄物処理過程で発生する排熱を会社内の熱源および社外供給することでの有効利用ができるようにした。産業廃棄物処理品として受け入れた廃油・廃プラスチックを活用することでの産業廃棄物焼却処理に必要な購入エネルギー使用量削減を推進した（産業廃棄物処分業）。 ●屋上に太陽光パネルを設置し、太陽光パネルで得た電力と、購入した非化石証書付の再生可能エネルギーを活用することで、100%再生可能エネルギーで社内電力を賄えるようにした（製造業）。

目標8 働きがいも　経済成長も

課題例	解決例
●わが国の15歳から64歳の平均労働時間はOECD諸国で第1位であり、全体平均より2時間も長い。長時間労働や残業が問題となっている。 ●ハラスメント（セクハラ・パワハラなど）が横行しがちであり、職場環境や働き方全体の見直しが必要である。 ●過労死や職場での自殺が社会問題となっている。 ●正規社員と非正規社員、男性と女性間に労働格差がある。	●①業界平均よりも少ない月間残業平均時間の実現、②多様な働き方の促進（パラレルワーク、リモートワーク、時短勤務等）、③従業員独立支援制度の創設をした（子育て支援業）。 ●育児休職、短時間勤務制度、託児サービス費用の補助などの制度構築、傷病休職制度・リハビリ出社制度の導入、育児と仕事の両立をサポートするためのガイドブックの発行、ダイバーシティ推進本部の設置、障がいのある学生向けのインターンの実施等を行った（家具・機器製造業）。

目標9 産業と技術革新の基盤をつくろう

課題例	解決例
●地震、台風、豪雨等の自然災害によるインフラ損傷からの素早い復旧が課題である。 ●わが国のインフラは、本格的に整備された1960年から50年以上経て、老朽化により一気に寿命を迎えつつある。2033年には67%の橋が設置50年を迎える。崩落などの事故発生の可能性が高まり、維持・補修コストが課題である。	●落石や陥没、不法投棄など道路で起こっている異常を通報し、県担当者がいち早く対応できるアプリを開発した（IT業）。 ●高品質で長く使い続けることのできる太陽光発電所の建設、不良太陽光発電所の改修やリパワリング・メンテナンスに注力した（電気・ガス・熱供給・水道業）。

目標 10　人や国の不平等をなくそう

課題例	解決例
●所得の不平等を示すパルマ比率は、わが国は2005年に1倍未満だったのが2015年には1.32倍に拡大し、G7の中でも比率が高い。 ●わが国では、さまざまな人材を受け入れる「ダイバーシティ」と、お互いが自らの役割を果たしている状態「インクルージョン」が進んでいない。	●日本人と同じ待遇で、9カ国から約50人の外国人労働者を雇用した（コンサルティング業）。 ●企業が多様性を受け入れ、強みとして活かせるよう交流事業を通じた相互理解の促進と異文化セミナーを実施、職場における言語の壁を取り除き、情報格差による不平等を解消するため、日本語教育と翻訳サービスを提供した（一般社団法人）。

目標 11　住み続けられるまちづくりを

課題例	解決例
●わが国では、人口の35%が首都圏に集中し、地方から東京への転入は増加の一途である。2018年は13.6万人が東京に移動している。 ●都市部一極集中は、住居費や食費などの高騰や、待機児童問題、災害発生の甚大な被害等を引き起こすという問題がある。 ●地方では、少子高齢化と過疎化が進み、空き家が発生し、治安等の問題を生じている。公共交通機関や店舗の減少により買い物難民も発生している。	●災害により都市ガスの供給停止や停電などが起きても、一定期間のガスと電気の供給に貢献するため、防災減災対応システムの製品供給や災害対応型LPガスバルク供給システムの開発に取り組んだ（ガス業）。 ●持続可能な輸送システムを実現させるため、リフト付きバス・トイレ付きバスの導入や、農村部・過疎高齢化が深刻化している地域への買い物タクシー・介護タクシーなどの導入、運転者の法令遵守・体調管理等の徹底を実施した（システム開発業）。

目標12 つくる責任　つかう責任

課題例	解決例
●わが国の食品ロスは年間600万ｔ以上であり、東京ドーム5杯分の食糧が廃棄されている。国民1人1日1杯のご飯を捨てていることになる。 ●わが国で衣服は年間で約29億着が作られ、そのうち約15億着（約79万ｔ）が捨てられている。 ●服1着作るのに、約25.5kgのCO2を排出、水2,300ℓが必要となる。さらに廃棄された服の焼却処分で大量のCO2を排出することになる。	●食べ残し以外のフードロスをなくすため、バイキングを、メイン料理を注文されてから作るハーフブッフェスタイルに変更した。その他、連泊する宿泊客に対し希望によりシーツやリネン関係の交換を省略することを呼び掛けたり、環境保護に貢献するためクリーニングの際に使用する有機洗剤などの使用を抑制するなどした（ホテル業）。 ●リサイクル素材や天然素材にこだわったサステナブルブランドを確立し、オリジナル商品の受注、取組みに共感する企業との新規取引につなげた（製造業）。

目標13 気候変動に具体的な対策を

課題例	解決例
●わが国の2017年度の温室効果ガス総排出量は、前年度と比べ1.2%、2005年と比べ6.5%程度減少したが、気温上昇は、世界平均（100年当たり約0.73℃）をしのぐ100年当たり約1.21℃ペースとなっている。 ●各地で豪雨や記録的猛暑などの異常気象が頻発している。	●工場内の照明をすべてLEDへ変更、夏場のエアコンの消費電力を抑えるためゴーヤを使用したカーテンを設置、温暖化対策運動への参画（エコカーを買う、エコ住宅を建てる、エコ家電にする、高効率な照明に替える、公共交通機関を利用する、クールビズやウォームビズを実施する）などを実施した（製造業）。

目標14 海の豊かさを守ろう

課題例	解決例
●世界のプラスチックごみ排出量は毎年800万ｔであり、ジャンボジェット機5万機分に相当する。わが国の廃棄量は世界第2位である。 ●プラゴミのリサイクル率は84%だが、多くがサーマルリサイクルとして焼却による熱利用回収にとどまる。	●プラスチック製品のゴミを削減するため、代替物での商品開発を行った。材料、製造、梱包・発送、使用、廃棄の各プロセスにおいて社員とともに検討することで、新たな業界や国境を越えたコラボレーションによる企画開発が生まれ、特に外国の企業からの共感度は高く、ビジネスの拡大につなげた（製造業）。

目標 15　陸の豊かさも守ろう

課題例	解決例
●わが国は国土の7割が森林だが、うち4割は人工林で、木の実が少なく、イノシシや鹿が市街地に出没するようになっている。人工林の放置も問題になっており、水源かん養等の機能の低下により災害も懸念される。 ●環境省レッドリストでは約3,700種が絶滅危惧種に指定されている。 ●約2,000種以上の外来種により、動植物の生態系に悪影響を及ぼしている。	●鹿が本来自然に生息する数に戻ることにより、森に豊かな生態系が戻り、森を守ることにつながるとの理念の下、売上の一部を森林保全のための人材育成や研究費用に充てる活動を実施した（ペット用衣類等販売業）。 ●絶滅危惧種に指定されている植物の保全のため、行政・NPO団体・学校関係者等と連携して保全活動を実施した（建設コンサルタント業）。

目標 16　平和と公正をすべての人に

課題例	解決例
●紛争が起こっている地域で暮らす子どもは3億～4億人以上おり、爆撃、暴力迫害で命を落とす子がいるとともに、教育を受けることができない子が多数存在する。 ●1週間に1人、年間50人の子どもが虐待により命を落としている。その加害者は実母の割合が最も高い。	●子どもたちに器楽演奏の楽しさを伝え、子どもの豊かな成長を促す支援を行うため、世界各国で独自の器楽演奏体験をサポートするスクール事業や楽器寄贈・教育支援などを実施した（楽器製造販売会社）。

目標 17　パートナーシップで目標を達成しよう

課題例	解決例
●わが国はSDGsの認識率が世界平均に比べて低く、世界や日本にどのような問題があるかの認識が全体に不足している。 ●わが国はグローバル人材が足りていない。語学だけでなく海外の文化や価値観を知る国際感覚ある人材を育てていくことが急務である。	●SDGsの普及のため、政府・民間セクターなどと連携しながら、SDGsについて笑いながら学ぶことができる教材を用いて学校や企業などで出張授業を実施した（サービス業）。 ●気候変動に代表されるさまざまな環境問題への取組みとして、国際的なパートナーシップを構築し、スリランカ民主社会主義共和国において太陽光発電の技術提供や普及活動を実施した（太陽光発電業）。

4 イノベーションを起こしていく手法

1 トップの覚悟と社内への浸透

それでは、中小企業はどのような手法によりイノベーションを起こしていけばよいでしょうか。

中小企業がSDGsを基盤にイノベーションを持続的に起こしていくためには、トップの経営層（特に社長）が、自社はこれに取り組んでいくと覚悟を決めて、社内に浸透させていくことが大切です。

やり方としては、社内横断的なプロジェクトチームを組成するという方法もありますし、まずは社長を中心とする経営層でチームを組成し、次は管理者層と徐々に輪を広げていく方法もあります。

重要なのは、トップがこれに取り組むと覚悟を決め、その姿勢を社内に示していくことです。社員全員の意識が変わるのには時間がかかりますが、粘り強く続けていくことが大切です。

2 多くの人を巻き込んで知恵を出し合う

(ア) ブレインストーミング

非連続的なイノベーションを起こしていくため、新機軸の企画やアイデアを生み出す手法として、ブレインストーミング（Brainstorm）があります。これは、会議に参加した人たちが自由な発想で意見を出し合い、新しいアイデアを生み出すための手法のことで、「ブレスト」とも略されます。

ブレインストーミングの根底には、「既存の要素を新しく組み合わせることで良いアイデアが生まれる」という思想があります。これはまさにイノベーションの本質となるものです。

ブレインストーミングには４つの原則があるといわれています。

①他人のアイデアを否定しない

意見を否定することは自由な発想を妨げるので、NGとされています。

②どんな発想のアイデアも受け入れる

突拍子もないアイデアの中にこそ、課題解決の糸口があるものです。

③質よりも量が大事である

量は、いつか質に転化していくという考え方に基づいています。

④結合と改善

他人のアイデアを組み合わせたり改善したりすることで、さらによいアイデアが生まれます。

ブレインストーミングに参加するメンバーとしては、自社の役員や社員はもちろんのこと、自社と関係がある士業や専門家などの信頼できる第三者に参加してもらうのもよいでしょう。社員が参加する場合にも、部署を横断してみるのもよいと思います。異なった立場からのアイデア出しから新しい発想が生まれやすいです。

(イ) 人脈の形成、交流など

新しいアイデアを生み出していくためには、トップが社外で交流を深め、人脈を形成していくことは最も基本的で大切なことです。多様な価値観を持つ人々と出会って意見や情報を交換することから、新しい発想が生まれやすいですし、加えて、会社として展示会に出展するなど、対外的な交流の場を組織的に持つことも大切でしょう。ただし、展示会に出展する場合には、出展目的の明確化・絞り込み、目標の設定、展示会後のフォローの継続なども必要です。

3 トライ&エラーを繰り返す

イノベーションを起こしていくためには、まずは、企画や活動、プロジェクトの数·量をこなしていくことが重要です。「下手な鉄砲も数を撃てば当たる」ではないですが、野球でいえば打席に立ち続けてバットを振り続けることが肝心です。トライした数多くのアイデアの中から、どれかが実を結んでいけば、それが成功ではないでしょうか。失敗をすることも、実際にやってみなければわからなかったさまざまな気付きを得られ、それ自体が財産となります。イノベーションに成功した多くの企業家が、試行錯誤、トライ&エラーが大切だと口をそろえていっています。

したがって、新しい企画やプロジェクトは、初めは予算等を含め規模を小さくして試験的に始めて、うまくいったら規模を大きくし、失敗しても会社全体で負担を吸収できるようにするのがよいでしょう。

人事面でも、新しい取組みに挑んでいくことを奨励する社内文化を築くようにし、新しいチャレンジに対してマイナス評価をしないような人事考課も必要です。担当する社員には、既存の業務から離れて新しいプロジェクトに集中してもらうため、分社した会社に転籍させて新事業に取り組ませるという方法もあります。

会社として、新しい企画やプロジェクトに取り組んでいくためには、相応の人員や予算を割かなければなりません。本業で利益やキャッシュを安定的に上げて、余裕を持っておくことも大切です。企業の成長期に蓄積された未利用の余剰資源（余剰人員・遊休設備など）のことを「スラック」といいますが、イノベーションを起こす活動をしていくためには、この「スラック」も必要となってきます。

そして、新しいプロジェクトや企画に取り組んだが、残念ながらこれ以上成果が望めそうになかったり、会社としてこれ以上人的・財政的に負担をすることはできないという限界に直面したりすることもあるでしょう。

そのような場合には、潔く撤退すべきでしょうが、あらかじめ撤退の基準を置いておくことが重要となります。基準としては、「●年連続しても黒字化しない」など、明確に数値的な内容にしておくことが望ましいです。始めることは誰でもできるが、やめることを決められるのはトップ（社長）だけであるといわれることもあります。

以上のように、イノベーションというのは、一見、華やかなイメージが持たれがちですが、多くの社員・役員の時間をかけた地道な努力と試行錯誤の結果、生み出されていくことがほとんどであるということは、意識されるべきだと思います。

5　あなたの会社にしかできないSDGs

SDGsに取り組んでいる企業は、ユニークな活動に取り組むことにより現象的には非連続的な発展、イノベーションを実現しています。

もっとも、これらの企業はそれまでに有していなかった考え方の下にイノベーションを実現したわけではなく、自社の固有の歴史や企業文化、社是、社訓といった企業理念の中に、SDGsの精神と共通するものを発見し、SDGsに取り組むことはもともと自社が持っていたDNAを活かすことになるという思想で取り組んでいる会社もあります（四国経済産業局の事例集でも「特別のことではない」「今の延長線上」「社是と相似し、自然と受け入れられた」という声があります）。

SDGsが個人の尊厳を重んじ、地球を癒し安全にするという、普遍的な理念を内容とするからこそ、社会に貢献してきた多くの中小企業がこれまで取り組んできた目標や、掲げてきた経営理念、培ってきた技能・ノウハウや関係性、醸成してきた企業文化に、SDGsと通底するものがあるというのは、むしろ自然なことなのかもしれません。

多くの中小企業が、SDGsの理念の実現に取り組むことを機に、自社の歴史や企業文化、経営理念を見直し、自社にとって「変えてはならないもの」「変わらないもの」を発見し、これを活かしていく道筋を見いだしていくことが、自社にしかできないユニークで非連続的な「イノベーション」を生み出し、社会をよき方向へ変革していくことにつながるのではないでしょうか。

一社でも多くの中小企業が、1人でも多くの中小企業に関わる人が、本書を参考にして、「あなたにしかできないSDGs」を究めていくことを願っています。

6 参考文献

中小企業がイノベーションを起こしていく上で参考になる文献をいくつか掲げます。

まず、ユニークなイノベーションを起こした企業の経営者自らが記した書籍として、次のものがあります。

『新版　社員をサーフィンに行かせよう－パタゴニア経営のすべて』
（イヴォン・シュイナード著、井口耕二訳、ダイヤモンド社、2017年）

『リストラなしの「年輪経営」－いい会社は「遠きをはかり」ゆっくり成長』
（塚越寛著、光文社、2009年）

『トレイルブレイザー　企業が本気で社会を変える10の思考』

（マーク・ベニオフ／モニカ・ラングレー著、渡部典子訳、東洋経済新報社、2020年）

次に、組織が持続的にイノベーションを生み出していく考え方、プロセスとして「デザイン思考」が注目されています。「デザイン思考」について書かれた書籍として、次のものがあります。

『デザイン思考が世界を変える－イノベーションを導く新しい考え方』
（ティム・ブラウン著、千葉敏生訳、早川書房、2014年）

『世界のトップデザインスクールが教える－デザイン思考の授業』
（佐宗邦威著、日本経済新聞出版、2020年）

そして、中小企業の経営理念、存在意義（パーパス）の重要性を説いたものとして、次のものがあります。

『パーパス経営－30年先の視点から現在を捉える』
（名和高司著、東洋経済新報社、2021年）

【第13章の本文中索引】

※1　『経済発展の理論（上）』（シュムペーター著、塩野谷祐一・中山伊知郎・東畑精一訳、岩波書店、1977年）180頁。
※2　前掲注1・182頁。
※3　前掲注1・185頁。
※4　前掲注1・181頁。
※5　作成用フォーマットや作成マニュアルはこちらから取得できる。
独立行政法人 中小企業基盤整備機構
https://www.smrj.go.jp/tool/supporter/soft_asset1/index.html
※6　その他詳細については、例えば下記のような情報が公開されている。
＊　四国経済産業局「SDGs経営先進事例集」
https://www.shikoku.meti.go.jp/03_sesakudocs/0406_sdgs/jireishu/jireishu.html
＊　関東経済産業局「SDGsに取り組む中小企業等の先進事例の紹介」
https://www.kanto.meti.go.jp/seisaku/sdgs/sdgs_senshinjirei.html
＊　九州経済産業局「九州SDGsアクションガイド」
https://www.kyushu.meti.go.jp/seisaku/kyosoryoku/sdgs/pdf/2019jirei_00_all.pdf

あとがき

私たちの社会は、持続可能な未来へ移行するという困難に挑戦しています。

この変革の旅において、中小企業は、その機敏さと革新性によって、この挑戦に向けて重要な役割を果たすことができます。今、手にしていただいているこの書籍は、そのような可能性を実現するための羅針盤としていただきたいとの思いで、東京弁護士会中小企業法律支援センターSDGsプロジェクト・チームのメンバーを中心に執筆しました。

「日本資本主義の父」と呼ばれた実業家である渋沢栄一(1840～1931)は、明治から大正にかけて活躍し、生涯で約500の企業の設立に関わり、約600の社会事業に携わりました。彼は、事業は私利私欲に基づくのではなく、公益を追求する「道徳」と、利益を求める「経済」が両立されなければならないとして、「道徳経済合一説」を唱えました。

事業を展開する際には、社会貢献や人々の幸せ（ウエルビーイング）の実現を追求しながら、同時に利益を上げていくことこそが、成功を収める要諦であると説いたのだと思います。

渋沢栄一の時代から約100年を経て、経済は高度に成長して巨大な富と繁栄が築かれました。しかし他方において、社会が複雑化し、著しい環境破壊や人権侵害がもたらされています。しかもそれは一刻の猶予も許されない深刻な状況にあります。残念ながら、渋沢栄一の理念が実現されるどころか、より悪い方向に突き進んでしまった感があります。

このような事態を打開するために国連で提唱されたのがSDGsとビジネスと人権に関する指導原則です。その取組みは中小企業にも求められており、今や、これらに適切に対応できるか否かは中小企業経営の死活問題になりつつあります。

しかし、SDGsはその対応範囲が極めて広く、企業経営において何をどの順序で実施すればよいのかは必ずしも判然としませんし、ビジネスと人権に関する指導原則においては、一体、自社において誰のいかなる人権についてどのような配慮をすれば人権尊重に結び付くのかもよくわからないというのが現実です。

本書では、それを明確化することを最重要のテーマとしました。

SDGsもビジネスと人権に関する指導原則も、人権尊重を基礎としています。そして、法令は人権侵害を防止するための基本的ルールを定めたものであり、誰もが最初に取り組まなければならないものです。それに違反することは大きなリスクを負うことになります。

そこで本書では、中小企業がSDGsとビジネスと人権を推進する際に絶対に取り組まなければならない「法令遵守事項」（MUST）と、取り組むとより良い「自主的取組事項」（BETTER）とに区別し、従業員、消費者、取引先、サプライヤー、環境・社会等のステークホルダーごとに、中小企業が取り組むべきステップを明示しました。さらにチェックリストを設けて、各企業が法令遵守事項と自主的取組事項についてどの程度取組みが実施できているか進捗管理ができるように工夫を凝らしました。

そして、以上の取組みを順次実施しつつ、社会課題を克服していくイノベーション巻き起こしていくことを提案しています。

経営者のみなさまにおかれましては、この書籍を通じて、自社のビジネスモデルを見直し、社会的責任を全うすることで企業価値を高め、持続可能な社会の構築に寄与していただければと思います。そして今まで以上に

「人が集まり選ばれる会社」として成長していかれることを心より祈念いたしております。

最後に、第一法規株式会社の荒巻順子様には、企画段階から発刊に至るまで、さまざまな形でご尽力いただき心より感謝申し上げます。

東京弁護士会の松田純一会長、山本昌平副会長、関義之中小企業法律支援センター本部長代行にはいつもご指導と励ましを頂きました。北見直人業務課長には、いつも的確な準備と対応をしていただきました。本当にありがとうございました。

本書の原稿を執筆した2023年の夏は異常な暑さでしたが、その中で集中的に執筆に取り組んでくださったメンバーの一人ひとりに心から感謝しております。大変ではありましたが、とてもよい経験をさせていただきました。

私たちは、これからもみなさまとともに、持続可能でよりよい未来を構築できるよう歩みを続けて参りたいと願っております。

お読みいただきありがとうございました。

心より感謝を込めて。

2023年12月

東京弁護士会中小企業支援センター

SDGsプロジェクト・チーム座長　湊　信明

SDGsプロジェクト・チーム紹介

　SDGsプロジェクト・チーム（以下「SDGsPT」）は、2020年1月に東京弁護士会中小企業法律支援センター内に設置されました。SDGsPTでは、SDGsや「ビジネスと人権に関する指導原則」の理念や取り組み方を、中小事業者の皆様へわかりやすくお伝えし、その企業経営に生かしていただける一助となるべく活動を展開しています。具体的には、SDGsやビジネスと人権の紹介動画や記事等の作成・発表、中小事業者団体との交流会・セミナー開催、大企業から中小企業に求められるSDGsアンケート作成サポート、中小事業者の人権デュー・ディリジェンス対応、自治体その他団体等との交流、他士業との交流・連携活動等を行っています。SDGsの17の目標毎に中小企業の具体的な取組みを紹介する「取組事例集※」も発刊していますので、是非、皆様の会社でのSDGsの取組みに活かして頂けたらと願っております。

　また、中小企業法律支援センターでは、コンシェルジュ弁護士が事案に適した弁護士を中小事業者に紹介して経営をサポートするコンシェルジュ制度を展開しており、SDGsやビジネスと人権に関するお悩みや取組みについてのご相談もお受けしております。ぜひお気軽にご連絡ください。

東京弁護士会中小企業法律支援センター
https://cs-lawyer.tokyo/
利用規約にご了解頂いた上でお電話ください。
受付時間 9:30～16:00　電話番号 03-3581-8977

※　「SDGs 17の目標取組事例集」（東京弁護士会 中小企業法律支援センターSDGsプロジェクト・チーム編）
https://www.toben.or.jp/know/iinkai/chusho/pdf/sdgs_17jireishu.pdf

相川　泰男（あいかわ　やすお）　**第4章担当**
1989年4月弁護士登録（東京弁護士会所属）。1993年4月相川法律事務所を開設し、2023年1月相川・松浦法律事務所に名称変更、現在に至る。2001年～2004年法務省人権擁護委員、2013年東京弁護士会副会長、2014年同中小企業法律支援センター本部長代行、同入退会審査調査委員長、2023年同法友会幹事長。取扱分野は、会社法務、中小企業法務、不動産・借地借家、債権回収、倒産法務、金融法務、各種訴訟対応等。主要著書は、『誰にもわかる債権の保全と回収の手引』（新日本法規）、『親と先生のための子どもをめぐるトラブルと法律Q&A』（新紀元社）、『相続トラブルにみる遺産分割後にもめないポイント-予防・回避・対応の実務-』（新日本法規）等。

湊　信明（みなと　のぶあき）　**第1章担当**
1998年4月弁護士登録（東京弁護士会所属）。湊総合法律事務所所長。2015年東京弁護士会副会長、2017年～2019年、同中小企業法律支援センター本部長代行、2021年1月～同SDGsプロジェクト・チーム座長（現任）。中小企業から上場企業に至る幅広い顧客に法的助言を提供。労働案件、不動産案件、事業承継、企業間トラブルを得意とする。「できない理由」ではなく「できる方法」を見つけてアドバイスを行うことをモットーとしている。著書に『勝利する企業法務～法務戦術はゴールから逆算せよ！～』（第一法規）、『働くみんなの事例で学ぶコンプライアンス』（監修、第一法規）、『成功へと導くヒューマンライツ経営～人権リスク・マネジメントで勝ち抜く～』（共著、日本経済新聞出版）等。

佐藤　光子（さとう　みつこ）**第3章担当**
2000年弁護士登録（東京弁護士会所属）。2010年米国イリノイ大学客員研究員（再生可能エネルギー関連法）。2011年米国ボストン大学ロースクール入学、ビジネスローを学び卒業。企業法務全般を扱い、食品関連法務、医療関連法務、学校関連法務、ペット関連業法務等にも取り組む。不動産案件、労働案件、相続案件等も扱う。2003年より日本弁護士連合会公害対策環境保全委員会委員として環境関連法、気候変動、ESG、SDGsを扱う。食品ロス削減のための提言も行う。東京弁護士会中小企業法律支援センター委員。東京商工会議所会員。企業向けセミナー講師も務める。著書に『Q&A中小企業法律支援ハンドブック–創業期から成長期、成熟・衰退期までの法務』（共著、創耕舎）等。

堂野　達之（どうの　たつゆき）**第13章担当**
2000年弁護士登録（東京弁護士会所属）。堂野法律事務所所長。中小企業診断士。2019年度・2020年度東京弁護士会中小企業法律支援センター本部長代行。2021年度東京弁護士会副会長。中小企業法務全般を取扱い、事業再生や倒産、廃業の案件も多い。広い視野から大局観をもって、経営者や社員に寄り添う経営支援をモットーとする。著書に『成功する事業承継のしくみと実務』（共著、自由国民社）、『中小企業事業再生の手引き』（共著、商事法務）、『中小企業法務のすべて』（共著、商事法務）、『フロー＆チェック　企業法務コンプライアンスの手引き』（編集代表、新日本法規）等。

木下　貴博（きのした　たかひろ）**第5章担当**
2001年弁護士登録（東京弁護士会所属）。大空法律事務所所属。都内法律事務所において勤務、オリックス債権回収株式会社取締役弁護士（出向、2009～2012年）等を経て現在に至る。2021年4月より東京弁護士会中小企業法律支援センター副本部長（現任）。取扱業務は、債権回収、不動産取引（主に賃貸借）を中心とする中小企業法務一般、倒産、交通事故、相続等。主な著書に、『Q&A中小企業支援ハンドブック–創業期から成長期、成熟・衰退期までの法務』（共著、創耕舎）、『問答式　借地・借家の実務』（共著、新日本法規）、「Q&A改正民事執行法の実務」（共著、ぎょうせい）等。

菅沼　篤志（すがぬま　あつし）**第8章担当**
2001年弁護士登録（東京弁護士会所属）。都内法律事務所での勤務（8年半）、都内法律事務所（複数）にてパートナー参画後、2020年4月に菅沼綜合法律事務所を開設し現在に至る。2021年4月～東京弁護士会中小企業法律支援センター副本部長（現任）。主な取扱分野は、中小企業の法務全般、不動産案件、倒産・清算案件、相続案件、公選法案件など。2016年4月～大田区行政不服審査会委員（2022年4月から会長）。著書に、『共有の法律相談』『実務から見た遺産分割と遺言・遺留分』（ともに共著、青林書院）等。

執筆者一覧

濱田　和成（はまだ　かずなり）**第10章担当**
2001年弁護士登録（東京弁護士会所属）。都内中堅法律事務所での勤務（8年）、企業への出向（2年）、海外留学（2年）を経て、2012年7月に矢吹法律事務所に入所し、2014年7月に同事務所のパートナーに就任し現在に至る。2021年4月～東京弁護士会中小企業法律支援センター副本部長（現任）。主な取扱分野は、一般企業法務、M&A（事業承継を含む）、独禁法、コーポレートガバナンス、労働問題（使用者側）、海外取引、企業間訴訟など。顧客企業のビジネスやニーズを十分に理解して、バランスのとれた適切なアドバイスを提供することを心懸ける。

眥　真希（あざ　まき）**第7章担当**
2003年弁護士登録（東京弁護士会所属）。石本哲敏法律事務所所属。2021年4月～東京弁護士会中小企業法律支援センター事務局長（現任）。取扱業務は、一般企業法務、倒産事件、一般民事事件など。「実践弁護士業務広告Q&A–規制の理解を踏まえた効果的な顧客訴求–」（共著、ぎょうせい）、『Q&A中小企業支援ハンドブック–創業期から成長期、成熟・衰退期までの法務』（共著、創耕舎）のほか、離婚、住宅建築、賃貸借分野での共著あり。

立山　純子（たてやま　じゅんこ）**第11章担当**
2006年弁護士登録（東京弁護士会所属）。2006年～2009年まで外国法共同事業法律事務所リンクレーターズで勤務し、2009年～2011年まで外務省国際協力局気候変動課（課長補佐、弁護士資格の任期付職員）での執務を経て、2012年に第一中央法律事務所に入所し、現在に至る。2022年から東京弁護士会中小企業法律支援センターSDGsプロジェクト・チームに所属。取扱業務は、企業法務、一般民事事件その他。

小西　麻美（こにし　まみ）**第2章担当**
2007年9月弁護士登録（東京弁護士会所属）。都内法律事務所勤務を経て2015年4月に小西法律事務所を開設し現在に至る。2022年4月より東京弁護士会中小企業法律支援センターSDGsプロジェクト・チーム副座長（現任）。2023年4月より同センター事務局次長（現任）。主な取扱分野は、中小企業法務一般のほか、相続、成年後見、離婚、交通事故、債務整理・破産、賃貸借・不動産関係等でこれらの分野に関する共著も多数。中小企業経営者・個人事業主の皆様のお悩みに寄り添いよりよい問題解決への伴走者を目指す。

田中　康一（たなか　こういち）**第6章担当**
2007年9月弁護士登録（東京弁護士会所属）。都内法律事務所勤務を経て2015年に新宿中央法律事務所を開設し現在に至る。2022年より東京弁護士会中小企業法律支援センターSDGsプロジェクト・チーム所属。主な取扱分野は、中小企業法務一般のほか、建設、不動産関係の問題解決に取り組む。

上芝　直史（うえしば　なおじ）**第10章担当**
2008年9月弁護士登録（東京弁護士会所属）。表参道総合法律事務所パートナー弁護士。2021年7月～東京商工会議所経営安定特別相談専門スタッフ、2023年6月～東京都中小企業振興公社専門相談員。東京弁護士会中小企業法律支援センター委員、同センターSDGsプロジェクト・チーム副座長。主な取扱分野は中小企業法務一般、民事事件一般、倒産事件、家事事件、刑事事件など。主な著書は『新民法（債権法）の要点解説–新旧条文対照表付』（共著、信山社）、『フロー＆チェック　企業法務コンプライアンスの手引』（共著、新日本法規出版）等。

馬場　宏平（ばば　こうへい）**第11章担当**
2009年12月弁護士登録（東京弁護士会所属）、西垣内法律事務所入所。2014年4月馬場総合法律事務所を開設し、現在に至る。2016年10月～東京都よろず支援拠点コーディネーター、2017年4月～東京商工会議所墨田支部法律相談担当、2021年1月～東京弁護士会中小企業法律支援センターSDGsプロジェクト・チーム副座長。著書に『Q&A中小企業法律支援ハンドブック–創業期から成長期、成熟・衰退期までの法務』（共著、創耕舎）、「企業がサステナビリティを推進していく際に留意すべき独占禁止法上の問題」（一般社団法人産業環境管理協会、『環境管理』2023年5月号）等。

青木　正明（あおき　まさあき）第12章担当
2010年12月弁護士登録（東京弁護士会所属）。都内法律事務所勤務を経て2018年4月に飯野・青木法律事務所を開設し現在に至る。東京弁護士会中小企業法律支援センター委員、同センターSDGsプロジェクト・チームのほか事業承継プロジェクト・チーム副座長（現在）。著書に、『新破産実務マニュアル（全訂版）』（共著、ぎょうせい）、「どの段階で何をする？業務の流れでわかる！遺言業務執行〈第2版〉」（共著、第一法規）等。

鳥山　亜弓（とりやま　あゆみ）第1章担当
1996年10月朝日監査法人（現有限責任あずさ監査法人）入所。2000年4月公認会計士登録。2010年12月弁護士登録（東京弁護士会所属）、隼あすか法律事務所入所。2013年7月千代田国際法律会計事務所所長（現任）。2022年4月東京弁護士会中小企業法律支援センター名簿・研修部会長兼嘱託（現任）。弁護士・公認会計士として、法律・会計・税務を含む総合的観点に立った問題解決に取り組んでいる。いずれも著書で『フロー＆チェック　企業法務コンプライアンスの手引』、『事例式　事業承継手続マニュアル』（いずれも共著、新日本法規出版）、『Q&A中小企業法律支援ハンドブック–創業期から成長期、成熟・衰退期までの法務』（創耕舎）等。

上村　菜穂（うえむら　なほ）第8章担当
2011年弁護士登録（東京弁護士会所属）。ニューヨーク州弁護士・中小企業診断士。電機メーカー法務部での勤務を経て、現在は総合商社の法務部に所属。企業内弁護士として、国内外の取引法務、M&A・組織再編、紛争対応、コンプライアンスなど、企業法務全般に従事。東京弁護士会中小企業法律支援センター委員。

山崎　岳人（やまざき　たけひと）第7章担当
2012年12月弁護士登録（東京弁護士会所属）。同年同月コスモス法律事務所入所、現在はパートナー弁護士。企業法務・民事事件を中心に取扱い。2002年4月財務省入省、2007年3月同省退職、同年4月東京大学法科大学院入学、2010年3月同大学院修了。2023年度は東京弁護士会法友全期会事務局長。著書に、いずれも共著で『ケースでわかる　改正民法・不動産登記法の勘どころ - 令和5年4月施行対応 -』（新日本法規）、『政省令・施行通達対応相続土地国庫帰属承認申請の手引』、『相続トラブルにみる　遺産分割後にもめないポイント - 予防・回避・対応の実務 -』、『令和3年改正民法対応負動産をめぐる法律相談実務処理マニュアル』（いずれも新日本法規等）。

松木　裕（まつき　ひろし）第12章担当
2014年12月弁護士登録（東京弁護士会所属）。荒井総合法律事務所での勤務を経て、2020年1月に井垣法律特許事務所に入所し現在に至る。2021年4月～2023年3月まで東京弁護士会中小企業法律支援センター連携検討部会長、同年4月～同センター事務局員（現任）。主な取扱い分野は、一般企業法務、M&A、経営権紛争・会社関係紛争、労働問題（使用者側）、医療紛争、建築紛争など。顧客企業のお悩みを傾聴し、真の問題解決を実現できるよう取り組んでいる。

高木　健至（たかぎ　けんじ）第6章担当
2015年弁護士登録（東京弁護士会所属）。ロアユナイテッド法律事務所での勤務後、高木法律事務所を開設し現在に至る。東京弁護士会中小企業法律支援センター委員、同労働法制特別委員会委員。主な取扱い分野は、企業法務（人事労務、M&A、事業承継、株式関連紛争、IPO支援、新規事業コンサル等を含む）、相続等。東京弁護士会、東京都社会保険労務士会、東京商工会議所、金融機関等での講演、中小企業支援・人事労務分野に関する書籍執筆および『ビジネス法務』（中央経済社）、『法律のひろば』（ぎょうせい）、『労政時報』（労務行政）等。

執筆者一覧

磯田　翔（いそだ　しょう）第6章担当
2016年12月弁護士登録（東京弁護士会所属）。三宅・今井・池田法律事務所において倒産・事業再生や一般企業法務の経験を経て、2019年1月より三浦法律事務所に入所し現在に至る。主な取扱分野は、人事労務、倒産・事業再生、商事紛争、コーポレートガバナンス関連業務等を中心として、幅広くリーガルサービスを提供している。著書に『ポイント解説　実務担当者のための金融商品取引法〔第2版〕』（共著、商事法務）をはじめ、複数のWEBメディアに法務コンテンツを寄稿している。

高柴　将太（たかしば　しょうた）第13章担当
2016年弁護士登録（東京弁護士会所属）。弁護士法人Y&P法律事務所所属。企業の抱える問題を包括的に解決するため、税理士、コンサルタントと連携し、税務会計も含めた総合的なサービスを提供している。主な取扱分野は、M&A組織再編、株式関連紛争、投資・株主間契約、税務（タックスプランニング、税務紛争）。著書に、『事業承継インデックス（令和5・6年度版）』（共著、税務研究会）、『配偶者居住権の法務と税務Q&A』（共著、日本法令）等。

添田　雅人（そえた　まさと）第10章担当
2014年1月株式会社日立製作所知的財産本部に入社、国内外企業との特許ライセンス・売買交渉、新事業創生・スタートアップ支援、ロビー活動・業界団体活動等に従事。2019年12月弁護士登録（東京弁護士会所属）。セブンライツ法律事務所入所。2022年6月JTS総合法律事務所パートナー弁護士。2023年4月～東京弁護士会中小企業法律支援センター連携検討部会副部会長、知財WG座長。主な取扱分野は、データ/AI/ブロックチェーン/NFT関連等の新事業創生支援、知財戦略策定支援、アライアンス支援、知財ライセンス・売買交渉、知財紛争、労働法務（会社側）、不正調査等。

伊集院　晶（いじゅういん　あきら）第4章担当
1989年4月株式会社リクルート（現・リクルートホールディングス）に入社、企業の組織人事領域に関わるサービス事業に従事。その後、郷原総合コンプライアンス法律事務所等にて企業のコンプライアンス支援業務、一般社団法人日本能率協会にて企業に対するISO推進業務に携わり、2020年12月弁護士登録（東京弁護士会所属）。現在、ひかり総合法律事務所所属、筑波大学非常勤講師。

星　太輔（ほし　だいすけ）第7章担当
2020年12月弁護士登録（東京弁護士会所属）。都内法律事務所での勤務を経て、2023年2月星法律事務所開設。2021年4月よりSDGsプロジェクト・チームに参加。2023年8月東京弁護士会親和全期会「SDGsと法務」講演。主な取扱分野は、人材派遣業（SES）、クラウドサービス事業（SaaS）、製造業（OEM）、社会福祉事業（就労継続支援B型）、建設業（土木、太陽光発電）などに関する中小企業法務のほか、不動産事件、相続事件等。

前田　健志（まえだ　たけし）第9章担当
2017年3月早稲田大学法学部卒業。2019年3月慶應義塾大学法科大学院卒業。2019年11月司法修習（73期）。2020年12月弁護士登録（東京弁護士会所属）。古田総合法律事務所入所。2021年4月～東京弁護士会中小企業法律支援センターSDGsプロジェクト・チームに参加。

松本　泉（まつもと　いずみ）第9章
2007年4月経済産業省入省。ロシア・中央アジア・コーカサス室長等を経て、2020年7月に退官。2021年2月弁護士登録（東京弁護士会所属）。現在はベーカー＆マッケンジー法律事務所カウンセル弁護士。主な取扱分野は、国際通商法（輸出管理、経済制裁、経済安全保障など）。主な著書に、『新時代の相互主義 地殻変動する国際秩序と対抗措置』（共著、文眞堂）、『経済安全保障と半導体サプライチェーン』（共著、文眞堂）、『国際通商秩序の地殻変動：米中対立・WTO・地域統合と日本』（共著、勁草書房）等。

サービス・インフォメーション

通話無料

①商品に関するご照会・お申込みのご依頼
TEL 0120 (203) 694／FAX 0120 (302) 640
②ご住所・ご名義等各種変更のご連絡
TEL 0120 (203) 696／FAX 0120 (202) 974
③請求・お支払いに関するご照会・ご要望
TEL 0120 (203) 695／FAX 0120 (202) 973

●フリーダイヤル（TEL）の受付時間は、土・日・祝日を除く 9:00〜17:30です。
●FAXは24時間受け付けておりますので、あわせてご利用ください。

~人が集まり選ばれる会社をつくる！~
実践　中小企業のためのSDGsコンプライアンス

2024年2月20日　初版発行

編　著　東京弁護士会　中小企業法律支援センター SDGsプロジェクト・チーム
発行者　田　中　英　弥
発行所　第一法規株式会社
〒107-8560　東京都港区南青山2-11-17
ホームページ　https://www.daiichihoki.co.jp/
装　丁　中　川　英　祐

実践SDコンプ　ISBN 978-4-474-09383-6 C2034 (1)